THE ORACLE OF OMAHA

奧馬哈之霧
巴菲特

破解奧馬哈先知迷霧般的投資思維，
一本濃縮所有股東信與傳記

研究巴菲特思想30年的
中國金融專業人士
任俊傑

金融學碩士
朱曉芸

——
著

你可以不認同、不理會，但千萬別誤解了巴菲特！

CONTENTS

專業讚譽 *009*
推薦序　真理越辯越明 *011*
前　言 *015*

第一部　奧馬哈先知的七層塔殿堂
　　誤讀 1　七層塔　*020*

第二部　關於股神的各種「斜視」
　　誤讀 2　安全邊際　*028*
　　誤讀 3　暴利　*032*
　　誤讀 4　浮存金　*039*
　　誤讀 5　龜兔賽跑　*043*
　　誤讀 6　今不如昔　*048*
　　誤讀 7　每股稅前盈餘　*051*
　　誤讀 8　內幕消息　*055*
　　誤讀 9　捨近求遠　*058*

第三部　巴菲特「不去做」的事
　　誤讀 10　邊界　*064*

誤讀 11　波克夏‧海瑟威淨值　*068*

誤讀 12　遞延稅負　*073*

誤讀 13　地上走、空中飛、水裡游　*076*

誤讀 14　投資波克夏　*081*

誤讀 15　光環背後　*084*

誤讀 16　關係投資　*089*

誤讀 17　護城河　*094*

誤讀 18　價值管理　*099*

誤讀 19　簡單卻不容易　*105*

誤讀 20　快樂投資　*110*

誤讀 21　摩擦成本　*114*

誤讀 22　牛頓第四定律　*118*

誤讀 23　靜止的時鐘　*122*

誤讀 24　確定性　*127*

誤讀 25　推土機前撿硬幣　*131*

誤讀 26　限高牌　*135*

誤讀 27　限制性盈餘　*139*

誤讀 28　透視盈餘　*143*

誤讀 29　伊索寓言　*146*

第四部　價值投資，就是不打超過20個洞

誤讀30　尺規　*154*

誤讀31　秤重作業　*158*

誤讀32　儲蓄帳戶　*162*

誤讀33　大眾情人　*166*

誤讀34　低級錯誤　*170*

誤讀35　定期體檢　*174*

誤讀36　高拋低吸　*178*

誤讀37　溝槽裡的豬　*182*

誤讀38　划船　*186*

誤讀39　揮桿軸　*191*

誤讀40　價值投資　*194*

誤讀41　績優股　*198*

誤讀42　打洞卡　*203*

誤讀43　可口可樂　*206*

誤讀44　落袋為安　*212*

誤讀45　尾大不掉　*216*

誤讀46　5分鐘　*221*

誤讀47　影響力　*225*

誤讀48　中國石油　*229*

第五部　美國夢，不在美國也能做

　　誤讀 49　低風險操作　*236*

　　誤讀 50　發現的艱難　*242*

　　誤讀 51　美國夢　*246*

第六部　模仿他，成為他，超越他

　　誤讀 52　大器晚成　*252*

　　誤讀 53　股神巴菲特　*256*

　　誤讀 54　管理大師　*262*

　　誤讀 55　矛盾體　*268*

　　誤讀 56　內部記分卡　*272*

　　誤讀 57　內在超越　*276*

　　誤讀 58　青出於藍　*280*

　　誤讀 59　三面佛　*284*

　　誤讀 60　沉思者　*288*

　　誤讀 61　資本家　*292*

　　誤讀 62　查理‧蒙格　*296*

第七部　雨後的 33 個新「霧」

誤讀 63　巴菲特難以複製　302

誤讀 64　巴菲特說價值投資很簡單似有誤導之嫌　302

誤讀 65　巴菲特成功是因為他有著極高的智商　304

誤讀 66　巴菲特其實是 85% 的費雪　305

誤讀 67　巴菲特成功是因為他生在美國　307

誤讀 68　巴菲特對宏觀經濟真的不關心嗎？　310

誤讀 69　如何正確把握「能力圈」　311

誤讀 70　如何理解巴菲特筆下的「合理價格」　312

誤讀 71　聽說巴菲特多次推薦買指數基金　313

誤讀 72　巴菲特計算現金流嗎？　314

誤讀 73　估值時需要注意什麼問題　315

誤讀 74　巴菲特很看重公司歷史，但歷史可以代表未來嗎？　316

誤讀 75　高收益必伴隨高風險嗎？　317

誤讀 76　為什麼市場長期是「體重計」　319

誤讀 77　巴菲特的持股到底是集中還是分散　320

誤讀 78　巴菲特的財富都是在很老以後賺到的　321

誤讀 79　巴菲特拋棄菸蒂投資，只是因為其資金規模變大　322

誤讀 80　巴菲特的投資理念全部來自前輩，沒有獨創的東西　324

誤讀 81　如何為一家公司做質性研究　325

誤讀 82　巴菲特也會逃頂嗎？　327

誤讀 83　巴菲特賣出的股票好像不會再買回　*329*

誤讀 84　既然股價波動頻繁，為何不高賣低買呢　*330*

誤讀 85　巴菲特的高複利報酬是否以抑制消費為代價　*332*

誤讀 86　巴菲特會做股債平衡操作嗎？　*333*

誤讀 87　巴菲特如何看一家公司未來 5 ～ 10 年的經濟前景　*333*

誤讀 88　如何把握合適的進場時機　*335*

誤讀 89　波克夏的淨值成長逐漸放緩是投資體系改變的結果嗎？　*336*

誤讀 90　安全邊際是量化指標還是質性指標　*336*

誤讀 91　特許經營權與護城河是同一回事嗎？　*337*

誤讀 92　核心競爭力與護城河是同一回事嗎？　*338*

誤讀 93　一般散戶能透過股票投資實現財務自由嗎？　*339*

誤讀 94　如何按照巴菲特理念進行資產配置　*340*

誤讀 95　巴菲特與現代投資理論有交集嗎？　*342*

後　　記　薦書名單　*345*

專業讚譽

　　對曾經和正在關注巴菲特投資思想與操作細節的職業投資人、業餘投資人及介於兩者之間的半職業投資人，我都希望你們能看看這本書。本書為如何去全面，特別是「正確」了解巴菲特的思想與操作體系，提供了一個全新而又不可或缺的視角。

──長城基金管理有限公司董事長／楊光裕

　　價值投資從來就沒有被大眾廣泛接受，尤其是在投資領域涉世未深的年輕人。原因是正確應用、實踐價值投資，從來都不像看起來那麼有效率。而「證券市場是可以賺快錢的地方」的想法一直是一個人們堅信的「正確的錯誤」。

　　巴菲特貌似簡單地應用價值投資原理獲得了巨大的財富，但相對於全球成億的炒股人，其數以萬計的信徒在世界範圍內似乎並不算多。

　　本書試圖從不同的角度，向讀者展示出多年來人們對巴菲特投資方法的種種誤讀，意在撥開籠罩在奧馬哈上空的財富迷霧，不失為一本值得反覆研讀、有助於財富良性增值的「智富手冊」。

──同威資產董事總經理／李馳

　　我同意本書作者的一個觀點：你可以不認同甚至不理會巴菲特，但不要誤解了巴菲特。對於那些想模仿其投資方法的人來說，本書會是一個有效的輔助性工具。不得不承認，市場上對巴菲特的誤讀實在是太多了，

而本書的價值就在於對這些誤讀提出了自己獨到、值得我們關注的見解。

——銀河基金管理有限公司總經理／熊科金

　　歷史紛繁複雜、循環往復，一本好書有時候就像蒼茫歲月中一盞指路的明燈。作為一名基於企業長期競爭力的價值投資和長期投資的實踐者，本書給了我極大的共鳴和震撼，它釐清了過往、今天乃至未來，影響我們的多重理念、價值觀、市場邏輯和哲學思考。我相信，這是一本經得起久遠歲月磨礪、承載思想和理性力量的著作，值得我們學習與珍視。

——深圳東方港灣投資管理有限責任公司董事長／但斌

推薦序
真理越辯越明

—— 東驥基金管理有限公司董事總經理／龐寶林

巴菲特在全球各地非常著名，除了因他乃價值投資泰斗之外，還因其投資策略在過去數十年備受考驗後仍屹立不搖，更令他躋身世界富豪榜前列。

如今，不少研究他成功投資體系的書籍均非常熱賣，因全球業餘或專業投資人（如基金經理等）爭相學習及模仿，也希望能站在這位投資巨人的肩上，令自己的目光更加遠大，募集更多的資金，覓得更多的長線投資者。

眾所周知，若要在長線投資中取得成功，基金經理與投資者必須保持良好的溝通，擁有同樣的觀點，猶如同坐一條船，最終達到雙贏的局面。但現實情況似乎正好相反，如先鋒基金（Vanguard）創始人約翰·柏格（John Bogle）在其著作《柏格投資》（*John Bogle on Investing*）中曾寫道：「基金已經成為短期投資的一種工具，這種趨勢是因為行業把重點放在了市場行銷上。」現在，一般基金經理持有股票的時間約為400天，過去，國外基金經理持有股票的時間約為6年，基金投資人持有基金的時間約為3年，但如今人們對持有股票和基金似乎越來越沒有耐性，我們也似乎正處於尋找長期投資工具的最差時期。

一般職業基金行銷人員的目標為擴大基金的規模，如柏格所言：出

現了行銷的問題！加上基金經理的業績排名所帶來的各種壓力，這些幾乎徹底控制了基金經理的投資準則及行為偏好。

作者任俊傑和朱曉芸在證券及投資行業擁有豐富的經驗。

多年來，根據自己的投資經驗及參閱非常多有關巴菲特的資料，他們認為有不少專業與業餘人士，對巴菲特的投資體系長期存在並還在繼續產生著諸多誤解。

任俊傑及朱曉芸根據自己多年來對巴菲特的研究心得，以及對市場中各種類型誤讀的長期觀察，一起撰寫了這本書，找出一般人對巴菲特的誤讀。我認為透過閱讀本書，將能更準確地認識及掌握巴菲特的投資精髓，如巴菲特最大的核心競爭力在於：善用保險公司之浮存金以提供低成本的資金來源、巴菲特的能力邊界、有所為及有所不為、內在價值評估方法的實際運用、績優及質優企業之分別、如何享受巴菲特的快樂投資等。

牛頓的三個定律舉世聞名，但從股票投資的角度而言，牛頓的第四個定律——運動有害投資——卻與我們失之交臂！儘管這可能只是巴菲特的一句戲言，但其中包含的思想的確發人深省。

此外，本書認為：巴菲特十分注重投資中的風險管理，其中一個有效的方法就是嚴格界定自己的投資範圍。其實他不是投資於所有的項目，他認為投資必須具有選擇性。

本書的作者之一任俊傑與本人認識已達十載。本人拜讀了他的著作，也十分榮幸地獲邀撰寫序言。他和朱曉芸利用誤讀為引子，道出他們自己的觀點，再於每一節利用不同的角度及不同的例子進行敘述，最後在每節末段把重點重新說明，以加深讀者的認識及記憶，讓「真理越辯越明」。

本人在此試圖跟大家分享一下本書指出的第一個誤讀：人們對巴菲特的投資框架結構一直沒能給出一個清晰的描繪。

本書的兩位作者認為：這一項欠缺（本書提出的三種類型的誤讀之

一）將導致人們即使已走近巴菲特的投資殿堂，也會不得其門而入！他們認為巴菲特的投資框架，就像一座「七層塔」一樣：

　　塔層1：將股票視為生意的一部分。
　　塔層2：正確對待股票價格波動。
　　塔層3：安全邊際。
　　塔層4：對「超級明星」的集中投資。
　　塔層5：選擇性逆向操作。
　　塔層6：有所不為。
　　塔層7：低摩擦成本下的複利追求。

　　其中，「將股票視為生意的一部分」為整座塔（投資框架）的基石，換句話說，投資者在上塔頂之前，一定要徹底了解及分析不同股票的生意運作，並將自己的投資操作建立在「購買生意」這一基礎之上。

　　如果各位讀者想詳盡、清楚地了解巴菲特，除自己閱讀所有有關巴菲特的書籍和報導外，最重要的是要參閱所有巴菲特歷年的股東信。但如果你沒有足夠時間，本人推薦你認真讀一讀這本書。各位讀者可透過此書能真正了解巴菲特！

前言

不久前，我們參與了一個關於巴菲特的討論，並對一個我們認為存在嚴重誤讀的觀點提出自己的看法。由於感覺到持有該觀點的人似有「眾人皆醉我獨醒」之意，我們的發言也就略帶了一些揶揄的口吻。很快，坐在我們旁邊的一位朋友小聲說：「大家都在盲人摸象，應當允許存在不同的觀點。」他的話讓我們的臉紅了好一陣子。

那位朋友不經意間道出了一個不爭卻容易被不少人忽略的事實。難道不是如此嗎？在這個世界上，除了巴菲特本人、他的搭檔查理・蒙格（Charles T. Munger）以及那位和巴菲特有過 2,000 個小時談話經歷的艾莉絲・施洛德（Alice Schroeder）外，其他人在談論起巴菲特時，誰能說自己不是在隔岸觀火、盲人摸象？

從 11 歲買入自己人生的第一檔股票，或者從 19 歲開始讀班傑明・葛拉漢（Benjamin Graham）的投資巨著《智慧型股票投資人》（*The Intelligent Investor*）並從此「茅塞頓開」算起，巴菲特用了至少 60 年的時間，為我們演繹了一個可以讓每個投資人嘆為觀止的財富神話。今天，當人們懷著無比好奇的心情走入這個財富殿堂，並在有限的時間和空間裡四處觀望時，又有誰能說自己已經發現了這個殿堂中的所有祕密？

儘管事實如此，不代表有關巴菲特的討論沒有任何意義。畢竟，即使是盲人摸象，也會有人距離大象更近一些，也會有人摸的時間更長一些。如果大家能不斷地交流一下觸摸的心得和體會，大象的輪廓自然會逐漸變得清晰。只是不要忘記，在這同一個陣營裡，沒有誰擁有最終評判別

人觀點的資格與權力。

本書正是本著這樣的初衷完成的。同時，借用《藍海策略》（Blue Ocean Strategy）前言中的一句話，對於兩位作者而言，「本書是友誼、忠誠和相互信賴的產物。正是友誼和信任激發我們探索本書所表述的主要思想，並最終完成了寫作」。

記得是在1996年或1997年，本書其中一位作者在香港首次讀到介紹巴菲特的書籍。從那以後，他便開始了對巴菲特持續12年、不間斷的學習和研究，並以此指導其投資實踐。1999年上半年，他還曾把初步的體會，以〈巴菲特投資理念與中國股市實踐〉、〈長線是金〉、〈短線的困惑〉、〈客戶的遊艇在哪裡〉等為標題，在報紙上發表介紹巴菲特投資思想的系列文章。這或許是中國建立自己的股票市場以來，對巴菲特投資理念最早且最為系統化的解讀。其中〈巴菲特投資理念與中國股市實踐〉一文至今仍被許多媒體轉載，我們也可以在數百個網站和部落格中看到。另一位作者儘管研究巴菲特的時間不及前者長久，但也有五年多的時間，而且是作為一位職業投資人，不間斷的研究、實踐、總結與提升。

簡短回顧一下本書的寫作背景，只是想說明我們這兩個「摸象人」並不是初來乍到者，並因此希望我們的觀點能引起更多人的關注。

與10年前有所不同的是，今天，巴菲特的投資故事在股票市場（甚至超出這個領域）幾乎已是家喻戶曉。人們開始在辦公桌旁、會議室裡以及茶餘飯後的各個場合談論著巴菲特，轉述著他的財富傳奇。由於這令人目眩的財富傳奇無與倫比的誘惑力，這隻「大象」周圍正在聚集著越來越多「摸象人」……然而，在摸象者眾多且各自在觀察距離、觸摸時間以及學識和經歷上不盡相同的情況下，各種誤讀的出現便會在所難免。由於人們走近巴菲特是為了向巴菲特學習並將其理論運用於自己的創富過程，將這些誤讀（或說我們所認為的誤讀）及時拿出來討論，辨別一下究竟什麼

是對的、什麼是錯的，對每位投資者來說都大有裨益。

根據我們的長期觀察，市場上現存的「誤讀」可以分成三種類型：一、錯誤的看法與結論；二、深度的質疑且一直沒有答案；三、儘管沒有明顯的錯誤，但在理解的深度和廣度上還有較大的提升空間。

需要指出的是，上述誤讀也存在於不少國外學者當中。我們前面說過，除了巴菲特、蒙格、施洛德三人，任何誤讀的出現都在所難免。只是由於國外學者或專業人士（他們大多已著書立說並被翻譯成中文出版）相對於國內學者更有權威性，他們哪怕是為數不多的誤讀，也會為外國投資人帶來較大的影響。

為了避免我們的看法反而導致更深的誤讀，或者將原本對的說成是錯的，我們在現有的研究基礎上又再一次研讀了我們稱之為「第一手資料」的資料。它們包括巴菲特歷年的致股東信（非合訂本）、官方傳記《雪球》（*The Snowball*）、過去數十年來巴菲特本人在各種場合的演講以及他為數不多的密友有關他的一些觀察和描述等。

儘管如此，我們的討論還是可能會由於以下因素的存在而出現錯誤：一、有限的知識水準和閱歷；二、有限的理解和領悟能力；三、有限的第一手資料（例如，介紹巴菲特是如何進行股票估值的原始資料可能根本就不存在）；四、某些英文原版資料的缺失（不少譯文的水準實在是讓我們不敢恭維，可能導致一定程度的「以訛傳訛」）；五、對所列出的誤讀本身的含義理解有誤。

不管怎樣，只要我們的觀點有 1/3 正確或接近正確，我們的辛苦便不會毫無意義；如果有一半以上正確，我們的勞動就有了些許的成果；如果有 2/3 以上的正確率，我們將會在睡夢中露出欣慰的笑容。

讓我們開始吧！

第一部
奧馬哈先知的七層塔殿堂

| 誤讀 ❶ 七層塔

主要誤讀：市場對什麼是巴菲特投資殿堂的框架結構與承重點，一直沒能做出清晰的描繪。
我方觀點：一座七層塔，位於最底端的那一層——把股票看作許多細小的商業部分——就是這座七層塔的承重點或基石所在。

在開始本書之前，我們想先將巴菲特的投資體系做一個整體總結。為使表述更加清晰，我們在這裡用「七層塔」這一比喻來對其投資殿堂的主體框架、承重點和奠基石等做出解析。隨後，我們將指出在我們眼裡，支撐這座塔最重要的那塊基石是什麼——這可能也是廣大讀者們最為關注的重點。

塔層1：將股票視為生意的一部分
—— 思想出處：葛拉漢

這是巴菲特從葛拉漢那裡學到的三個基本投資理念中的第一項，也是最為重要的內容。從葛拉漢當時表達這一觀點時的整體思想來看，他之所以認為把股票看作生意的一部分是一個「最佳視角」（may best be viewed），是因為他相信當人們試圖透過股票的短期買賣去賺取超過企業經營性收益的投資回報時，由於股票價值與價格之間的複雜關係，會讓自己處在一個相對來說並不有利的冒險之中。於是葛拉漢向投資人呼籲：「把有價證券當作一項生意去投資是最聰明的投資（Investment is most intelligent when it is most businesslike）。」

將葛拉漢的這一重要投資思想成功實踐數十年後，巴菲特在2004年股東信中這樣寫道：「看過波克夏‧海瑟威（Berkshire Hathaway）股票

組合的人，或許以為這些股票是根據線性圖、經紀人的建議或公司近期的獲利預估來進行買賣，其實查理跟我本人從來都不曾理會這些，而是以企業所有權人的角度看事情。這是一個非常大的區別。事實上，這正是我幾十年來投資行為的精髓所在。自從我19歲讀到葛拉漢的《智慧型股票投資人》這本書之後，便茅塞頓開。」

塔層2：正確對待股票價格波動
—— 思想出處：葛拉漢

這是巴菲特從葛拉漢那裡學到的三個基本投資理念中的第二項，也是最不容易做到的內容。儘管不容易做到，但巴菲特認為它或許「對於投資獲利最有幫助」。

在《智慧型股票投資人》一書中，葛拉漢把市場價格的波動形象地比喻成有一位情緒不定但又很執著的「市場先生」，每天都走到投資者的身邊，不管公司經營情況是否穩定，都會按照自己的情緒好壞報出一個高低不定且起伏頗大的價格。葛拉漢認為：「這些訊號誤導投資者的次數，不比有用的次數少。從根本上來講，價格波動對投資者只有一個重要的意義：當價格大幅下跌後，提供給投資人買入的機會；當價格大幅上漲後，提供給投資人售出的機會。」

在1987年致股東的信中，巴菲特曾經意味深長地指出：「市場先生是來服務你的，千萬不要受其誘惑，反而被他引導。你要利用的是他飽飽的口袋，而不是草包般的腦袋。如果他有一天突然傻傻地出現在你面前，你可以選擇視而不見或加以利用。要是你占不到他的便宜，反被其愚蠢的想法吸引，你的下場可能會很淒慘。事實上，若你沒有把握能夠比市場先生更清楚地衡量企業的價值，最好不要跟他玩這樣的遊戲。」

塔層3：安全邊際
—— 思想出處：葛拉漢

　　這是巴菲特從葛拉漢那裡學到的三個基本投資理念中的最後一項，也是不少巴菲特迷最為津津樂道的內容。在《智慧型股票投資人》最後一章的開頭，葛拉漢寫道：「根據古老的傳說，一個聰明的人將世間的事情壓縮成一句話：這很快將會過去。面臨著相同的挑戰，我大膽地將成功投資的祕密提煉成四個字的座右銘：安全邊際。」

　　說到安全邊際在自己投資體系中的重要地位，巴菲特曾分別在1992年和1997年致股東的信中明確指出：「這是投資成功的關鍵所在」、「這是智慧型投資的基石所在」。

　　葛拉漢與巴菲特師徒二人之所以把安全邊際看得如此重要，是因為安全邊際可以在以下三個方面為企業價值投資人提供重要幫助：一、為企業估值時可能出現的高估提供緩衝地帶；二、較低價格的買入將提供更高的投資回報；三、當企業的實際增長高於預期（安全邊際提供了保守的預期資料）時，投資者會同時在經營性回報（指市場價格會隨每股盈餘的成長而等比例提升）和市場性回報（公司超出預期的業績會提升市場估值）兩個方面獲得收益。

塔層4：對「超級明星」的集中投資
—— 思想出處：凱因斯、費雪、蒙格

　　關於約翰·梅納德·凱因斯（John Maynard Keynes）和蒙格對巴菲特的影響，我們已談論較多了。但菲利普·費雪（Philip A. Fisher）的影響也不可忽視，下面我們摘錄費雪在其所著暢銷書《非常潛力股》

(*Common Stocks and Uncommon Profits and Other Writings*)中的一段話：「投資人被過分灌輸了分散投資的重要性。然而，害怕一個籃子裡有太多的雞蛋，會使得他們買進太少自己比較了解的公司股票，買進太多自己根本不了解的公司股票。他們似乎從沒想過，買進一家公司的股票時，如果對那家公司沒有充分了解，可能比分散投資做得不夠充分還要危險。」

說到巴菲特的「超級明星股」策略，那還是最近三十多年的事情，在此之前，巴菲特的投資策略主要表現為對「菸蒂股」的執著與偏好。但「集中投資」策略已被巴菲特採用了至少50年，也就是說，巴菲特在投資的早期階段就已經「背叛」了葛拉漢關於分散持有的投資哲學。其當時對蓋可保險（Geico）、桑伯恩地圖（Sanborn Map）、登普斯特農具機械製造公司（Dempster Mill）、波克夏及美國運通（American Express）的買入等，實施的都是集中持有策略。

塔層5：選擇性逆向操作
—— 思想出處：葛拉漢、費雪

所謂「選擇性」，是指在進行逆向投資操作時，只買入自己心儀已久的股票。不同於那種只根據對企業的簡單估值（如 PE、PB、PC、PS 等）而採取批量買入的價值型投資策略，巴菲特的逆向投資全部都是選擇性逆向操作。

葛拉漢和費雪分別在《證券分析》（*Security Analysis*）和《非常潛力股》中提到了逆向操作策略。這些基於長期市場觀察所得出的思想，為巴菲特日後的投資操作奠定了堅實的理念基礎。

下面列舉這些曾對波克夏內在價值產生深遠影響的股票，都是透過逆向操作策略買入。包括：美國運通、蓋可保險、華盛頓郵報（Washington

Post)、可口可樂（Coca Cola）、富國銀行（Wells Fargo）以及在金融海嘯期間買入的眾多著名美國公司股票。可以說，沒有巴菲特對這些股票的成功操作，就沒有今天的波克夏。

塔層6：有所不為
—— 思想出處：葛拉漢、蒙格

我們認為：**投資者的成功不僅在於他做了什麼，還在於他不去做什麼**。有時，後者的重要性甚至大過前者。

在一次對某群商學院學生的演講中，巴菲特說：「我經常認為從失敗的個案中學到的東西，要比從成功的案例中學到的東西更多。商學院習慣教導成功的商業案例，但我的搭檔查理說，他最想知道的就是可能在哪裡遭遇失敗，這樣他就避免到那裡去。」

許多年來，當人們談論起巴菲特時，關注較多的都是他曾經做過什麼。其實，如果我們能把目光多聚焦在他不去做什麼上面，我們所得到的東西可能不會少於只看他做過什麼。「不要到你會遭遇失敗的地方去」，就股票投資來說，這一思想背後有很深的哲學含義。

我們下面就簡要列舉一些巴菲特在其投資中都「避免到那兒去」的領域：一、基於投機目的買入與賣出（不含經過認真計算其風險收益的套利操作）；二、基於任何短期預測的所謂「時機選擇」性操作；三、買入自己不易了解的公司的股票；四、頻繁操作；五、對市場趨之若鶩地盲目跟隨；六、以股票價格的升跌而非公司經營的好壞評估投資的成敗；七、搖擺不定的投資理念與操作策略、八、拔掉鮮花而灌漑雜草；九、以投資的主體部分進行冒險；十、在高速行駛的推土機面前去撿五分錢硬幣。

塔層7：低摩擦成本下的複利追求
—— 思想出處：綜合影響

在2005年致股東的信中，巴菲特算過這樣一筆帳：道瓊指數從1899年的65.73點漲到1999年的11497.12點，其年均複合成長率不過5.3%。然而，如果在下一個百年能繼續保持這個成長率，道瓊指數將在2099年達到201.10萬點。可見複利真的很神奇。

指數增長是沒有任何摩擦成本的。現在讓我們假設一個指數投資者的買和賣產生了大約1.5%的摩擦成本，再來看指數的最終增長結果，見表1-1。

表1-1 不同成長率下的道瓊指數

年複合成長率(%)	1899年	1999年	2099年
5.3	65.73	11,497.12	2,011,011.23
3.8	65.73	2,738.41	114,086.39

資料顯示：僅僅是1.5%的摩擦成本，就使100年和200年後的指數點位分別少了8,758.71點和近190萬點。指數投資如此，主動投資就更是如此了。因此，巴菲特在長期的投資操作中，盡量減少自己的摩擦成本（交易費用、管理費用、股利所得稅、聯邦所得稅等），這是他取得巨大成功的一個重要基礎。

說了不少，那麼在上述的七層塔中，究竟哪一層才是其中精髓、核心、承重點、基石或主線呢？我們認為是第一層塔：把股票當作一項生意

去投資。我們的觀點除了來自長期觀察與研究外，更來自巴菲特兩次清晰的自我解讀：「人們買股票，根據第二天早上股票價格的漲跌來決定他們的投資是否正確，這是非常錯誤的。正如葛拉漢所說，你要買的是企業的一部分生意。這也是他教給我最基本、最核心的策略。」[1]

「在價值投資中，你買的不再是股份，而是生意的一部分，你買入公司股票的意義，不是為了在下星期、下個月或明年賣掉，而是你要成為擁有者，利用這個好的商業模式來幫你掙錢。」[2]

> **本節要點**
>
> 　　可以用七層塔來概括巴菲特的整體投資框架，它們是：一、將股票視為生意的一部分；二、正確對待股票價格波動；三、安全邊際；四、對超級明星股的集中投資；五、選擇性逆向操作；六、有所不為；七、低摩擦成本下的複利追求。
> 　　七層塔的主線、承重點或基石，就是最下面的一層塔：把股票當作許多細小的商業部分。

---

[1] 巴菲特在佛羅里達大學的演講。
[2] 巴菲特在 2008 年股東會上回答中央電視臺記者的問題：「什麼是價值投資的精髓？」

第二部

關於股神的各種「斜視」

誤讀 ❷ 安全邊際

主要誤讀：安全邊際是巴菲特投資體系中最為核心的思想，是其精髓中的精髓。
我方觀點：在葛拉漢給予巴菲特的三個基本投資理念中，安全邊際只是其中的一個，而且——特別是對於巴菲特後期的操作而言——並不是最重要的那一個。

自從葛拉漢在《智慧型股票投資人》一書中首次提出「安全邊際」的理念，七十多年的光陰彈指而過。在這七十多年裡，這一重要思想指引著葛拉漢的弟子們成功走過了股市的風雨坎坷，最終成為眾多投資者中最受矚目的一群人。

1984年，為慶祝葛拉漢和大衛・陶德（David L. Dodd）合著的《證券分析》一書發行50週年，巴菲特應邀在哥倫比亞大學發表了題為「葛拉漢－陶德鎮的超級投資者」（The Superinvestors of Graham-and-Doddsville，後來被巴菲特編輯成文在學校刊物上發表）的演講。在這次著名的演講中，巴菲特駁斥了學術界所謂的市場有效以及在有效市場下任何超額投資回報都是運氣使然的觀點。在談到葛拉漢－陶德鎮的弟子們為何能長期勝出時，巴菲特指出這是因為他們都有著一個共同的智力結構：探索企業內在價值與市場價格之間的差異，然後堅持用60美分或更低的價格買入價值1美元的東西。

根據我們的記憶，這是巴菲特首次明確且比較系統化地將自己及師兄、師弟們彙集在（內在）價值投資（注意，不是價值型投資）及安全邊際的旗幟下。

又過了數年，隨著美國股市在1980年代後期逐步邁入牛市，在日漸高漲的歡樂氣氛中，市場先生（葛拉漢對股票市場的比喻）給予了上市公司越來越高的定價。出於對這一狀況的深度憂慮，巴菲特分別在1992

年、1995年和1997年致股東的信中，頻繁告誡波克夏公司的股東和市場上的其他投資人一個相同的觀點：安全邊際是「聰明投資」或「成功投資」的關鍵要素或「基石」所在。

令人印象深刻的還在於，在七十多年來許許多多關於股票市場和證券投資的經典論著中，我們也經常能看到或解讀到安全邊際對於投資回報的重要性：如 Fama and French 三因子模型對股票的帳面價值與市場價值比率對股票報酬率的解釋力的研究；亞斯華斯・達摩德仁（Aswath Damodaran）關於股票投資回報與企業經濟附加值並不直接相關的研究；詹姆士・歐沙那希（James O'shaughnessy）關於市場最終將對高 PE（本益比）股票做出懲罰而對低 PE 股票做出獎賞的研究；傑諾米・席格爾（Jeremy Siegel）關於股價變化與企業預期增長率，而不是實際成長率有關的研究；德邦德和塞勒（De Bondt and Thaler）關於市場經常會出現過度反應的研究；蘭考尼肖科（Lakonishok）等人對市場熱門股與冷門股的股價變化趨勢進行分組觀察的研究；以及王孝德和彭豔等中國學者，關於價值型投資策略在中國 A 股市場短期與長期回報的實證研究等。

至此我們可以看出，將安全邊際視為巴菲特投資體系中的核心要素或精髓所在，似乎並不存在什麼誤讀。然而，事實並非如此簡單。

面對股票價格長期處於相對高位（與1950和1970年代相比而言），巴菲特在1992年的股東信中指出：「我們的投資策略跟15年前的標準一樣，並沒有多大的變化……我們希望投資的標的，一是我們所了解的，二是具有長期的願景，三是由德才兼備的人來經營，四是有非常吸引人的價格。但考慮到目前市場的情況與公司的資金規模，我們現在決定將『非常吸引人的價格』改成『吸引人的價格』……」

我們認為這一修改值得注意，它除了顯示出巴菲特對股價的長期高漲有些無奈之外，還向我們傳遞了一個重要訊息：在一定條件下，安全邊

際並非完全不可撼動。

如果說上述解讀可能有些牽強附會、難以服眾的話，那麼一年後，巴菲特在哥倫比亞商學院所講的一段話則為我們的觀點提供了進一步的佐證：「介入一家經營狀況良好的企業時，我會非常慎重，我會從我信得過的人那裡購買股份，我要仔細考慮價格。但是，價格位於第三位，必須建立在前兩個因素的基礎之上。」

現在我們不妨想一個問題：一個只能排在第三位且可以視市場條件、投資標的和資金規模變化而做出適度修訂的投資標準，真的是價值投資體系中的核心要素嗎？

我們絕不是在吹毛求疵、咬文嚼字或小題大做。將一座用數十年打造的投資殿堂或將一棵仍在茁壯成長的參天大樹放置在一塊怎樣的基石或土壤上，絕不是一件隨隨便便的事情。

試想一下，如果我們把這座殿堂或大樹最終放置在「安全邊際」這塊基石或土壤上，它是否意味著當投資者買入的公司股票的價格有一天（通常不需要太長時間）超出安全邊際所允許的上限時，不論公司股票的質地優劣，都需要盡快售出呢？

如果是這樣，是否也意味著當成功買入一檔股票後，人們必須隨時關注其價格變化，從而讓這類經常性的「秤重作業」（按：指過於關注短期市場波動，而忽視長期價值成長，詳見「秤重作業」小節）塞滿他們的日常工作？

如果上述邏輯存在，為何我們在對巴菲特多年投資歷程的深入觀察中，從未發現他有這樣的操作習慣？在研究或探討究竟什麼才是巴菲特投資體系最為核心的要素或精髓時，我們顯然不僅要看巴菲特本人「曾經」說過什麼，也要看他「還」說過什麼，更要看他「都」說過什麼，否則就容易犯下以偏概全的錯誤。

在歷年的股東信中，巴菲特除了多次提到安全邊際在其投資體系中的重要位置外，也曾不止一次指出同屬於葛拉漢的其他兩個重要思想，對於成功投資的關鍵作用（這兩個重要思想分別是將股票視為細小的商業部分，以及投資人需要正確對待股票價格的波動）。

而我們可以將巴菲特在1994年12月紐約證券分析師協會的一段演講內容，視為對這些思想的高度概括：「我認為葛拉漢有三個基本思想足以作為投資者智力結構的基礎。我無法想像，想在股票市場成功，除了這些思想你還能求助於什麼。這些思想皆不複雜，也不需要數學才能之類的東西。這三個基本思想是：一、把股票當作許多細小的商業部分；二、把價格波動當作朋友而不是敵人；三、在買入價格上留有充足的安全邊際。我認為這些思想，從現在起直至百年後，都將被看作正確投資的奠基石。」

從上面的這段話中我們可以看出，支撐巴菲特投資殿堂的基石至少有三塊，安全邊際不僅不是唯一、甚至不是最重要的一塊。事實上，巴菲特本人對什麼才是其投資體系中的核心要素，曾有過清晰的表述。關於這個問題，本書會在七層塔和其他相關章節中給出較為全面的解讀。

需要重申的是，我們反對的只是將安全邊際作為巴菲特的投資精髓的觀點，而非針對安全邊際本身。不管是在成熟市場還是在新興市場，理性的投資人在買入股票時均需要充分考慮價格因素，哪怕是對一家非常優秀且可以預期持續增長的公司的股票，若以過高的價格買入，其長期投資回報也將會大打折扣，同時會讓投資人在大概率上承受一定時期內的低回報甚至負回報。

此類實證已有太多，最近的一個實例就是，如果投資人選擇在全球股市處於瘋狂狀態的2007年下半年進行買入操作，即便你投資的是非常值得稱道的優秀公司，也難以避免在隨後幾年乃至更長的時間內承受「零報酬」或「負報酬」。

> **本節要點**
>
> 　　1. 安全邊際既不是巴菲特投資體系中唯一的基石，也不是最為基礎的那塊基石，更不是什麼「精髓中的精髓」。
> 　　2. 如果把安全邊際當作巴菲特投資體系中唯一或最為基礎的那塊基石，投資操作就會由「企業」投資演變成經常性的基於「秤重作業」的短期「股票」買賣。
> 　　3. 我們在牢記安全邊際準則的同時，也不要忘了葛拉漢的另外兩個投資基本準則：一、把股票當作許多細小的商業部分；二、把價格波動當作朋友而不是敵人。

誤讀 ③ 暴利

主要誤讀：波克夏淨值分別在 1976 年、1982 年、1985 年、1989 年、1995 年和 1998 年出現 40% 以上的年度增幅，而標普 500 指數則一次都沒有，原因就在於安全邊際。

我方觀點：儘管不能完全排除安全邊際的影響，但在這些「暴利」的後面大多另有故事發生。

　　我們都知道，一個彈簧被擠壓得越緊，反彈就會越大。一個彈簧如此，一家公司的股票價格通常也會如此。然而波克夏淨值不是一個僅被股票市場擠壓的彈簧，公司所持有股票的價格變化並不是影響淨值增減的唯一要素，時間越久，情況就越是如此。如果我們僅僅從表面資料的變化去簡單解讀背後的故事，結論將難免流於草率。表 2-1 記錄了上述相關年度波克夏淨值與標普 500 指數的增減變化。

　　從表 2-1 中可看出，除 1995 年外，波克夏在另外五個年度所產生的「暴利」，其含金量（指相對市場整體水準的超額回報）都不低。那麼，在這五個年度公司淨值的巨幅增長，是否都來自於低價或超低價買入股票

的價格反彈呢？當我們再次回望那段歷史，認真考察當年的實際情況時，我們發現在所謂暴利的背後，除了不能完全排除有安全邊際的影響外，大多還另有故事。

表 2-1　年度百分比變化

（單位：%）

年度	1976年	1982年	1985年	1989年	1995年	1998年
波克夏淨值	59.3	40.0	48.2	44.4	43.1	48.3
標普 500 指數	23.6	21.4	31.6	31.7	37.6	28.6
年度差點	35.7	18.6	16.6	12.7	5.5	19.7

資料來源：巴菲特 2008 年股東信。

1. 1976 年：豪賭蓋可保險

了解巴菲特早期投資經歷的讀者，對蓋可保險應該不陌生。儘管那次「著名拜訪」讓巴菲特最終以自己當時一半以上的身家購買了蓋可保險的股票，但不久就獲利了結了，從而讓巴菲特有了人生第二次對於「秤重作業」的痛苦記憶（第一次源自其 11 歲時買入的城市服務公司〔Cities Services〕的股票）。但這已是後話，不在本節討論內容之列。

我們知道，葛拉漢提出的安全邊際準則是以對公司內在價值的度量為基本前提，只是後來巴菲特把老師的純量化（或純財務）度量改成了以定性為主、定量為輔的評估模式。安全邊際的一般性潛臺詞是：相對於公司較為穩定或沒那麼悲觀的基本資產或情況，市場由於出現非理性的過度反應，而給出了過低的估值。

從這個層面來看，巴菲特對美國運通和華盛頓郵報的投資屬於安全邊際理念下的操作：在美國運通受非核心業務損失影響而導致股價下挫時

買入,以及在華盛頓郵報因股市的整體性下滑而變得便宜時出手。但蓋可保險的情況則並非如此。

說起蓋可保險公司當時的狀況,我們可以使用以下關鍵字:分崩離析、今非昔比、傷筋動骨、瀕臨死亡。公司股價的變化多少反映當時情況的惡劣程度:從1972年最高每股61美元跌至1976年最低每股2美元。無論是依照葛拉漢舊有的價值評估標準,還是巴菲特後來改良過的價值評估標準,買入蓋可保險,與其說看中的是其寬廣的安全邊際,不如說是一場關於公司能否起死回生、乾坤扭轉的豪賭。

1976年,在與蓋可保險新任CEO約翰‧J‧拜恩(John J. Byrne)促膝長談(不是詢問公司的基本情況有無改變,而是這位新任總裁如何讓公司起死回生)幾個小時後,巴菲特開始以平均每股3.18美元的價格買入蓋可保險價值410萬美元的股票。而在當時,公司的情況並未出現根本性改變。巴菲特的賭博能否成功,除了要看拜恩能否力挽狂瀾外,還有賴於地方監管當局的恩典、其他保險公司的相助、投資銀行(所羅門)的援手以及巴菲特的繼續大量買入等。當然,最後的結局是完美的,蓋可保險的股票也像一個被擠壓得幾乎變形的彈簧,最終出現了大幅增長[1]。

綜上所述,我們顯然不能把這次豪賭事件僅僅歸結為一次簡單的安全邊際式操作。

2. 1982年:蓋可保險故事的延續

波克夏淨值在1982年的「暴利」其實只是1976年故事的延續而已。1976~1980年間,波克夏對蓋可保險的投資總額共計4,700萬美元(其

---

[1] 巴菲特已經把1979年以前的公司淨值按照新會計準則全部做了修正。

中1976年投資的價值1,940萬美元的可轉換特別股於兩年後全部轉換成普通股）。伴隨著公司業務的「起死回生」，股票價格也一路上揚，從而為波克夏淨值做出了巨大貢獻。見表2-2。

表 2-2　年度百分比變化

（單位：％）

年度／類別	1980年	1981年	1982年	1983年	1984年	1985年	1986年
蓋可保險	23.7	5.4	45.8	36.0	21.8	45.8	31.6
標普500指數	32.3	-5.0	21.4	22.4	6.2	38.7	18.6

資料來源：巴菲特1986年股東信。

單就1982年而言，蓋可保險對波克夏淨值的增長到底有多大貢獻？我們從巴菲特當年致股東的信中可以一探究竟：「1982年波克夏淨值增長大約是2.08億美元，相較於期初淨值5.19億美元，約有40%的成長……在2.08億美元當中，有0.79億美元是由於蓋可保險的成長。」其實我們從表2-2中也可以看出，1982年波克夏淨值的「暴利」，仍有部分源於蓋可保險快速增長的貢獻。

3. 1985年：通用食品收購事件

1979年，巴菲特開始買入通用食品公司（General Foods）的股票，買入的本益比和動態本益比（以未來盈餘計算）分別為7.95倍和7.33倍（當時股市仍未脫離熊市狀態）。

到1984年，公司股價升至54美元。如果單純計算其帳面盈利，年均複合成長率僅為7.8%左右，遠遠低於波克夏淨值同時期的整體增長（年均複合成長率為26.95%）。因此，無論如何，這暫時還不能稱為一次漂

亮的買進。

然而，1985年菲利普莫里斯（Philip Morris Companies）對通用食品的收購事件改變了一切。也許我們無法知曉隱藏在背後的收購動因，但收購價格卻讓通用食品股價從1984年的每股54美元，躍升至1985年的每股120美元！

「僅僅這一檔股票就為波克夏賺回了3.32億美元的收入」[2]，巴菲特投資通用食品的年化報酬率，也因此從1984年的7.8%大幅躍升至21%左右。

從當年的股東信中，我們可以清楚看出巴菲特如何看待這一收購事件對當年波克夏淨值的影響：「1985年出售證券的大部分收益（約3.4億美元）源於我們出售通用食品的股票。我們從1980年開始便持有這檔股票，而且是以遠低於我們認為合理的每股價值的價位買進。年復一年，吉姆・佛格森（Jim Ferguson）與菲爾・史密斯（Phil Smith）等管理階層的優異表現大幅提升了該公司的價值。一直到1984年秋天，菲利普莫里斯對該公司提出併購的要求，終於使其價值顯現出來。我們因四項因素而大大受惠：一、便宜的買進價格；二、一家優秀的公司；三、一群能幹且注重股東權益的管理階層；四、願意出高價的買主。而最後一項因素是本次獲利能夠一舉實現的唯一原因。不過，我們仍認為前三項才是能為波克夏股東創造最大利益的基本原因。」

4. 1989年：祕密購入可口可樂

巴菲特在1988年6月至1989年3月，分次祕密買入可口可樂公司

---

[2] 摘自《雪球》。

股票共計9,340萬股，投資總額高達10.23億美元。截至1988年和1989年年底，可口可樂公司的股票市值分別占波克夏股票總市值的20.7%和34.8%。買入的靜態和動態PE分別為17.4倍和14.5倍。按照當時市場的主流看法，買入這樣一家略顯疲態的巨無霸公司，價格不算吸引人。

由於巴菲特當時已經聞名全國，其每項投資舉動都會對股市產生不小的影響，因此，巴菲特得到美國證券交易委員會特別許可：可以在一年內不披露自己在當年的投資行動。因此，巴菲特對可口可樂的買入行動，除可口可樂公司外，其他人士並不知情。

但是，「當巴菲特手中的可口可樂的股票持有率達到6%時，股票資產累計已經達到了12億美元。終於在1989年3月，巴菲特的『把戲』被揭穿了，人們紛紛到紐約股票交易所購買可口可樂公司的股票。最終，紐約股票交易所不得不為可口可樂公司的股票掛上了當日漲停的牌子。」[3] 由於可口可樂公司的股票價格在巴菲特買入後的持續優異表現，到1989年年底，波克夏公司僅在這檔股票上的未實現收益就高達7.8億美元，占其買入總成本的76.16%。

面對這樣一個略有些呼風喚雨和點石成金意味的故事，我們顯然不能簡單地認為：1989年的淨值「暴利」主要源自安全邊際。

5. 1998年：溢價收購通用再保險

1998年，波克夏淨值增長了48.3%，超出市場指數19.7個百分點。只是這一次的「暴利」和「彈簧擠壓」幾乎沒有關係，淨值增長中的「絕大部分來自因併購交易所發行的新股溢價」（巴菲特1998年股東信）。

---

[3] 摘自《雪球》。

這一年，巴菲特完成了兩項重要收購：NetJets（經營私人飛機租賃業務）和通用再保險公司（General Reinsurance）。後者的收購價格高達220億美元，是前者收購金額的30倍（關於此次收購的細節與玄機，我們在「可口可樂」一節中有較為詳盡的描述）。

這兩次收購都涉及波克夏公司發行新股，而就在「巴菲特宣布用公司20%的股份收購通用再保險公司股票的同一天，波克夏的股票價格達到了每股80,900美元的高位」[4]，從而使得溢價發行構成了公司當年259億美元淨值增加額中的「絕大部分」。

由此我們可以看出，1998年波克夏公司淨值的大幅增長（確切地說是超額增長部分）與安全邊際幾乎沒有任何關係。

6. 1995年：乏善可陳的斬獲

在1976～1998年波克夏淨值的六個「暴利」年中，1995年的含金量最低，超額收益僅為5.5個百分點。由於公司當年完成的兩項收購均涉及數量很小的新股發行，因此我們估計這5.5個百分點的超額收益多少仍與溢價收購有關聯。

由於當年的公司淨值增長實在沒有精彩故事可言，巴菲特在當年股東信中做了一段自嘲式的表述：「對於1995年能夠有這樣的成果，並沒有什麼值得好高興的，因為在1994年那樣的股票市場狀況下，任何一個笨蛋都可以很輕易地在市場上有所斬獲。我們當然也不例外。引用甘迺迪總統（John F. Kennedy）曾說過的話，只要一波大浪起來，就可以撐起所有船隻。」

---

4 摘自《雪球》。

> **本節要點**
>
> 1. 發生在 1976 年、1982 年、1985 年、1989 年、1995 年和 1998 年的波克夏淨值的巨幅增長,並非主要源自股票投資的安全邊際,而是背後另有故事。
> 2. 我們觀察巴菲特,不僅要知其一,也要知其二,更要防止被一些表面現象所迷惑。

誤讀 ④ 浮存金

主要誤讀:市場上有不少投資者長期忽略了保險浮存金(按:客戶向保險公司繳納的保費中,可供用於商業投資的流動資金)對波克夏淨值增長的巨大影響。

我方觀點:不僅不能忽略,而且按照巴菲特自己的看法,這部分浮存金甚至構成了波克夏公司的核心競爭優勢。

為便於說明問題,我們先舉一個簡單的例子。首先,假設公司A每股權益資本為10元,零債務,投資報酬率為10%,所有利潤均滾存至下一年度。則其每股淨值的增長情況見表2-3。

表2-3 年度百分比變化——公司A

投資股本 (元)	長期債務 (元)	投資報酬率 (%)	期末淨資產增加 (元)	年增率 (%)
10	0	10	1	10
11	0	10	1.1	10
12.1	0	10	1.21	10
13.31	0	10	1.31	10

其次，假設公司B與公司A情況相同，只是每年在權益資本外，再持續投入相當於當年權益資本50%的無息債務資金，其每股淨值的增長情況見表2-4。

表2-4 年度百分比變化——公司B

投資股本 （元）	長期債務 （元）	投資報酬率 （%）	期末淨資產增加 （元）	年增率 （%）
10	5	10	1.5	15
11.5	5.75	10	1.725	15
13.225	6.60	10	1.98	15
15.20	4.60	10	2.28	15

這個例子說明，在投資報酬率相同的情況下，當使用債務資金時，公司的淨值成長率將高於實際投資回報率。其實，這只是企業經營事務中簡單的「財務槓桿」問題，相信大多數讀者對此都已有充分的認識，在這裡重提，是因為我們發現很多時候**人們常常忽略了巴菲特也在使用財務槓桿這一工具，而這正是波克夏公司淨值增長長期高於公司許多股票實際投資報酬率的一個重要原因**。只是與大多數企業情況不同的是，波克夏公司債務資金的來源並非商業銀行或其他部門的信貸，而是旗下保險公司所產生的高額浮存金。

對巴菲特投資生涯有一定了解的讀者都知道，他在介入波克夏經營的早期，就已經透過對保險公司的收購而開始擁有保險浮存金。之後，隨著巴菲特逐漸將波克夏打造成一個保險集團，浮存金也逐年增加。這些每年源源不斷流入的、具有債務性質的保險浮存金，撬動了公司淨值的大幅提升。表2-5給出了相關數據。

我們看到，在過去的40年裡，保險浮存金在波克夏公司資產淨值中

表2-5　保險浮存金占比（1967～2007年）

年度／類別	1967年	1977年	1987年	1997年	2007年
保險浮存金（億美元）	0.20	1.71	15.08	73.86	586.98
公司淨值（億美元）	0.36	1.56	28.43	314.60	1,241.20
浮存金占比（％）	55.56	109.62	53.04	23.48	47.29

的占比始終保持在較高的數值上。因此，只要其資金成本低於公司的投資回報，保險浮存金就會因槓桿效應而提升公司每股淨值的年度增長比率。成本越低、占比越大，提升的幅度就會越高。那麼，一直以來波克夏公司的保險浮存金是怎麼樣的成本結構呢？請看巴菲特為我們做出的解答：「自從1967年我們進軍保險業以來，我們的浮存金每年以20.7％的複合成長率增加。大部分的年度，我們的資金成本都在零以下。」（1995年股東信）「真正重要的是取得浮存金的成本。如果成本過高，那麼浮存金的成長就可能變成一項詛咒而非幸福。在波克夏，我們的紀錄算是不錯了，32年來平均成本遠低於零。」（1998年股東信）

　　需要注意，我們在這裡之所以僅關注波克夏前三十多年的浮存金成本，是因為那段時期是巴菲特的「股票投資蜜月期」（此後轉入「企業收購蜜月期」）。因此，期間浮存金的規模與成本對我們討論的話題來說相對最為「敏感」，也最能說明問題。

　　至此我們已不難看出，正是由於每年都有巨額並且是「零成本」的保險浮存金流入，才使波克夏的每股淨值每年都可以在「增厚」效用下，以高於其股票投資報酬率的幅度快速增長。

　　尤其是在對於其創造財富神話來說最為關鍵的1970年代，其股票投資的資金絕大部分都是由浮存金構成的：「1970年代末期，巴菲特的大部分

投資資金都源於一個流動的金庫，這就是保險和優惠券。」[5]巴菲特在當時利用這些資金分別買入了華盛頓郵報、蓋可保險、首都城市傳播公司／ABC（Capital Cities/ABC）、通用食品、埃培智集團（Interpublic Group，簡稱IPG）、奧美（Ogilvy）、聯合出版（Affiliated Publications）以及時思糖果（See's Candies）和水牛城晚報（Buffalo Evening News）等公司的股票，這些公司後來為波克夏淨值的快速增長都做出了巨大的貢獻。

透過保險浮存金來增加波克夏公司的股東報酬的做法，不僅由來已久——巴菲特在1960年代後期收購保險公司及藍籌印花公司（Blue Chip Stamps）的其中一個原因，就是看上了它們的浮存金（正如1967年收購保險公司那筆交易的經紀人查爾斯・海德〔Charles Heider〕所言，巴菲特比美國任何一個人都更早地領悟浮存金的性質），而且它本身就是巴菲特為自己和波克夏的股東打造創富神話的一項基本策略。

在1995年股東信裡，巴菲特曾清晰表達這一想法：「總的來說，1995年我們規模適中的保險事業交出漂亮的成績單，而展望1996年，在蓋可保險加入之後，在維持保險事業原有的品質之下，規模與成長皆可期。較之以往，保險事業已成為我們的核心競爭優勢（More than ever, insurance is our core strength.）。」

有不少投資者忽略了巴菲特打造波克夏的傳奇事業時，是透過浮存金這項核心競爭優勢，因此當發現巴菲特長期持有的幾檔股票，投資報酬低於公司的每股淨值增長時，便將其解讀為可能是「短炒」股票做出了貢獻，顯然這是不對的。其實，只要我們稍微細心和深入一些，就不難看出其中的奧妙所在。

---

[5] 摘自《雪球》。

> **本節要點**
>
> 1. 每年源源不斷流入的保險浮存金，為波克夏公司的淨值增長提供了巨大的財務槓桿。
> 2. 巴菲特幾支重倉股票的投資回報長期低於公司淨值增長，原因在於保險浮存金對公司資產淨值起到了增厚作用。
> 3. 按照巴菲特自己的說法，持有巨額且零成本浮存金的保險事業，已構成波克夏的核心競爭優勢。

誤讀 5 龜兔賽跑

主要誤讀：即使已經過了五十多年，人們還是經常以短期表現去評估巴菲特所做的一切。
我方觀點：只有到終點，才能知道誰是最後的勝者。

　　2000年11月16日《今日美國》（*USA Today*）刊登的一篇報導中有這樣一段話：「八個月之前，很多人都在談論著富有傳奇色彩的投資家巴菲特已經不復存在。在以技術股為主的那斯達克指數（NASDAQ）翻倍的同時，波克夏卻損失了近一半的市值。更有甚者，他在1998年以220億美元鉅資收購再保險巨人──通用再保險，也是他有史以來進行的最大收購案，同樣也未能逃脫人們的指責。但是現在，巴菲特似乎真正地扮演了伊索寓言中的烏龜。巴菲特取得了最後的勝利，因為他總是能夠在紛繁殘酷的商場裡，尋找到真正有利的投資機會。這隻世界上最聰明的烏龜，總是在不停地奔跑，因而總會有新的收穫。」

　　當時間的指標指向2008年時，巴菲特又一次面臨了同樣的「禮遇」。在波詭雲譎、一夜乾坤的金融海嘯風浪中，因為巴菲特的幾次「抄底失

敗」，因為巴菲特的「買進美國」（Buy American）沒能讓跟隨者在短時間內賺錢，也因為巴菲特確實做出了一些被自己稱為「明顯失誤」的決策，於是又有不少人站出來指出股神這次是真的不行了，甚至就此宣布企業估值、價值投資已死。

這些似曾相識的指責、批評、譏笑與嘲諷，不禁讓我們又一次想起了龜兔賽跑的故事。儘管類似的事件一次次地重複出現，但人們還是那樣急著給出結論。

問題究竟出在哪裡？人們為何總是那樣容易地失去記憶，並總是信誓旦旦地說「這次不一樣」？

我們認為，除了人們用於判斷的「尺規」有誤之外（請看誤讀30），還似乎忘了一個基本邏輯：只有在終點，我們才能知道誰是勝利者。現在不妨讓我們一起回到歷史，看一看依短期表現進行投資選擇的結果，見表2-6至表2-8（相關數據摘自《巴菲特的投資組合》（*The Warren Buffett Portfolio*）與巴菲特2008年股東信）。

表2-6　年度百分比變化——切斯特基金（Chest）與英國市場

年度	切斯特基金（%）	英國市場（%）
1928年	0.0	0.1
1929年	0.8	6.6
1930年	−32.4	−20.3
1931年	−24.6	−25.0

表2-7　年度百分比變化——紅杉基金（Sequoia）與美國市場

年度	紅杉基金（%）	標普500（%）
1972年	3.7	18.9
1973年	−24.0	−14.8
1974年	−15.7	−26.4

表2-8　年度百分比變化——波克夏淨值與美國市場

年度	波克夏淨值（%）	標普500（%）
1967年	11.0	30.9
1975年	21.9	37.2
1980年	19.3	32.3
1999年	0.5	21.0

依據上述表格，我們認為絕大多數投資者會在業績較差的第一年或第二年，選擇離開由倒楣的凱因斯管理的切斯特基金，以及由魯恩—卡尼夫—高法伯基金（Ruane, Cunniff & Goldfarb）管理的紅杉基金，並在隨後兩年時間裡一直慶幸自己的選擇；如果你不巧在1967年、1975年和1980年年初買入波克夏公司的股票，你大多會在一年後因其糟糕的業績拂袖而去。

假設投資者從此忘記這三個「失敗」的投資管理人，全心投入右方的指數投資陣營，接下來的情況不僅始料未及，而且對你的財富來說幾乎是場災難。為什麼這麼說？請參見表2-9至表2-11。

巴菲特教導我們，一個真正的企業投資人應當忘記股票價格的短期

表2-9　年度百分比變化──切斯特基金與英國市場

年度	切斯特基金（%）	英國市場（%）
1932年	44.8	−5.8
1933年	35.1	21.5
1934年	33.1	−0.7
1935年	44.3	5.3
1936年	56.0	10.2
過去18年平均	13.2	−0.5

表2-10　年度百分比變化──紅杉基金與美國市場

年度	紅杉基金（%）	標普500（%）
1975年	60.5	37.2
1976年	72.3	23.6
1977年	19.9	−7.4
1978年	23.9	6.4
過去27年平均	19.6	14.5

表2-11　年度百分比變化──波克夏淨值與美國市場

年度	波克夏淨值（%）	標普500（%）
1968年	19.0	11.0
1969年	16.2	−8.4
1976年	59.3	23.6
1977年	31.9	−7.4
1981年	31.4	−5.0
1982年	40.0	21.4
2000年	6.5	−9.1
2001年	−6.2	−11.9
過去43年平均	20.3	8.9

變化，把主要注意力集中於公司的經營層面；即使你的目標是獲取資本買入與賣出的差價，也應以5〜10年為一個週期來規劃投資。巴菲特是這樣說，也是這樣做的。

因此，如果我們總是習慣性地用短期市場表現，來評估巴菲特或其陣營中的其他投資者某項投資或某段時期的好與壞、對與錯、行與不行，我們將會一而再地重蹈覆轍。

不管是機構投資者還是個人投資者，最為津津樂道的是過去短則一、兩個月，長則半年的時間內，誰的報酬排在前面，並據此來選擇下一階段的資金流向。

可想而知，這樣下去的結果自然不會太理想。在我們的身邊就有這樣一些朋友，以短期排名來選擇投資基金並不停地進行轉換，過了幾年才發現回報甚至還低於市場整體水準。當然，不僅僅是在投資領域，在我們生活中的其他方面，看待任何事情時其視角都不應太過短期。

本節要點

1. 巴菲特一直以來都是以至少5〜10年的時間來規劃自己的投資。以短期表現去評判他的投資成敗，只會再次上演龜兔賽跑的故事。

2. 股票投資既然是一項長跑運動，我們為何要在100公尺處宣布誰是勝利者？

3. 問題還在於，巴菲特原本是一名農場主，而我們卻總是習慣於以農場在交易市場中的最新報價來評判他的經營是否成功。

誤讀 6　今不如昔

主要誤讀：波克夏公司的淨值增長，一直低於巴菲特合夥事業有限公司（Buffett Partnership, Ltd.）期間的投資回報，這可能意味著過去的投資方法更加有效。

我方觀點：由於存在眾多的不可比性，這一看法的本身就不夠嚴謹，而且事實也並非完全如此。

表2-12　年度百分比變化（1956～1969年）

（單位：%）

年度	1957年	1958年	1959年	1960年	1961年	1962年	1963年
合夥	10.4	40.9	25.9	22.8	45.9	13.9	38.7
道瓊指數	−8.4	38.5	19.9	−6.3	22.2	−7.6	20.6
年度	1964年	1965年	1966年	1967年	1968年	1969年	1956～1969年
合夥	27.8	47.2	20.4	35.9	58.8	6.8	29.54
道瓊指數	18.7	14.2	−15.6	19.0	7.7	−11.6	11.53

資料來源：The Making Of An American Capitalist。

我們可以看到，在巴菲特經營合夥公司的13年裡，年化報酬率為29.54%。而從巴菲特1965年開始掌管波克夏公司到2008年年底，公司淨值的長期年均複合成長率是20.3%，遠低於合夥公司期間的回報。有投資者對其背後的原因有所不解，並進而思考這是否意味著早期的投資策略更加有效。

實證研究是檢驗一項投資策略是否正確的有效方法，但前提是它必須是嚴謹的。我們認為，將波克夏公司的長期淨值增長與巴菲特早期階段經營合夥人公司時的回報做簡單對比，這本身就並不嚴謹，由此產生出的

疑問以及結論也將有偏誤。可從三個方面進行討論：

1. 評估對象不同

　　由於波克夏的淨值成長至少由三個部分組成：一、股票市值變化；二、經營性複利；三、新股發行溢價。因此，將資產淨值增長與早期單一的股票投資回報進行對比並不合適，結論也不具有太大的說服力（越到波克夏經營後期，越是如此）。

2. 評估期間不同

　　將兩種類型的投資回報進行相互對比，不僅需要評估對象相同，考察的時間段也應一致。如果我們依此邏輯修正評估時期及對象，並提出以下兩個限定條件：第一，考察期均為13年；第二，該期間市場整體估值水準同樣表現出「從低到高」的特徵，我們就會得出表2-13的資料。資料顯示，在符合特定條件的統計期間內，波克夏淨值增長與早期的投資業績比較其實大致相同，並無太明顯的差距。

表2-13　波克夏每股淨值成長率

年度	1974~1987年	1975~1988年	1976~1989年	1977~1990年
年均複合成長率（%）	0.20	15.08	73.86	586.98
年度	0.36	28.43	314.60	1,241.20
年均複合成長率（%）	55.56	53.04	23.48	47.29

資料來源：據巴菲特歷年股東信整理。

3. 評估邏輯不同

　　細心的讀者可能會發現，在統計1970年代以後的數據增長時，我們並未考慮保險浮存金的影響（每股淨值和每股投資的增長都會因保險浮存金的存在而受益）。如果剔除了保險浮存金的財務槓桿作用，表2-13中的成長資料可能要打一個不小的折扣。這樣，我們可能又回到了問題的原點。當然，除了上述三個方面外，問題還出在兩者的成長基數不同上。隨著波克夏公司經營狀況的不斷改變，股東的財富也得到了快速而持續的增長。由於投資基數的不斷加大，其上升速度逐漸放慢下來是可以理解的。這一規律不會因經營者的不同而有太大的改變。

　　事實上，巴菲特本人早已想到公司淨值增長速度可能會逐步放慢的問題。

　　除了在其每年一度的致股東的信的開頭都會提醒投資者過去的輝煌可能不再，巴菲特還曾清楚地談到了「今不如昔」的具體原因：「現在股東權益的資金規模已高達74億美元，所以可以確定的是，我們可能再也無法像過去那樣維持高成長。而隨著波克夏公司不斷成長，世上可以大幅影響公司表現的機會也越來越少。當我們操作的資金只有2,000萬美元時，一項獲利100萬美元的投資就可以使得年報酬率增加5%，但時至今日，我們卻要有3.7億美元的獲利（要是以稅前利潤計算的話，則要5.5億）才能達到相同的效果，而要一口氣賺3.7億美元，比起一次賺100萬美元的難度可是高多了。」（1991年股東信）

　　只是，巴菲特的預測能力與他的投資能力相比似乎明顯稍遜一籌，實際的經營情況比他所擔心的還是要好很多。當然，這已是後話。

> **本節要點**
>
> 　　由於存在諸多的不可比性，不宜將波克夏淨值增長與巴菲特早期經營合夥公司期間的投資回報做簡單對比，由此產生的「巴菲特早期的投資策略是否更加有效」的質疑，更是站不住腳。

誤讀 7　每股稅前盈餘

主要誤讀：一些投資者似乎搞混了波克夏公司的「年度經營回報」與「長期投資回報」。
我方觀點：這是兩個不同的概念，巴菲特一直重「長期投資回報」，而輕「年度經營回報」。

　　先來看看來自某位網友的疑問：「其實在巴菲特的實踐中，比較頻繁地換股，收益率更高。然而他的前後言論卻明顯地不一致。在其1989年股東信中談及遞延所得稅負債（Deferred Tax Liability，此後簡稱遞延稅負）時，他先是比較了兩種不同投資方式下的回報差異，即長期持有會因交稅的時點不同而比短期投資有更大的複利效應。然後他馬上說道：實際上透過更加頻繁地從一項投資轉向另一項投資，我們可能會獲得更大的稅後利潤。許多年前，查理和我就是這樣做的。現在我們寧願留在原處不動，儘管這意味著較低的回報……因為我們認為這樣做將會產生良好的──儘管可能不是最優的──財務成果。」

　　這位網友的問題源於沒有分清楚波克夏的「經營回報」和「投資回報」。為便於說明，我們先重複一段我們在「遞延稅負」一節中的觀點。假設投資者用10萬美元投資股票，年均報酬率15%，資本利得稅34%（美國稅收標準），投資期30年。

當投資者採取以下兩種不同的投資模式時,回報結果如下:一、買入並持有:由於是在30年後一次性繳稅,因此總回報的計算公式與結果為:10萬美元 × $(1+15\%)^{30}$ $(1-34\%)$ = 436.99萬美元。

二、股票平均每年週轉一次:由於每年須繳納34%的資本利得稅,因此年均成長率將修正為10%左右,而投資總回報就變成:10萬美元 × $(1+10\%)^{30}$ =174.49萬美元。由於交稅的時點不同,買入持有策略實現了更大的複利效應和「投資回報」。

而「透過更加頻繁地從一項投資轉向另一項投資,我們可能會獲得更大的稅後利潤」講的則是波克夏的「經營回報」。按照美國會計準則,當一支股票賣出時,其資本利得計入當年損益。因此,在報酬率保持不變的前提下,頻繁換股就會同時導致「經營回報」的增加和「投資回報」的減少。由於巴菲特的經營目標是股東價值的長期最大化,而不是年度帳面利潤的提升,因此選擇了「現在我們寧願留在原處不動」的投資策略。

其實從巴菲特歷年的股東信中,我們經常可以看到他捨棄「經營回報」而去追逐「投資回報」的行為軌跡。

早在1980年致股東的信中,巴菲特就已經向股東表明:「我們旗下的保險事業將會持續把資金投資在一些雖不具控制權,但經營良好且保留大部分盈餘的公司之上。按照這個策略,可預期的長期投資報酬率將持續大於每年帳面盈餘的報酬率。」在其兩年後的股東信中,他進一步指出:「在這個巨大的拍賣市場中,我們的工作就是去挑選那些能將所賺的錢再利用,並產生較高資本報酬的公司。儘管曾經犯了不少錯誤,但至今仍算達到了目標。有時某些公司所保留的盈餘並未增加其經濟效益,有時卻高達兩到三倍。到目前為止,表現好的多於差的。若我們能繼續保持下去,不管對帳面盈餘有任何影響,將可使波克夏的內在價值極大化。」

對巴菲特有一定了解的讀者可能清楚,就波克夏的特殊經營模式而

言，帳面盈餘和透視盈餘（look-through earnings）代表了兩個不同的概念。由於公司在經營前期大量投資上市公司少數（大多低於25%）股權，按照美國會計準則的要求，公司只能將收到的現金分紅部分計入當年的帳面盈餘；而由所投資公司保留下來的那部分屬於波克夏的盈餘，再加上公司當年的帳面盈餘，則表現為透視盈餘，顯然，除非所有投資的上市公司每年都100%分紅，波克夏的透視盈餘一定會大於帳面盈餘。而巴菲特這種重透視盈餘而輕帳面盈餘的做法，與他偏重長期投資回報的理念可謂一脈相承。

時隔多年，巴菲特在2003年股東信中再一次談到他在公司短期利潤和長期回報之間的取捨：「個人一再重申：已實現的資本利得，對於分析波克夏來說，一點用處都沒有。我們帳上擁有大量的未實現資本利得，何時該將其實現，其考量點與某些特定日期的財務報表完全沒有關聯。」

為了進一步加深讀者的印象，我們統計了以下兩組資料。一組是階段性的，儘管年代已久且時段不長，但它基本代表了波克夏在過去數十年中的典型情況，見表 2-14；另外一組是貫穿這間公司整個經營期的（截

表2-14　波克夏公司經營情況表

（單位：億美元）

年度	稅後利潤 （含實現資本利得）	以實現的資本利得 （稅前）	未實現的資本利得 （稅前）
1981年	0.63	0.33	2.87
1982年	0.46	0.22	5.21
1983年	N/A	N/A	7.39
1984年	1.49	1.09	6.84
1985年	N/A	1.09	9.23

資料來源：巴菲特股東信。

止日期為 2007 年 12 月 31 日），它將有助於讀者大略了解相關問題的全貌，請見表 2-15。

從表 2-14 中的資料可以看到，由於公司對上市公司股票奉行的是買入—持有的投資策略，因此其未實現的資本利得的資料遠大於公司的稅後利潤資料。也就是說，如果巴菲特把這些股票中的大部分或全部賣掉，公司的「帳面盈餘」或「經營回報」就會大幅度增加。

表 2-15 中的數據顯示，除了 1993～2007 年這個週期外，波克夏每股稅前盈餘的增長均遠低於每股淨值的增長，這與巴菲特在 1980 年所做出「長期投資報酬率將持續大於每年帳面盈餘報酬率」的預測基本一致。而資料在 1990 年代中期以後發生了變化，主要是因為巴菲特的經營重心開始從對上市公司的少數股權投資，向私人企業控股性收購偏移所致。

表 2-15　每股稅前盈餘與每股淨值變化情況表

年度	1965 年	1979 年	1993 年	2007 年
每股稅前盈餘（美元）	4	15	212	4,093
年度	1965～1979 年	1979～1993 年	1993～2007 年	1965～2007 年
區間增長（年均複合成長率）(%)	11.1	19.1	23.5	17.8
年度	1965 年	1979 年	1993 年	2007 年
每股淨值（美元）	24.09	335.99	8848.64	84,549.96
年度	1965～1979 年	1979～1993 年	1993～2007 年	1965～2007 年
區間增長（年均複合成長率）(%)	20.71	26.32	17.16	21.35

資料來源：巴菲特 2007 年股東信及施得普匯數據庫。

> **本節要點**
>
> 　　1. 波克夏的經營回報和投資回報是兩個不同的概念，前者記錄公司商業運行中的稅後利潤情況，後者記錄公司股票投資中的淨值增長情況。
> 　　2. 巴菲特的目標是公司長期「股東價值」的最大化，而不是公司當年「稅後利潤」的最大化。
> 　　3. 巴菲特關注透視盈餘與未實現的資本利得，而不關注帳面盈餘與已實現的資本利得」，這是其始終關注股東長期價值的自然結果。

誤讀 ⑧ 內幕消息

主要誤讀：巴菲特的社交圈讓他有很多內幕消息，這一點一般散戶無法做到。
我方觀點：儘管我們不能完全否認在巴菲特中後期的操作中，社交圈曾給他帶來一些「資訊便利」，但如果說巴菲特主要是靠這些便利而獲得了投資上的成功，就言過其實了。

　　身邊有些朋友在提起巴菲特的成功時，經常會露出一副不以為然的表情。他們認為巴菲特的成功，很大程度上是因為他本身是多家上市公司的第一大股東，能進入公司董事會，加上身邊有一個廣泛的社交圈，這些能讓巴菲特得到很多內幕消息。

　　我們在此單設一節討論「內幕消息」，不僅是因為這樣的觀點對巴菲特本人不公，更重要的是對那些立志模仿其投資方法的人也會造成負面影響，讓那些不明就裡的投資者望而卻步。

　　在就事論事之前，我們想先說說認知的本末問題。當我們走進由葛拉漢、凱因斯、費雪、蒙格及巴菲特等人，用近百年的時間共同搭建的投資殿堂、探索其成功祕密時，我們要關注的理應是支撐這座殿堂數十年不倒的基石為何，而不是一些散落在牆角和邊緣的零星物品，除非你認為這

些東西本身就是基石的一部分。

儘管我們不能完全否認在巴菲特中後期的操作中，社交圈曾為他帶來便利，但若要說巴菲特主要是靠從中獲取的內幕消息獲得投資上的成功，實在有些偏頗。請注意：我們在這裡強調中後期操作，是因為到了這個時期，他的社交圈才有可能形成某種投資上的「便利」。但如果這一觀點的邏輯成立，這豈不是表示巴菲特前期的成功靠的是自身能力，而後期卻轉為主要靠內幕消息？這樣的推理不免有些牽強和主觀。

判斷巴菲特是否主要（或在很多時候）靠內幕消息進行投資其實並不是一個複雜的問題，我們下面就嘗試以巴菲特的投資標準及其操作準則的三個基本特質為立足點，來展開對這個問題的討論。

- **特質1：優**

在本書中，我們會多次提到巴菲特的投資標準——「四隻腳」：一、我們能夠了解；二、良好的經濟前景；三、德才兼備的管理人；四、吸引人的價格。第一項標準涉及對產業和產品繁簡的判斷；第二項標準涉及對「城堡」是否美麗、「護城河」是否寬廣的判斷；第三項標準涉及對經營者道德品質和領導才能的判斷；第四項標準涉及對一家企業價值與價格是否匹配的判斷。那麼，內幕消息應從屬於哪一項標準？

我們認為——或者說邏輯本應如此——內幕消息大多與企業是否會有業績驚喜聯繫在一起。而**當一個投資人判斷一家企業是否「優質」時，內幕消息卻往往幫不上什麼忙**。我們不能根據一家公司的每股收益會在下個季度暴增，而得出這是一家優秀公司的結論；我們恐怕也不能根據一項洽談中的併購，而據此認為青蛙會從此變成王子。至少巴菲特在確定買入並持有哪家企業時，並不是這樣做的。事實上，不少巴菲特重拳出擊的投資，在買入後卻面臨了較長時期的負報酬。如此看來，如果確實有內幕交

易,大概沒起到什麼作用。

- **特質2:大**

　　巴菲特曾教導學生:「當你們離開學校後,可以做一張印有20個圓圈的卡片。每次你們做完一個投資決策時,就在其中一個圈上打一個洞。那些打洞較少的人將會變得很富有。原因在於,如果你總能為大的想法而節省的話,你永遠不會打光所有的20個洞。」這裡的「卡片打洞」思想,與他在數十年裡一直致力於為波克夏尋找超級明星股、偉大公司、大生意,找到後就下重注的投資思想一脈相承。

　　循著這種尋找「大」企業、「大」生意的投資思想,巴菲特先後買入了華盛頓郵報、首都城市傳播／ABC、可口可樂、富國銀行、吉列刀片（Gillette）、通用再保險、美國運通及沃爾瑪（Walmart）等公司,並長期持有。在這一過程中,內幕消息顯然也幫不上什麼忙。而且,如果僅靠一些內幕消息就將自己及股東的大部分身家長期「押」在其中,這不是我們眼中的那個巴菲特,更不會是被美國媒體評為「世界上最偉大投資人」的巴菲特。

- **特質3:長**

　　如果用一句話來概括巴菲特的投資特質的話,應該是「一名企業投資者」。企業投資與長期投資就是一枚硬幣的兩面,不可分離。正如我們在前面講過,內幕消息大多是為短期投資或「業績投機」（它甚至稱不上是「價值投機」）服務,而一個志在尋找能終身相伴的「妻子」而不是「一夜風流」的企業投資者,應當不會也不大可能關注甚至青睞一些內幕消息。

　　當巴菲特宣布將華盛頓郵報、首都城市傳播／ABC、蓋可保險、可口可樂及吉列刀片列為「永恆持股」（儘管他並沒有完全做到）,同時把一些重點公司列為重倉和長期持有對象時,我們認為他靠的是對公司和管

理人的認可、對企業商業模式的垂青及對企業長期經濟前景的信心。而所有這些內容，與內幕消息顯然沒有關聯。

綜上所述，**一個以「優」、「大」、「長」為其主要行動特質的股票投資人，內幕消息不大可能是其成功的主要原因**。當然，我們不認同巴菲特主要靠內幕消息買入股票，同時也不否認在巴菲特成名後，隨之而來的社交圈帶給他一些便利。例如，在買入蓋可保險前與公司關鍵人物的「促膝長談」、買入可口可樂之後與公司董事長兼CEO長達九年的私人書信往來，以及他在與美國最大的汽車租賃公司的總裁打了一場高爾夫球後，改變了對美國運通的看法，並決定重倉買入該公司股票。這些對巴菲特的投資決策也確實起到了一定的作用。

本節要點

1. 巴菲特的「四隻腳」投資標準，與內幕消息便利幾乎格格不入，說他經常會尋求內幕消息的幫助，更是大錯特錯。
2. 將巴菲特界定為一個主要靠內幕消息取勝的投資人，不僅對巴菲特本人不公，也會讓那些立志模仿巴菲特投資操作的人望而卻步。
3. 否認巴菲特主要靠內幕消息取勝，不代表他沒有類似的投資便利。但如果將其當作他投資成功的前提與基礎，則與事實不符。

誤讀 ❾ 捨近求遠

主要誤讀：如果將股票投資等同於企業投資，那直接做生意算了，選擇次級市場，似乎有點捨近求遠，多此一舉。

我方觀點：在「將股票視為生意的一部分」這一理念的指導下，巴菲特選擇大量投資次級市場股票，其背後的原因與操作邏輯多重且複雜。

本書將多次提到，巴菲特投資體系的主線是將股票投資視為企業投資。它對我們的啟示是：當我們在持有一家上市公司的股票時，應該要讓自己更像「股東」而非「股民」。儘管這樣做不過是把股票投資回歸到其原本的形態，但由於今天的投資者——在市場各種作用力的影響下——已經習慣於把簡單的事情複雜化，導致原本簡單的東西反而變得陌生、難以理解。

　　這裡列舉兩位股市資深人士的觀點。其一：「大多數股票投資者，都是投資於次級市場（按：初級市場發行後之有價證券買賣的交易市場），其目的無非是獲取一定時間段的資本利得和股利收入。如果純粹從『企業投資＋安全邊際』的角度出發，根本就不應該投資次級市場，而只該投資私人股權基金或其他初級市場。」其二：「費雪這種利用做生意的眼光投資股票的風格，我常常懷疑是一種得不償失的選擇。第一，這種風格並未跳出正常風險收益相關性的約束，往往在高收益的同時面臨高風險；第二，這種風格的投資者如果乾脆去從事生意投資，可能會有更好的成績——因為其核心競爭力主要體現在『戰略眼光、尋找合適的人、建立競爭優勢』等與股票投資低相關的領域。」

　　其一所談的「企業投資＋安全邊際」指的是葛拉漢相關思想指導下的巴菲特投資，其二所談的費雪的理念，這種眼光也正是被巴菲特所借鑑和沿用的操作理念。

　　上述觀點可歸納為以下兩點：一、巴菲特的「企業投資」理念在次級市場上，對大量二手股票的投資操作即便稱不上有所矛盾，至少有些捨近求遠；二、巴菲特反覆強調的「四隻腳」選股標準與股票投資其實是低相關的，而用「生意眼光」去投資股票還會導致較高的風險。在這樣的邏輯之下，我們將面對兩個十分沮喪的結論：一、讓巴菲特在19歲時茅塞頓開，並從此開始指導他一生投資實踐的「葛拉漢定理」其實是錯誤的；

二、讓巴菲特成功修正其投資標準與操作策略的「蒙格定理」和「費雪定理」也錯了。之所以說這是兩個令人沮喪的結果，是因為有些人的觀點展現的不僅是觀念之爭，而且還是歷史之爭，讓我們眼中的那個一直清晰的巴菲特形象開始變得越來越模糊。

當然，由於事實並非如此，沮喪也就沒有了根基。那麼，巴菲特為何會以「企業投資」理念去買入大量次級市場股票？我們總結了三個原因：前兩個屬於被動原因，也是次要原因；最後一個屬於主動原因，也是主要原因。

- 原因一：保險法規與流動性需要

本書已多次提到，波克夏首先是一個保險業經營體，資本投資只是其業務鏈條上的環節之一。由於公司用於投資的資本主要是保險浮存金，因此受保險法規和資本流動性要求所限，投資的物件只能是具有較高流動性的有價證券。

- 原因二：錢比主意多

即使沒有保險法規與資本流動性要求，巴菲特恐怕也需要經常從次級市場買入股票，因為波克夏很常處於「錢比主意多」的營運狀況中。我們都知道巴菲特其實更傾向於收購私人企業的多數股權，而不是持有代表上市公司少數股權的股票。然而，能夠隨心所欲這麼去做的一個前提，是要能找到足夠多的並且符合收購標準的企業。事實上，直到1988年年底，波克夏公司旗下的非上市公司（不含保險業）還是以「七聖徒」[6]為

---

[6] 按：Sainted Seven，波克夏控股的主要七間公司，為水牛城新聞報（Buffalo News，前身為水牛城晚報）、服裝零售業 Fechheimer、吸塵器生產商 Kirby、內布拉斯加家具商城（Nebraska Furniture Mart）、Scott Fetzer、時思糖果、世界百科全書（World Book）。

主。由於經常性的「錢比主意多」,從次級市場買入股票也就變成了一種自然的選擇。需要說明的是,一直到1980年代後期,巴菲特在美國資本市場上的名聲還主要是與股票投資有關。人們只知道他投資股票很有一套,對其經營商業的能力卻知之甚少。因此,儘管巴菲特很早就公開了他的私人企業收購標準,但前來主動要求被波克夏併購且符合標準的公司一直較少。不過到了1990年代後期,隨著巴菲特在資本市場上的影響日益增大,主動要求被波克夏收購的公司逐漸多了起來,在選擇餘地越來越大的情況下,巴菲特這個階段的投資才開始向私人企業傾斜。

● 原因三:**價格便宜**

價格便宜或許是巴菲特在「企業投資」這一理念框架下,選擇從次級市場大量買入股票的最主要原因。由於不論是私人企業的收購,還是對上市公司股票的投資,在巴菲特眼中並沒有什麼本質的區別,因此價低者勝,就是一個自然的選擇結果。

巴菲特早在1977年就曾經指出:「我們過去的經驗顯示,一家好公司部分所有權的價格,常常比協議整體買下便宜許多。因此,想要擁有物美價廉的企業所有權,採取直接併購的方式往往不可行。這時,選擇透過擁有部分股權的方式去達到目標反而顯得更加實際。價格合理時,我們很願意在某些特定的公司身上持有大量的股權。這樣做顯然不是為了要取得企業的控制權,也不是為了將來再轉賣出去或是進行併購,而是期望企業本身能有好的表現,進而轉化成投資的長期價值以及豐厚的股利收入。」(1977年股東信)

幾年後,在1981年致股東的信中,巴菲特又再次重申了上述觀點:「整體而言,我們在無控制權的公司上,投資前景反而比具有控制權的公司更佳。其原因在於:在股票市場上,我們可以用合理的價格買到優秀企業的部分股權,而如果要透過併購談判的方式買下整家公司,其平均價格

通常要遠高於市價。」

而對於為何波克夏持有股票的規模，長期大於持有私人企業的規模這個問題，巴菲特在2003年的股東信中這樣解釋道：「當評估出來的價值差不多時，我們強烈偏愛擁有一整家企業勝於持有部分股票。然而在我們經營的大多數年頭裡，股票往往是比較便宜的選擇，也因此，在我們的資產組合中，股票投資還是占大多數⋯⋯。」

除此之外，巴菲特選擇大量買入股票可能還有另外兩個原因：一、一旦發現對企業的經濟前景判斷有誤，「糾正不具有控制權的股權投資，比糾正具有控制權的公司容易得多」（1981年股東信）；二、很多時候，有不少上市公司的商業模式和經濟前景，比大多數私人企業更佳。試想，如果不透過次級市場買入股票，巴菲特如何能享有對華盛頓郵報、首都城市傳播／ABC、蓋可保險、可口可樂、富國銀行、吉列刀片、美國運通、沃爾瑪，以及後來的通用電氣（General Electric）、高盛銀行（Goldman Sachs）等優秀企業的投資回報？

本節要點

在葛拉漢「將股票投資視為企業投資」這一理念的指導下，巴菲特選擇買入並持有大量的次級市場股票（而不是將行動主要限於私人企業收購）的原因基本有三：
1. 保險法規和保險業經營的需要。
2. 在經營波克夏期間，大部分時候都是「錢比主意多」，因此需要在兩條線（初級和次級市場）上同時操作。
3. 次級市場上有大量素質優良、價格便宜的公司供巴菲特選擇。

第三部

巴菲特「不去做」的事

誤讀 10 邊界

主要誤讀：市場上對巴菲特做了什麼談論較多，對他不去做什麼則談論較少。
我方觀點：了解一個人不去做什麼，有時比了解他做了什麼更加重要。

談到邊界與走出邊界的風險，最令人印象深刻的莫過於《西遊記》中，孫悟空在外出化齋時，為防止妖怪來襲而在唐僧師徒三人周圍畫的那個圈。可謂一線隔開兩重天，圈內安枕無憂，圈外殺機四伏。

當然，那只是一個神話故事，但在我們日常生活中發生的許多事情似乎也有相近之處。記得一位朋友提過一件小時候的故事，他小學成績一直很優秀，一升國中便被指派為該年級的學生會主席。儘管這讓他在同學們面前顯得無比風光，但他根本開心不起來，因為他知道自己的缺陷：生性靦腆。後來現實很快就證明了這一點。在被另一位同學替換下來的那一刻，儘管他有些失落，但更大的感受卻是如釋重負、脫離苦海。

民間有許多俗語，也多少道出了「邊界」問題的重要性：隔行如隔山；量力而行；量體裁衣；業有所長，術有專攻；知人者智，自知者明；沒有金剛鑽，別攬瓷器活⋯⋯。工作與生活如此，股票投資也是如此。

縱觀巴菲特作為職業投資人的經歷，我們發覺他之所以能成功，原因之一就在於他對所有可能會涉足的投資領域，都先後為自己劃出有所不為的邊界：「告訴我會死在哪裡，我就永遠不去那兒。」為使話題更為集中，我們在這一節僅就巴菲特在選股問題上為自己所劃出的「能力邊界」作討論。

如前面所述，在選股問題上，巴菲特有一個堅守了數十年的「四隻腳」標準：我們能夠了解、良好的經濟前景、德才兼備的管理人、吸引人的價格。其中排在首位的就是我們這裡要談的「能力邊界」問題。為何巴

菲特數十年來一直堅守這個標準而幾乎從未改變？這個邊界真的有那麼重要嗎？下面我們就嘗試對這些問題做出解答。

首先，能力邊界有助於解決股票估值中的「確定性」問題，而高確定性是巴菲特在評估股票投資價值時一直堅持的一個重要準則。其內在的道理是：就一家企業的長期現金流量（內在價值）而言，如果沒有前面的「1」，後面排列多少個「0」都可能只是泡影。當投資者面對一家自己不了解其產品、產業及長期經濟前景的上市公司時，如何確定它的內在價值？如果不能確定內在價值，又將如何評估投資價值？儘管其中的道理並不複雜，但由於大多數投資者在股票投資時，志在博取短期差價而非積累長期回報，便經常對它視而不見。

針對不少學者就確定性提出的質疑，特別是不少人就巴菲特所謂「股東盈餘」（指企業利潤減去限制性資本支出後而真正屬於股東的那部分利潤）的模糊性所提出的質疑，巴菲特提出了一個「胖子理論」：一個人不用秤體重也能被一眼看出是不是個胖子。而能力邊界提出的問題則在於，即使我們能輕易辨別誰是胖子和瘦子，但當面對一名拳擊手、一名相撲選手、一位孕婦，以及一名因工作需要而不斷增肥與減肥的電影演員來說，我們就很難辨別出這個人到底是個胖是瘦。正因為這樣，我們的估值會隱藏著風險。將投資目標嚴格限定在自己熟悉的企業上，將大幅減少上述在企業估值中所隱藏的不確定性風險。

其次，能力邊界有助於解決買入股票後的「定期體檢」問題。所謂定期體檢，是指對已經買入的股票，按照既定標準（商業模式、護城河、利潤邊際、資本報酬、債務槓桿等），定期或不定期地檢查企業的基本情況是否有根本性的改變。如果我們買入的是一家產業環境變化很快的公司的股票，則後續對企業的持續追蹤恐怕就很難有效實施。對於一些技術類企業，說不定買入其股票後，一覺醒來一切都已經改變。

被稱為基金經理第一人的彼得・林區（Peter Lynch）對此有段精彩的表述：「如果你對基本業務有一些了解，要追蹤一家公司的情況就容易多了，這就是我寧可投資絲襪公司而不碰通訊衛星、投資汽車旅館而捨棄纖維光學的原因。越簡單的東西我越喜歡。如果有人說：任何白痴都能經營這家公司。那我就會幫它加一分，因為恐怕遲早有一天真會有個白痴來經營它。」[1]

不僅如此，能力邊界構成了巴菲特選股流程中的一道簡單而有效的柵欄，提高了選股的效率。我們知道，巴菲特是透過大量閱讀去篩選股票的。他最為依賴的資料包括公司年報、穆迪手冊（Moody's Manual）、標普手冊、價值線（Value Line）調查、商業週刊及《華爾街日報》（The Wall Street Journal）等。其中穆迪手冊、標普手冊、價值線調查等資料裡都有對上市公司基本業務進行「素描」的板塊，一經查閱，便可得知企業的產品與產業屬性是否簡單、易了解。面對數以千計的上市公司，我們不認為巴菲特會付出相同的時間與精力去閱讀年度報告、財務指標以及相關的商業報導。這樣做不僅效率低下，也實在無此必要。「**我只喜歡我看得懂的生意，這個標準排除了 90% 的企業。**」巴菲特這段在佛羅里達大學的演講，已經初步揭示出了他的選股流程。

最後，堅守這一邊界的另一個重要原因在於：簡單企業的投資回報足以讓投資人取得最後的成功。在 1987 年的股東信中，巴菲特引用了一項來自《財富》（Fortune）的調查結論：「在 1977～1986 年間，總計 1,000 家公司中只有 25 家公司平均股東權益報酬率保持在 20% 以上（且其中沒有一年低於 15%）。而在這些優質企業中，除少數幾家屬於製藥

---

1 引自《選股戰略》（One Up on Wall Street）。

企業外，大多數的公司產品都相當平凡而普通，其產品和服務與10年前也大致相同。」

傑諾米・席格爾（Jeremy J. Siegel）在著作《投資者的未來》（The Future for Investors）中，也為我們展示了一個類似的研究成果（見表3-1）。

表3-1　1950～2003年，給投資者帶來最佳收益的股票

收益率排名	1950年時的公司名稱（現在名稱）	年收益率（%）	初始1,000美元的終值（美元）
1	國家乳品公司（卡夫亨氏〔Kraft Heinz〕）	15.47	2,042,605
2	雷諾菸草公司（RJRT）	15.16	1,774,384
3	紐澤西標準石油（埃克森美孚〔ExxonMobil〕）	14.42	1,263,065
4	可口可樂公司	14.33	1,211,456
合計		14.90	6,291,510
相同的4,000美元投資於1950年最大的50家公司		11.44	118,936

在席格爾的「勝利者」名單中，我們沒有看到任何一家與科技、電子相關的公司，相反，幾家產品屬性簡單、產業情況乏味以及投資人能夠看得懂的食品、飲料和菸草公司卻榜上有名。

最後，我們以巴菲特在北卡羅來納大學一段頗具哲學意味的話，作為本節的結語：「就你的圈子來說，最為重要的東西不在於圈子的面積有多大，而是你如何定義這一圈子的邊界。如果你知道了圈子的邊緣在哪裡，你將比那些比你的圈子要大五倍、卻對圈子的邊界不怎麼清楚的人要富有得多。」[2]

> **本節要點**
>
> 1. 投資者一定要買入自己能夠了解的公司股票，否則，你的估值就會有較高的不確定性。如果估值不確定，你又如何進行價值投資？
> 2. 市場上有許多「虛胖」和「虛瘦」的公司，若想透過現象看見本質，一個前提就是你要「懂」這家公司。
> 3. 如果你只關注、投資自己了解的公司，相比於那些不知道自己投資邊界在何處的人，你將變得更加富有。

誤讀 11　波克夏‧海瑟威淨值

主要誤讀：據我們觀察，不少投資人對波克夏淨值的真實含義並不了解。
我方觀點：有必要對波克夏淨值和巴菲特一直使用這一指標的背後原因，做出進一步的解讀和討論。

對於任何一家可交易股權的公司來說，對其價值的評定都包含三個方面：市場價值、帳面價值及內在價值。關於市場價值與內在價值的對比，最為精闢的描述來自巴菲特的老師葛拉漢：**價格是你付出的，價值是你得到的**。也就是說，當你付錢買入一件商品時，你所花費的金額就是其市場價值，而這件商品在買入以後為你帶來的各種類型收益的總計就是其內在價值。而帳面價值與內在價值的差異，可用巴菲特曾列舉過的一個生動例子做出解釋：在評估一名即將畢業的大學生的價值時，家長和社會之前已經為他付出的是帳面價值，而大學生畢業後為其家庭和社會所作貢獻

---

2 摘自《華倫‧巴菲特說的話》（Warren Buffett Speaks）。具體講話地點作者未進一步核實。

的總計就是內在價值。換言之,「帳面價值是會計名詞,記錄資本與累積盈餘的財務投入;內在價值則是經濟名詞,估計未來現金流入的折現值。帳面價值能夠告訴你已經投入的,內在價值則是預計你能從中所獲得的」(1983年股東信)。

對於波克夏而言,在1990年代中期以前的股東信中,巴菲特通常用公司資產淨值(即帳面價值)的增減,作為衡量公司內在價值變化的參考標準。之所以如此,原因有二:首先,「雖然帳面價值的用處不大,但這算是一個比較容易計算的數字」(1994年股東信);其次,按照巴菲特自己的估算,大部分時候,公司的帳面價值與內在價值「兩者之間的差距一直維持著穩定比例」(1986年股東信)。

為照顧會計知識稍不足的讀者,我們在此再次說明一下波克夏淨值的構成。它主要由三個部分組成:一、所投資股票的市值;二、歷年經營性利潤的累積;三、因收購公司或其他原因而導致的新股發行溢價。在波克夏經營前期(1970與1980年代),其淨值主要表現為股票市值;在經營後期(1990年代中期以後),由於巴菲特將經營重心逐漸轉向對私人企業控股權的收購,使得這部分的經營性收益在波克夏淨值中的占比逐年提升,從而讓「股票投資,包含可轉換特別股在內,占公司淨值的比重已經大幅下降,從1980年代早期的114%,到近年的50%不到」(2004年股東信)。

最近十幾年,在每一年股東信開頭都會列出一張表格,記錄公司淨值的年度變化及與標普500指數的比較。之所以要列出這張表格,除了讓股東可以透過它來審視公司內在價值相對於市場指數是否「超額增長」外,最主要的動因可能在於:「因為股東們現在可以用非常低的手續費買到標普500指數型基金,因此,除非未來我們能夠以高於該指數的速度,累積每股內在價值,否則查理跟我就沒有存在的價值。」(2003年股東信)

這樣的表述令人感動。縱觀全球資本市場,有多少上市公司的董事長或CEO能對其股東或投資人,每年都給出這樣一組資料?又有多少管理者會說:如果我們的長期經營回報不及市場主要指數的增長,我們就沒有存在的價值?從1990年代中後期開始,由於波克夏經營重心轉移,過去每股淨值的變化已不能如實反映公司非保險業經營的情況,波克夏淨值與內在價值之間「一直維持著的穩定差距」,也有逐漸加大的趨勢。為使股東清楚地了解公司的真實經營情況,便於其評估公司的內在價值,巴菲特從1994年開始在每年股東信中追加了兩個補充性指標:每股投資和每股稅前盈餘。前者記錄公司所投資股票的市場價值變化,後者記錄非保險業經營利潤的變化。表3-2、3-3和3-4記錄了1965～2007年公司三項指標的變化情況(資料均摘自巴菲特股東信)。

以上數據顯示,儘管公司淨值的增長在過去43年主要由每股投資拉動,但在上述以14年為一個週期的三個統計時段裡,每股投資趨於下降而每股稅前盈餘則趨於上升,這也反映了前面所提到的從1990年代中期開始,公司經營重心發生的轉變。

談到這裡,你可能會感到疑惑:為何像每股稅前盈餘這樣的傳統指標,被巴菲特束之高閣如此久?事實上,由於波克夏獨特的經營結構(投資與經營並重),在早期投資占比較大的情況下,如果像一般性公司那樣過於關注每股收益指標,將會面臨巴菲特多次指出的「透視盈餘」問題,並忽略公司巨大的資本利得和資本溢價對其內在價值的影響。而到後期,由於非保險事業占比的逐漸提高,對每股稅前盈餘的考量就很有必要了。但是如果僅考察每股稅前盈餘,公司對有價證券的投資情況無法得到反映,必須輔以每股投資指標。這是巴菲特同時追加這兩項指標的原因,對於想了解公司整體經營情況的投資人而言,這些資料無疑提供了更全面的視角。

表3-2 年度百分比變化——每股投資

年度	1965年	1979年	1993年	2007年
每股投資（美元）	4	577	13,691	90,343
年度	1965～1979年	1965～2007年	1979～1993年	1993～2007年
年均複合成長率（%）	42.8	26.96	25.6	14.3

表3-3 年度百分比變化——每股稅前盈餘

年度	1965年	1979年	1993年	2007年
每股稅前盈餘（美元）	4	18	212	4,093
年度	1965～1979年	1965～2007年	1979～1993年	1993～2007年
年均複合成長率（%）	11.1	17.8	19.1	23.5

表3-4 年度百分比變化——每股淨值

年度	1965年	1979年	1993年	2007年
每股淨值（美元）	19	336	8,854	78,008
年度	1965～1979年	1965～2007年	1979～1993年	1993～2007年
年均複合成長率（%）	21.11	21.25	26.32	16.81

也有一些公司的經營結構與波克夏類似，使得大家對其價值的判定難以統一。對於這類公司，我們建議不妨按照巴菲特給出的評估方式，對其經營狀況進行追蹤：以每股還原股價（按：將股價調整至考慮除權息後的水準，方便分析股票的真實漲跌幅）淨值為其中一個考察方式，同時檢閱每股盈餘與每股投資情況。這裡需要指出，之所以強調「每股還原股價淨值」而非每股淨值或公司淨值，是因為當公司存在較多的再融資行為時，單純考察後兩個指標將難以真實記錄公司淨值的變化情況。

值得注意的是，儘管巴菲特長期使用公司淨值與標普500指數增長的對比來描繪波克夏公司的經營業績，但畢竟兩者記錄的對象不盡相同，因此他在1992年的股東信中指出了三點注意事項：一、波克夏旗下的非保險事業經營並不受股票市場的影響；二、波克夏投資有價證券所產生的收益與資本利得要負擔相當重的稅負，而標普500指數則是在免稅的基礎上計算；三、隨著波克夏資產淨值的逐漸加大，過去相對於指數的巨大超額收益將很難再延續下去。

我們對此的看法是，儘管在與標普500指數的比較中，波克夏淨值存在不利因素，但由於其非保險事業比重的逐年加大，今後在做相關資料的對比時，有利和不利因素相比到底誰更大，還很難說。假如股票市場進入一個長達3～5年、甚至6～8年的熊市，波克夏淨值可能就將處於有利的位置。

以2008年為例，標普500指數跌幅高達37%，而波克夏淨值僅下跌了9.6%，儘管這已經是巴菲特1965年接手公司以來，絕對表現最糟糕的一年，但相對於市場整體情況卻好了許多。從這個層面來看，對於所有同時從事產業經營與資本投資的公司來說，不可以因為資本投資在某個時期的高回報，而忽視了主業的經營發展，畢竟主業在整個資產組合中充當了「保護墊」的功能。

> **本節要點**
>
> 1. 一個業餘投資者應當首先搞清楚公司的市場價值、帳面價值和內在價值之間的區別。
> 2. 巴菲特在 1990 年代中期以前一直用公司帳面淨值反映公司內在價值的變化,是因為帳面淨值更容易計算並且兩者的增減變化比率差距不大。
> 3. 從 1990 年代中期開始,由於公司業務重心轉向私人企業收購,因此巴菲特在其每年一度的股東信中增設了「每股投資」和「每股稅前盈餘」兩項指標,以方便投資者對公司業務發展做出全面考察。
> 4. 關注波克夏股票投資情況的投資人,應偏重「每股投資」指標,關注公司經營情況的投資者應偏重「每股稅前盈餘」指標,關注公司整體運行情況的投資者在參照上述兩項指標的基礎上,仍可繼續使用「每股資產淨值」指標。

誤讀 12 遞延稅負

主要誤讀:對巴菲特投資中的遞延稅負問題,市場要不高估、要不就是低估了其影響。

我方觀點:「遞延稅負」是巴菲特選擇長期投資的一個重要原因,但並不構成巴菲特做出此策略選擇的基本前提。

　　還記得我們曾與一位在證券監管機構工作的朋友,聊起有關複利的話題,當時我們提出一道數學題:假如把一塊厚度為 1 公分的紙板對折 20 次,最後的高度將會是多少?由於他前兩次給出的答案都過於保守,我們便引導他猜得大膽一點,隨後他咬牙答道:100 層樓那麼高!這個答案固然錯誤。這也很正常,畢竟,在對複利缺乏足夠認識的情況下,如果不靠計算機,確實很難想像一塊紙板對折 20 次後的厚度,竟然可以達到一架民航客機的正常飛行高度——10,485 公尺。

　　現在考慮另外一種情況:同一塊紙板,假定我們在每次對折後都將

新增的部分削薄30%，這樣最終的厚度將僅有406公尺，連原先的零頭都不到。從這個例子中我們可以看出，在一個長期複利的運行軌跡中，持續的折扣將會讓結果出現戲劇性的變化。

舉這個例子，實際上是想說明遞延稅負對投資的影響。可想而知，如果巴菲特不在乎每次交易需要繳納的資本利得稅，投資的複利終值（現值 × 終值利率因子）將會有多大的縮水。當然，目前這個話題只在美國股市才有意義。那裡不僅有資本利得稅，而且比率還不低。但儘管如此，誰能說在不久的將來，我們不會面臨同樣的問題？如果到了那個時候，投資者再開始考慮遞延稅負的問題可能就有些晚了。因此，我們現在用美國的實例來未雨綢繆一下，仍有其意義。

巴菲特的基本投資策略主要表現為對「重要投資部位」股票的長期持有。由於是長期持有，從而使得波克夏淨值的增長在很大程度上繞開了聯邦稅負對其複利效用的影響。相反地，如果巴菲特的投資策略主要是短期操作，則每年將會產生大量的資本利得，從而每年要向美國政府繳納高額的資本利得稅。這就好比我們在上述對折紙板中每次都要削去30%的新增厚度，這將令最終的複利效果大打折扣。

為了更為直觀地說明問題，我們在這裡作兩組試算。假設：一、資本利得稅為30%（由於美國相關的稅負標準在1987年之前是28%，後來又改為34%，為了方便計算，我們統一假設為30%）；二、投資報酬率為年均20%（這是波克夏淨值在1965～2008年的實際資料）；三、投資者初始一次性投資10萬美元。

情形A：股票組合平均每個年度週轉一次：由於每年須繳納30%的所得稅，投資者在1965年投入的10萬美元，在2008年的淨值將增至2,798.39萬美元（10萬美元 × 1.1443）。

情形B：買入股票後一直持有：由於無須每年繳納30%的所得稅，而是僅在期末股票出售時一次性繳納，1965年一次性投入的10萬美元，到了2008年淨值將為25,397.65萬美元（10萬美元×1.243），屆時出售並一次性繳納所得稅後，還將剩餘17,778.36萬美元。這個資料是情形A的6.35倍！

面對這兩個結果，如果你是波克夏的股東，會希望得到哪一種？不用說，肯定是情形B。但顯而易見的是，要得到這種結果的前提之一，就是必須期待公司的經營者在股票上進行長期投資。先不管他的投資理念與操作策略如何（當然不能太差），在其他條件相同或相似的情況下，長期投資至少能夠讓你在遞延稅負這個問題上，相對於其他投資人而言處於極為有利的位置（稅負水準越高就越如此），從而使你的財富積累最終實現更高的複利增長。

另外，我們也注意到，在過去的幾年裡，有不少巴菲特研究者在談及巴菲特為何選擇長期持有策略時，常常放大遞延稅負的影響。我們認為這同樣不準確。在1989年股東信中，在討論完遞延稅負對投資的有利影響後，巴菲特指出：「必須強調的是，我們並不是因為這種簡單的算術就傾向於採用長期投資的態度。」幾年後，在1993年股東信中，巴菲特又進一步闡述長期投資的理由：「就算我們選擇在免稅機構的平臺上運行，查理跟我還是會堅持遵照買進並持有的策略。這是我們認為最好的投資方式，同時也最符合我們的個人特質。當然第三個好處是，這樣做使我們只有在實現資本利得時才需要繳稅。」這裡所謂「免稅機構平臺」是指有限合夥公司和S型公司（一種類似於合夥企業的公司形態，可以避免雙重納稅，但在公司管制上有諸多限制）。巴菲特上述這段話告訴我們兩個要點：一、1969年放棄合夥公司而最終選擇在一家有限公司（收購波克

夏）平臺上投資股票，主要考慮的不是稅收問題；二、選擇長期投資策略，主要的著眼點也不是稅收問題。

因此，市場上一些關於中國沒有實施高額資本利得稅政策，從而沒有必要採用買入持有策略的看法顯然是偏頗的。正如巴菲特自己所表達的那樣，**遞延稅負不是投資者選擇長期投資策略的主要原因**。確切地說，遞延稅負更像是長期投資的副產品或是額外的「bonus」。

至於巴菲特為何選擇長期投資策略，以及這個策略本身的核心優勢所在，有興趣的讀者可以翻閱本書的相關章節。

> **本節要點**
>
> 1. 由於資本利得稅是「摩擦成本」的重要組成部分，因此必將對投資的複利效果產生負面影響。成本越高，時間越長，則影響越大。
> 2. 儘管遞延稅負可以提高投資回報的複利效應，但這只是巴菲特選擇長期投資的「第三個好處」，忽略或者誇大其影響都是不對的。
> 3. 遞延稅負給我們的啟示在於：應最大限度地降低股票投資中的「摩擦成本」，因為從長期來看，摩擦成本對我們投資總回報的影響很大，往往出乎意料。

誤讀 13　地上走、空中飛、水裡游

主要誤讀：有不少投資者認為，巴菲特僅僅是在投資方法與操作策略上與大多數人不同。

我方觀點：方法與策略上的表面差異源自思想與理念上的本質不同，這種不同帶來的一個結果是：巴菲特與股票市場上的主流操作，其實並不在同一個空間活動。

2008年北京奧運會，一句「同一個世界，同一個夢想」的標語，打

動了千千萬萬名有著不同膚色的地球村人。而在另外一個也可被人們稱為「同一個世界」的地方——股票市場，這裡的人們儘管也都有著同一個夢想，但由於各種各樣的原因，在實現其目標的行為模式上竟如此千差萬別，在追求夢想的路徑選擇上，竟也如此迥然不同。

他們儘管屬於同一個世界，但由於在投資活動中所表現出的巨大理念與行為差異，我們完全可以把他們劃分成三個完全不同的空間領域及行為模式：地上走、空中飛、水裡游。

地上走：這個群體主要以巴菲特等少數「企業投資人」為代表。其行為特質主要包括：將手中的股票首先或主要視為公司的權益憑證，而不是交易憑證；在目標選擇上有一套嚴格的基於企業內在價值，而非市場價格趨勢的投資標準；在投資策略上主要表現為集中持有和長期投資；在對投資效果的檢驗與評估上更像是一個企業經營者或所有者。由於他們保持了股票投資的原生態模式，因此我們稱之為「地上走」。

空中飛：這個群體涵蓋了市場上90%以上的職業和業餘散戶。其行為特質主要表現為：將手中的股票首先或主要看作公司的交易憑證而非權益憑證；在目標選擇上主要是基於股價的短期變化趨勢，而非企業的長期經營成果；在投資策略上主要表現為短期投資和波段操作；在對投資效果的檢驗與評估上主要看買入後股價的短期表現。由於這類行為模式幾乎割裂了股票投資與企業經營狀態的聯繫而將其「昇華」為一個幾乎完全獨立的系統，因此稱之為「空中飛」。

水裡游：這個群體以依照現代投資理論進行投資操作的人士為主。在這群人身上，股票投資已經演變為一場在另一個空間裡進行的另外一種遊戲。他們有著與傳統股票理論完全不同的風險觀和收益觀，有著完全相異的市場理念和操作哲學。如果打開這些人的投資筆記，我們看到的將不

再是什麼營業收入、利潤邊際、權益報酬、資本支出、債務槓桿、經營前景，而是效率前緣（Efficient Frontier，按：投資組合的預期報酬，與風險之間的相對關係）、Beta值（按：該基金相對於大盤的波動幅度）、標準差（Standard Deviation，按：衡量過去一段時間的波動大小，可代表一檔基金的風險程度）、共變異數（Covariance）、資本資產定價模型（CAPM）、有效市場等。由於這一群體的運行模式使他們看起來既不像在地上走，也不像在空中飛，因此稱之為「水裡游」。

由於運行於上述不同空間的各個群體都有自己完整的理念體系和深厚的理論基礎，因此，想去判斷誰是誰非，不僅是一個不可能完成的任務，也沒有這個必要。人各有志，可以走自己想走的道路，投資市場的多樣化並不是嚴格意義上的壞事，我們在此只是想指出它們的不同。至於散戶最終會選擇與哪一個空間的群體為伍，這實在是個人性格或興趣所致，無可厚非。僅從實證角度上講，雖然我們可以看到每階段、群體中都會有一些投資者取得傲人的回報。但若以過去半個世紀作為對比統計期，排在前面的則大多是「地上走」群體。

為了對以巴菲特為代表的地上走，與其他兩個群體之間的區別做出更進一步的闡述，下面我們嘗試用「四項基本背離」的框架來說明。首先讓我們來看看地上走與水裡游在投資理念上的四項基本背離。

1. 關於有效投資組合

有效投資組合理論由經濟學家哈利・馬可維茲（Harry Markowitz）在1950年代創立。簡單來說，就是如果投資者同時買入與雨傘和沙灘有關的標的，就會有效防止因天氣變化而對單方向投資造成的損傷。但問題是，當以巴菲特為代表的企業投資人去選擇買入可口可樂、時思糖果、吉

列刀片及美國運通時，由於不論天氣是晴天還是陰天，都不會影響人們喝飲料、吃糖果、刮鬍子和使用信用卡，因此在這些人身上，有效投資組合不僅失去意義，還會由於它的對沖設計而拉低預期投資回報。

2. 關於風險評估

繼馬可維茲提出有效投資組合理論後，為尋找和揭示市場存在超額投資回報的深層原因，經濟學者威廉‧夏普（William Sharpe）發現並提出了系統性風險、Beta值及CAPM，並由此指出所有超額回報必須以承擔更多的系統性風險為代價。但在巴菲特看來，**喜歡或畏懼價格波動，正是區分企業投資者和市場交易者的試金石**。他以華盛頓郵報為例：當投資者有機會以更低的價格買入其股票時，一定是降低了風險，而非相反。兩種觀點如此對立的其中一個原因是，雙方對風險的定義有根本性的差異：夏普認為是股票價格的波動性（未來收益率的波動率或離散度），而巴菲特則認為是本金的永久損傷。

3. 關於有效市場

有效市場假說（Efficient Markets Hypothesis，EMH），由尤金‧法瑪（Eugene Fama）於1970年對之前的相關理論予以進一步深化和整理後提出。其基本觀點是：由於股票市場能快速對所有相關資訊做出反應，因此沒有人可以僅靠做一些研究就長期戰勝市場。巴菲特則以「葛拉漢－陶德鎮的超級投資者」為投資實踐，指出了有效市場理論的荒誕：「市場有效與總是有效，對投資人來說，它們之間的區別如同白天與黑夜。」（1988年股東信）

4. 關於分散投資

按照現代投資理論關於系統與非系統性風險的觀點，集中投資會因其組合的非有效性以及股票價格波動幅度的提高，而提升投資風險。巴菲特反其道而行，認為分散投資不僅沒有降低、反而提升了投資風險：「我們採取的投資策略排除了依靠分散投資而降低風險的教條。許多學者會言之鑿鑿地說，我們這種策略比一般傳統的投資策略具有更高的風險，這點我們不敢苟同。我們相信集中持股的做法同樣可以大幅降低風險，只要投資人在買進股份之前，能加強本身對於企業的認知以及對於企業競爭能力熟悉的程度。在這裡我們對風險的定義與一般字典裡所解釋的一樣，是指本金損失或受傷的可能性。」

談及地上走與空中飛群體之間的四項基本背離，可能相當多的讀者會心有戚戚，畢竟屬於空中飛的散戶在現實中占多數。在我們看來，這兩者之間的四項基本背離是：一、股票交易者在買入和賣出股票時關注的是其市場價格，而企業投資人關注的是其內在價值；二、股票交易者為了博取短期差價的最大化，經常表現出追漲殺跌的行為模式，而企業投資人則正好相反，價格越低，買入越多；三、股票交易者喜歡自上而下投資，以掌握進出市場的最佳時機，而企業投資人從來都是自下而上地挑選投資對象，不太關注宏觀經濟與股市整體的短期走勢；四、對於一名交易人來說，每年50%已是難得的低週轉了，而企業投資人通常用5~10年來規劃自己的每一個買入行動。

至此我們不難看出：將證券市場的投資者劃分成三個空間領域和三種行為模式，不僅事出有因，而且並無任何誇大之嫌。我們認為，這種劃分有助於讀者進一步了解巴菲特與其他投資人的差異，讓自己在學習投資上找到更好的切入點。

> **本節要點**
>
> 1. 巴菲特與大多數投資人的差異，與其說是操作策略上的不同，不如說根本不在同一個空間活動。
> 2. 由於在基本理念和行為特質上存在巨大的差異，我們可以把股票市場上的投資模式劃分成三種類型：地上走、空中飛、水裡游。
> 3. 想成功實踐巴菲特的投資法，首先必須改變自己的活動空間與行為模式：讓自己回歸為一個原生態的企業投資者、行走在地面上的投資者。

誤讀 14 投資波克夏

主要誤讀：不少人總是在不經意間，將波克夏每股淨值增長，等同於公司股票的實際報酬。

我方觀點：不可簡單替代，不僅因為兩者的含義（一個是帳面價值，一個是市場價值）不同，而且由於絕大部分的股東都是在不同時點進入，了解股票價格的實際變化就顯得更加不可或缺。

中國投資者無法方便看到美國上市公司每日的股票價格變化，對於巴菲特執掌的波克夏公司過去幾十年來的市場表現，大多只能透過公司每年公布的資產淨值作為參考。久而久之，人們一提起投資波克夏的報酬，就自然而然地用到每股淨值成長資料。

顯然，這樣的衡量方法並不準確。除非市場定價系統高度有效，否則對於波克夏股票的持有者來說，公司股票的市場報酬不宜用資產淨值的增長資料來簡單替代。因此我們在此給出波克夏股價與標普500指數的對比數據，由於數據的可得性問題，僅能提供自1982年起的情況，如表3-5所示。

鑑於2008年發生了百年一遇的金融海嘯，我們認為對於任何一家仍

表3-5 波克夏每股價格（年終收盤價）

（單位：億美元）

年度	1982年	1983年	1984年	1985年	1986年	1987年	1988年	1989年	1990年
波克夏	775	1,310	1,275	2,480	2,820	2,950	4,700	8,675	6,625
標普500	140.64	164.93	166.26	209.61	246.92	252.03	277.87	353.40	328.72
年度	1991年	1992年	1993年	1994年	1995年	1996年	1997年	1998年	1999年
波克夏	9,050	11,750	16,325	20,400	32,100	34,400	46,000	67,500	56,100
標普500	406.46	439.77	467.38	459.83	615.93	756.79	936.46	1,226.27	1,458.34
年度	2000年	2001年	2002年	2003年	2004年	2005年	2006年	2007年	2008年
波克夏	66,400	73,900	72,500	82,800	87,900	88,620	109,700	134,000	96,540
標普500	1,305.95	1,144.89	874.73	1,108.46	1,210.13	1,267.32	1,409.71	1,478.49	872.80

在正常經營的公司來說，其現實股價已無法準確反映股東的長期投資回報，因此，我們接下來選擇以2007年年末作為考察期間的終點，來看看在兩種假設情形下波克夏股東的投資回報情況。

情形一：選擇性逆向操作。我們分別按以下價格和時間作為買入價格和投資基期：一、巴菲特1962年首次買入的7.5美元；二、巴菲特1965年入主當天的公司股價18美元；三、1975年（美股熊市期）可以買到的47美元；四、1991年股價大幅下滑後的低點；5,500美元；五、2000年因網路熱潮而再次下滑的低點40,800美元。經計算後的年均複合成長率分別為：24.30%、23.65%、28.22%、22.08%、18.51%。這表

明，如果能在公司股價低迷時期，尤其是處於熊市中的1970年代中期大舉買入或增倉波克夏的股票，將會在未來數年裡取得最高可達28.22%的年均複合成長率！

情形二：一般性操作。假如投資者的持股期平均為10年，並選擇在每年年末開始介入公司股票，表3-6為自買入起10年內的複合成長率，以及同期標普500指數的回報情況。

表3-6 波克夏與同期標普500的年均複合報酬率——滾動10年

（單位：億美元）

年度	1982～1992年	1983～1993年	1984～1994年	1985～1995年	1986～1996年	1987～1997年	1988～1998年	1989～1999年
波克夏	31.24	28.69	31.95	29.18	28.42	31.60	30.53	20.53
標普500	12.08	10.98	10.71	11.38	11.85	14.03	16.00	15.23
年度	1990～2000年	1991～2001年	1992～2002年	1993～2003年	1994～2004年	1995～2005年	1996～2006年	1997～2007年
波克夏	25.92	23.37	19.96	17.62	15.73	10.68	12.30	11.27
標普500	14.79	10.91	7.12	9.02	10.16	7.48	6.42	4.67

從表3-6中我們可以看到，隨著美國股市在1990年的牛氣沖天以及進入21世紀後的持續疲軟，投資波克夏股票的報酬率每況愈下。但儘管如此，其滾動10年的投資報酬率仍然全部高於同時期的標普500指數成長。需要注意的是，標普500指數在不考慮生存偏差的情況下，長期以來戰勝了80%以上的主動投資基金。

以此為背景，波克夏股票的市場報酬更加令人記憶深刻。

> **本節要點**
>
> 　　1. 儘管我們已經習慣用波克夏的每股資產淨值增長去替代其每股內在價值的增長（在公司經營後期這一做法已變得越來越不適合），如果再把這一評估模式轉移到每股市場價格上來，就真成了一本「混沌」帳了。
> 　　2. 截至 2008 年年末，儘管波克夏淨值的長期年均複合成長率為 20% 左右，但對於半路殺入的絕大部分投資者來說，投資波克夏股票的市場報酬可能遠高於或遠低於「資產淨值報酬」。
> 　　3. 以 10 年為一個投資考核期，在 20 世紀的最後 20 年裡，波克夏股票的市場報酬（滾動 10 年期）儘管每況愈下，仍超過同期標普 500 指數的增長。

誤讀 15　光環背後

主要誤讀：巴菲特對某些經營前景變得不夠清晰的公司，為何仍然不離不棄？
我方觀點：巴菲特在做出每一項投資選擇時，在嚴格的操作標準背後，還摻雜了一些較為複雜且不無合理性的個人因素。

　　在展開本話題的討論之前，我們不妨回想一下生活中的某些情景：香蕉不一定是最好吃的水果，為何它卻是許多人的首選？因為它吃起來最方便。可樂不一定是最健康的飲品，為何許多人對它愛不釋手？因為它喝起來爽快而刺激。極限運動經常讓人們付出生命的代價，為何還有許多人樂此不疲？因為它可以實現人類挑戰自然、戰勝自我的夢想……如果我們生活中的許多選擇是對諸多要素綜合平衡後的結果，其他領域裡的事情又何嘗不是如此──如股票投資。

　　據我們觀察，巴菲特最早看似不合邏輯的行動出現於 1978 年。這裡摘錄一段他在當年致股東的信中，針對當時還是紡織廠的波克夏所說的一

番話:「我們希望以後不要再介入這類產業面臨困境的企業。但就像之前曾經提到的,只要:一、該公司為當地重要的雇主;二、管理當局坦誠面對困境並努力解決問題;三、勞工體諒現狀並做出積極配合;四、相對於投入的資金,尚能產生穩定的現金收入,我們就會繼續支援紡織事業的營運,雖然這樣做會使我們被迫放棄其他更有利的資金運用管道。」

我們知道,巴菲特是最在乎機會成本的人,且奉行著「沒有好球,絕不揮棒」的原則。因為一顆「壞球」而導致的機會成本,在長期複利作用下,數十年後可能就是一筆巨大的財富損傷。但為何巴菲特在這裡仍寧願「放棄其他更有利的資金運用管道」,堅守「面臨困境」的波克夏?

我們再來看看巴菲特在1990年的一段關於媒體事業的敘述:「雖然相對於美國其他產業,媒體事業仍然維持著不錯的經濟前景,不過還是遠不如我個人、產業界或是借款人幾年前的預期。媒體事業過去之所以能有如此優異的表現,並不是因為銷售數量上的成長,主要是靠所有的從業人員運用非比尋常的價格主導力量。不過時至今日,由於逐漸取得商品銷售市場占有率的零售商現在已不做媒體廣告,再加上印刷與電子廣告媒體通道的大幅增加,媒體的廣告預算已被大幅度分散和稀釋,廣告商的議價能力逐漸喪失殆盡。這種現象已大大降低了我們所持有的幾個主要媒體事業的股票的實際價值……。」

可以看出,巴菲特早在29年前就已經意識到媒體事業的前景會逐漸黯淡,而這一預期已經使得該行業不再符合他關於「偉大生意」或「令人垂涎三尺的事業」的投資標準。但為何在當時,特別是在後來媒體事業的發展,已經證實了先前預期的情況下,巴菲特對其所持有的媒體類公司仍顯得有些難以割捨,甚至不離不棄呢(截至當時,華盛頓郵報是他持有時間最長的股票)?

再來看巴菲特官方傳記《雪球》中的一段記載:「NetJets 一直沒有

起色，不僅僅是因為經濟環境，還因為併購時該公司的獨家特色已日漸淡去。一些從來不曾撥打航空熱線的人，成立公司與NetJets競爭，儘管小型航空公司沒有多大利潤……但他永遠不會賣掉NetJets，即使有另一位超級億萬富翁相奪，他都不會放棄。」

事實上，自從波克夏1998年用現金加股份的方式收購NetJets以後的近十年裡，公司的經營狀況即使說不上是躊躇不前，也可稱為乏善可陳。但巴菲特仍然做出了「永遠不會賣掉」的選擇。為什麼？

在巴菲特已經六十多年的投資生涯裡，特別是最近四十多年來，基於「選股如選妻」及「買股票就是買企業」的基本理念，巴菲特在對投資對象的選擇上一直有著一套嚴格的標準。

這樣做是因為他有一個始終不變的信念：尋找「超級明星」，為我們提供了走向成功的唯一機會（1991年股東信）。然而基於此，我們又該如何理解巴菲特這些看似不合情理的行為？

對此，我們認為，在他嚴格的投資標準及經典的投資案例背後，其實還有著一些非商業化的要素與訴求。他正是「綜合」了投資標準及這些訴求後，才有如上文所述的種種表現。這些要素包括以下幾個方面：

1. 個人興致

這一點在巴菲特對待媒體事業上表現得最為充分。無論是早期對水牛城新聞報的收購，還是1973年對華盛頓郵報的大舉投資，抑或後來對首都城市傳播／ABC的不離不棄，如果我們按傳統的巴菲特投資標準去衡量，都難以將這些行動的合理性解釋清楚。

在這些收購與投資的背後，其實還有著另外的原因：「他對這一行業的興趣是毫無雜念的。他和很多高級記者都成了親密朋友。他曾經說過，如果他沒有選擇商業的話，很有可能會成為一名記者。」[3]買入這三家媒

體公司的股票,並打算「永恆持有」後,巴菲特在1988年股東信裡,談到他自收購水牛城新聞報以來的總體感受:「查理和我在年輕的時候就很熱愛新聞事業,而買下水牛城新聞報的12年來,讓我們度過了許多快樂時光,我們很幸運能夠找到像莫瑞這樣傑出的總編輯,讓我們一入主水牛城新聞報,便深深引以為傲。」

2. 戀舊情結

這種戀舊情結不僅促成了巴菲特對一些公司的買入,也同時促成了他在這些公司業務前景開始變得有些模糊不清後的「依依不捨」。

為什麼要買蓋可保險?因為「蓋可保險曾占我個人投資組合的70%,同時也是我第一次賣掉的那檔股票」。為什麼要買華盛頓郵報?因為「1940年代,我的第一筆投資資金有一半是來自發送該報的收入」。為什麼要買美國運通?因為「我們曾經將合夥企業40%的資金押在這檔股票上」。為什麼買可口可樂?因為早期它「算得上是我生平從事的第一筆商業交易,當我還是個小孩子的時候,我花了25美分買了半打可樂,然後再以每罐5美分的價格分售出去」。上面列舉的四檔股票,至今仍在巴菲特的投資組合中。

3. 避免衝突

面對一家幾乎每況愈下並難以看到前景的紡織公司,巴菲特為何堅守了整整20年之久?其實背後原因既簡單又複雜:避免衝突。在1950年代末期,巴菲特曾經投資了一家叫登普斯特的公司。在對菸蒂股進行多番改

---

3 摘自《永恆的價值》(*Of Permanent Value*)。

造後，巴菲特計畫在1962年把這家公司賣掉。當出售廣告刊登在《華爾街日報》上時，「全鎮的人發起運動反對巴菲特，他們籌集了將近300萬美元，以保證公司的所有權能留在比阿特麗斯（Beatrice，內布拉斯加的小鎮，登普斯特公司所在地）」。

儘管事件最後得到了妥善解決，但「這段經歷把巴菲特嚇壞了。面對眾人的憎恨，他發誓再也不會讓此類事件重演」。1965年4月，當巴菲特最終取得波克夏的控股權後，面對人們擔心他會故技重施的質疑，「巴菲特向媒體發誓，他會讓公司的營運一切照舊。他否認收購會導致工廠關閉，並在公開場合發表了這個承諾」[4]。

4. 關係投資

我們這裡所談的關係投資，是巴菲特獨有的那種類型，並非一般的灰色利益紐帶。它不單純是一個商業概念，更包含了許多情感因素。它讓我們不禁想起了巴菲特關於「選股如選妻」的理論。對這一理論，我們似乎還不能僅從投資策略的角度去詮釋它。

在這種擬人化的比喻背後，可能還真的融入了人與人之間那種純粹的情感因素：「我們已經找到了相當難得的商業合作關係，並珍惜我們彼此間所發展出來的情感……這樣的關係一定會讓我們得到滿意的投資成果，儘管它可能不是最佳的。我們覺得實在沒必要捨棄我們熟悉且欣賞的人，把時間浪費在我們不認識、品格可能在平均之下的人身上。那樣做，就好比一個已經很有錢的人，竟然還為了金錢而結婚，未免顯得有些神志不清。」（1989年股東信）

---

[4] 以上均摘自《雪球》。

> **本節要點**
>
> 1. 對於一些經營前景算不上最佳的公司，巴菲特仍會選擇買入並長期持有，其背後的原因很複雜，有些已經超越了一般性商業和財務準則。
> 2. 這些背後的原因至少包括個人興致、戀舊情結、避免衝突以及關係投資四方面。在做投資決策時，融入一些非商業化的要素，其內涵在於：投資也是一種對生活方式的選擇。

誤讀 16 關係投資

主要誤讀：什麼是關係投資？同為關係投資，巴菲特與機構投資者又有何不同？
我方觀點：關係投資儘管起源於機構投資者行為模式的變化，但這一操作的實際「始作俑者」卻非巴菲特莫屬，兩者的操作也由於啟動原因的不同而有較大的差別。

先來回顧一下「關係投資」這一概念的起源。了解美國企業發展史的讀者可能都清楚，美國的公司治理模式在過去100年來經歷了三個階段：

一、家族主導階段（1930年以前）——人們稱之為家族資本主義；二、經理人主導階段（1930年代到1990年代）——又稱為經理人資本主義；三、機構投資人主導階段（從1990年代開始）——又稱投資人資本主義。

至於機構投資者為何從1990年代開始逐步捨棄「用腳投票」而改為「用手投票」，並逐漸接受了關係投資，主要是因為其資金規模的日益擴充，使其不能像早期那樣在股票買賣上可以隨意進出、來去自由。

所謂關係投資，說的是機構投資者在遇到不理想的公司或只是想獲利了結時，由於不能再像以前那樣來去自由，不如就此留下，與公司及其管理層和平相處，共同謀求企業的長期發展。「關係投資的邏輯是明確

的。投資人提供長期資金，以便經營者運用這筆資金，來追求公司的長期目標。投資者和經營者都不擔心短期價格變化的衝突……。」（羅伯特・海格斯壯〔Robert G. Hagstrom〕）

不過據我們觀察，美盛集團（Legg Mason）投資顧問執行長海格斯壯所描繪的情景顯然過於樂觀。儘管現實迫使機構投資者不得不拉長獲利的預期時間，但對於公司所有者或真正致力於公司長期價值提升的經理人來說，他們與機構投資者在平衡企業短期與長期目標上面，還是存在不小的差距。因此，儘管機構投資者表面上接受了關係投資，但與公司管理層的衝突也就隨之而生，並且磕碰不斷、此起彼伏。由於視角，人們對這種衝突給出了兩種幾乎截然不同的評價。樂觀一點的人把機構投資者的崛起，看作對經理人資本主義固有缺陷的彌補；悲觀一點的人則和大多數企業主或經理人的觀點一致：投資人資本主義讓企業的行為更加短期化。

從企業管理的角度來看，究竟應當如何看待機構投資者的崛起，也許不是一個容易分析的問題。由於機構投資者開始轉為用手投票，從而使在經理人資本主義框架下本已失衡的公司金字塔（從上至下：CEO—董事會—投資人）形成了90度的旋轉（投資人、CEO和董事會處於同樣的高位——見圖3-1）。然而，這對大多數投資人來說究竟是福還是禍，可

圖3-1　公司金字塔的旋轉

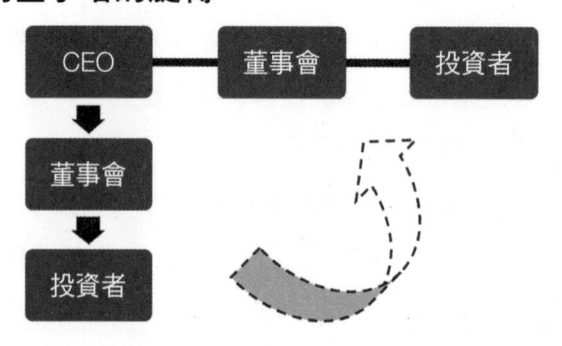

能無法在短期內得出結論。但不管怎樣，至少有一件事是清楚的：機構投資人接受關係投資，在大多數情況下是現實下的無奈之舉。

言歸正傳，我們來看看巴菲特的關係投資。儘管巴菲特似乎從未主動稱自己實施的是關係投資策略，但從實踐情況來看，這確確實實是關係投資。不同的是，機構投資者的關係投資是被動的，他的則完全主動。前者是被迫的，因而脆弱；後者是主動的，因而牢固。

由於波克夏在經營上的特殊性，巴菲特的關係投資實際上也同時涉及兩個領域：對上市公司的股票投資和對私人企業的控股性收購。下面討論的重點將圍繞一個集中的主題：巴菲特為什麼要實施關係投資？我們認為其原因共涉及以下六個方面。

1.「企業投資」下的自然選擇

本書已多次提到，奠定巴菲特投資思想體系一個最重要的基石，就是葛拉漢的理念基礎之一：把股票當作一項生意去投資。因此，數十年來，無論是持有上市公司股票還是私人企業股權，巴菲特的一個行為特徵就是對「主要投資部位」股票和幾乎全部私人股權的「長期投資」。也就是說，不同於機構投資者在半途的改弦易轍，巴菲特從投資某檔股票或公司的一開始，就立志要與其長相廝守。為了成功達到這一目標，尋找「超級明星」並「以夥伴的關係與他們共同合作」就是很自然的選擇（引自巴菲特原話）。

2. 對生活方式的選擇

正如我們在上一節所說，巴菲特在選擇投資標的時，融入了一些非商業化的標準，其中最為重要的一條就是，一定要和自己喜歡的人一起共事。巴菲特曾在不同場合說過許多次這種話，顯示出他非常看重這一點。

這種將投資同時視為一種生活方式的理念，其實由來已久：「當我和自己喜歡的人相處時，我發現這對我是一種鼓勵，而且能獲得適當的資本報酬。為了多幾個百分點的報酬，而在各種情況下倉促行動實在愚蠢。對我而言，在合理的報酬率下，和品格好的人建立愉悅的私人關係，比在更高的報酬率下，面對可能的憤怒、加倍的惱火，甚至糟糕的情況，要明智得多。」（1968年致合夥人的信）

3. 離婚是一個痛苦的過程

如果說由於上市公司股票交易的便利性，即使最後發現這是一次錯誤的「婚姻」，選擇離開也會比較容易的話，那麼對於波克夏旗下的私人企業來說，「離婚」就沒有那麼容易了。因此，入門時的千挑萬選，入門後的友好相處就是讓一段婚姻可以白頭偕老的必要前提：「在取得控制權或是進行部分股權投資時，我們不僅試著去尋找一家好公司，同時也試著去尋找一位德才兼備、為我們所喜愛的管理者。如果是看錯了人，在具備控制權的情況下，理論上我們還有機會發揮影響力來改變現狀；但事實上這種所謂優勢不太實際，因為更換管理階層，就像是結束一段婚姻一樣，過程相當費時且痛苦……」（1987年股東信）

4. 可以大幅拓寬管理邊界

後面我們將提到，巴菲特不但是投資大師，更是一名管理大師（截至2008年年底，波克夏旗下的事業體僅非保險類就有67家。除此之外，巴菲特還同時「照看」著數家保險公司和數十家上市公司）。而且，這種管理的「極限邊界」還在隨著公司資金規模的擴充而不斷加寬。試想，如果巴菲特與所有這些公司沒有良好而牢固的關係，那將是多麼可怕的狀況。

5. 管理驅動價值

在巴菲特的商業信條中，儘管一直堅持「划一條怎樣的船，重於怎樣划這條船」，但他從來沒有忽略一位德才兼備的管理者對一家企業的重要性。在波克夏旗下的各類事業體中，儘管有不少是「產業領導品牌」，但更多事業體一直都是由管理驅動。

從早期的七聖徒到後來眾多私人企業的加盟，每當巴菲特提起這些公司，談得最多的就是它們的「經理人」，並一直堅稱假如沒有這些讓人「非常喜歡與之共事」的管理人，他一定不會收購這些企業。

6. 珍惜你已經得到的

因為來之不易，所以才需要珍惜。生活如此，股票投資同樣如此。既然美國股市一樣存在著「發現的艱難」，那麼找到了就不要輕易放棄。循著這樣一條思路，我們認為「因為稀缺而珍惜」正是巴菲特實施關係投資策略的另一個基本原因：「既然要找到好的事業和經理人是如此艱難，那為什麼我們要拋棄那些已經被證明過的投資對象？我們的座右銘是：如果你第一次就成功，那就不要費力再去嘗試新的了。」（1991年股東信）

本節要點

1. 關係投資作為一種投資策略儘管起源於機構投資者，但實際的「始作俑者」應當非巴菲特莫屬。
2. 機構投資者的關係投資是被動的，因而脆弱；巴菲特的關係投資是主動的，因而牢固。
3. 巴菲特選擇關係投資的原因儘管有很多方面，但都是其投資哲學下的必然選擇。

誤讀 17 護城河

主要誤讀：在談起巴菲特的投資操作時，人們經常低估其中的護城河偏好。
我方觀點：在巴菲特的投資操作中，有很深刻且不可或缺的護城河情結。

海格斯壯在暢銷書《巴菲特的長勝價值》（*The Warren Buffett Way*）中這樣寫道：「特許權經銷商的最大缺點是，它們的價值不會永遠不變。它們的成功不可避免地會吸引其他從業者進入市場，競爭將會隨之發生，替代性產品會隨之出現，商品之間的差異也就會越來越小。在競爭期間，特許權經銷商將逐漸地退化成巴菲特所說的『弱勢特許權經銷商』，然後進一步成為『強勢的一般企業』。」

我們沒有看到該書的英文原版，不知翻譯得是否準確。單從中文譯本來看，儘管這段話描述了商品競爭市場的一個真實情況，但由於其措辭不盡嚴謹，可能較容易引起誤導。

先重溫一下巴菲特所說的「特許權企業」（按：此應指economic franchise，也就是擁有強大護城河的企業）的三個基本要件：一、被需要；二、不可替代；三、價格自由。表面上看來，這裡描繪的只是一種企業現狀，並未涉及未來如何發展的問題。但所有已獲得特許權之企業的未來發展，無非是三個方向：走向衰落、維持現狀，以及變得更加強大。而巴菲特眼中擁有特許權的企業，其實大多擁有較好長遠經濟前景的預期。而做出這種預期的依據、或者說基礎，就是我們本節要討論的主題：「護城河」評估。

美麗的城堡固然令人嚮往，但沒有護城河保護的城堡又非常危險。將巴菲特經常用到的這些比喻應用到投資中時，就會得出一個簡單而重要的結論：**沒有壁壘保護的特許權企業，不能算是一家真正的特許權企業。**

「我可不想要對競爭者來說很容易的生意。我想要的生意，外面要有高大的城牆，居中的才是價值不菲的城堡。同時還要由一個負責任並能幹的人來管理這個城堡。」[5] 我們對這段話的解讀是：城堡的魅力與其難以逾越的護城河應當融為一體，不可分割。

巴菲特為我們展現的價值鏈條是：美麗的城堡為投資者創造較高的即時資本報酬——城堡下的護城河構建了企業的長久競爭力——長久的競爭力帶來了「可預期的經濟前景」和「令人垂涎三尺的事業」——投資者的財富因投資這家公司而得到持久並令人滿意的成長。我們甚至可以說，在這個價值鏈條中，最重要的就是護城河環節。沒有這個環節，整段鏈條既脆弱又容易斷裂；對長期投資人來說充滿風險、沒有意義。

巴菲特曾多次指出護城河的重要性：「想考察企業的持久性，我認為最重要的是看一家企業的競爭能力。我喜歡的是那些具有持久生存能力和強大競爭優勢的企業。就像一座堅固的城堡，四周被寬大的護城河包圍，河裡還有凶猛的鱷魚。」[6]

「由於某些特定的行為而導致企業的長期競爭地位得到改善時，我們稱這種現象為加寬護城河。這些行為對企業想要打造10年、甚至20年的成功至關重要。當短期目標與長期目標衝突時，加寬護城河應當優先考慮。」（2005年股東信）

正如我們將在「定期體檢」一節討論的，巴菲特對所有買入的上市公司都會進行定期或不定期的體檢，以觀察企業的基本情況是否發生改變。而在這些體檢中最重要的一項環節，就是對企業護城河的觀察與評

---

[5] 來自巴菲特在佛羅里達大學的演講。
[6] 《美國新聞與世界報導》（*U.S. News & World Report*），1994年6月。

估:「我必須強調的是:在任何時候,我們都不是透過投資對象的市場價格來評估投資進展。我們寧可使用適用於旗下私人企業的那些測試標準,來衡量它們的成績:一、扣除整個行業平均成長後的實際收益成長;二、護城河在這一年裡是否變得更寬。」(2007年股東信)

那麼,像我們這樣普通的投資人,應當如何觀察與評估一家特定公司的護城河呢?在觀察與評估一家上市公司的護城河時,又需要注意哪些問題?我們的看法主要分成以下幾個方面:

1. 多樣化的護城河

波克夏旗下公司的護城河是多樣化的。由於產業或公司間的競爭要素多元、立體且複雜,這需要企業盡量在諸多產業競爭要素上,都能建立起屬於自己的長期優勢。

這些要素或護城河的載體包括:一、成本:如蓋可保險的護城河就是低成本;二、品牌:它讓我們想起了可口可樂和美國運通;三、技術與專利:吉列刀片與伊斯卡刀具(Iscar)靠的就是技術取勝;四、服務:波克夏旗下諸多珠寶零售商都為其客戶提供優質服務;五、品質:這是時思糖果用以維繫客戶持久關係的基本要素;六、價格:讓「B夫人」[7]締造全美家具與地毯銷售傳奇的,就是她的客戶情結與「低價格」(全部根據巴菲特的原話整理)。

2. 清晰可辨的護城河

企業在產業競爭要素上所建立起來的競爭優勢必須容易辨別。如同

---

[7] 按:Mrs. B,指蘿絲·布魯姆金(Rose Blumkin),於1937年創立內布拉斯加家具賣場。

巴菲特提過的企業內在價值與投資價值理論一樣，很多情況下，你其實不需要知道一個人的確切體重，只需要能一眼看出他是胖子還是瘦子即可。因此，如果我們不能依據簡單標準去識別企業的護城河所在，它可能就真的不存在。

3. 可以持久的護城河

儘管產業競爭的複雜性會讓所有關於「持久」的預期充滿了變數，但投資者還是可能依據不同產業的複雜程度而做出一些即時的評估與判斷。巴菲特為何不買甲骨文（Oracle）和微軟（Microsoft）？就是因為他「無法預料10年以後甲骨文和微軟會發展成什麼樣」[8]。

說到這裡，也讓我們想起了彼得‧林區的一個類似觀點：一家旅館的競爭者不會在一夜之間不期而至，而對一支技術股來說，一覺醒來可能一切都改變了。

4. 難以逾越的護城河

這是評估一家公司的市場特許地位時，巴菲特的慣用標準：「當我們在判斷一家公司的價值時，我常常問自己一個問題：假設我有足夠的資金與人才，我願不願意和這家公司競爭？我寧願和大灰熊摔跤也不願和B夫人的家族競爭，他們的採購有一套，經營費用低到其競爭對手想都想不到的程度，然後再將所省下的每一分錢回饋給客人。這是一家理想中的企業，成功源自對客戶價值的尊重與執著追求。」（1983年股東信）

---

[8] 來自巴菲特在佛羅里達大學的演講。

5. 並非仰仗某一個人的護城河

「如果一份生意必須依賴一位超級巨星才能產生好的成效，這份生意就不應被看作好生意。」（2007股東信）

我們知道，企業的核心競爭力必須符合三個條件：一、有用；二、被企業獨占；三、難以複製。很明顯，如果企業的核心競爭力不是被企業自己，而是被一個「超級巨星」所獨占，它就不是真正意義上的核心競爭力，因為它隨時會因某個人的離開而發生根本性的改變（巴菲特在這個問題上的表現似乎有自相矛盾的地方）。

6. 需要不斷挖掘，等於沒有護城河

除了技術型企業外，一些競爭要素繁雜、經營環境變化快速的產業，也可能會導致企業的護城河時常處於「不斷挖掘」的狀態中，投資者對此也應予以充分的注意。

本節要點

1. 美麗的城堡固然令人嚮往，但沒有護城河保護的城堡又極為危險，投資同樣如此。
2. 在企業價值鏈條上，從某種程度上來說，最重要的環節就是護城河，如果這個環節出了問題，所有的夢想就只是個夢想。
3. 企業護城河應符合以下特質：一、多樣化；二、清晰可辨；三、可以持久；四、難以逾越；五、企業而不是個人獨占；六、不需不斷挖掘。

誤讀 18 價值管理

> 主要誤讀：巴菲特反覆強調的企業經營者應和投資人一樣，重視企業內在價值管理，市場沒有給予這個觀點足夠的關注。
>
> 我方觀點：判斷企業經營者是否是一個「價值管理者」，在巴菲特的投資操作中占有非常重要的位置。

我們先重溫一個企業管理界曾經爭論不休的話題。在確立企業經營目標時，管理者應當選擇以下四項中的哪一項：一、資產規模最大化；二、銷售收入最大化；三、稅後利潤最大化；四、內在價值最大化。最近這些年，大多數人在這個問題上取得了一致看法：公司經營的終極目標應當是企業內在價值的最大化。這正是我們本節想討論的話題——價值管理。那麼，應如何對企業實施有效的價值管理呢？

我們先來看湯姆・科普蘭（Tom Copeland）等人對價值管理的定義：「成為價值管理人不是一個只有少數人可以問津的神祕過程。然而，與眾多管理不同，它確實需要變換一個角度。它需要強調長遠的現金流量報酬，而不是逐季度地斤斤計較每股盈餘的變化。它需要人們樹立一種冷靜的、以價值為取向的公司活動觀，承認商業的本來意義，即商業就是投資於生產能力，賺取高於資本機會成本的收益。而最重要的是，它還需要在整個組織內發展一種管理價值的理念，並使之制度化。關注股東的價值不是一件只有面對股東壓力或潛在的兼併時，才偶爾為之的事情，是一種持之以恆的主動行動。」[9]

---

[9] 摘自《價值評估》（Valuation），第 1 版；柯普蘭為柯普蘭價值評估顧問（Copeland Valuation Consultants）的執行長。

第三部　巴菲特「不去做」的事

我們認同這個定義。它揭示了相對於資產規模、營業收入、稅後利潤等指標，企業的長遠現金流量，才是奉行價值管理的經營者最應關注的數據。

哪怕是與人們後來經常提到的權益報酬率、投入資本報酬率以及EVA（經濟附加價值）等指標相比，由於後者在多數情況下被用於企業的短期化考核，總現金流量及其折現值仍舊是最佳指標之一。

那麼在巴菲特的眼中，一間企業經營者應當立足於哪些方面去實施有效的價值管理呢？我們認為可以歸納為以下10個方面：

1. 資金配置

無論是投資股票還是收購私人企業控股權，巴菲特都表現出對公司資金配置能力的高度關注。怎樣才稱得上優秀的資金配置能力？巴菲特認為一個簡易而有效的檢驗標準就是「企業保留的每一美元，應當最終能創造出至少一美元的市場價值」（1983年股東信）。落實到實務工作中的一個反向指標則是：當企業相信保留下來的每一美元的預期回報，將低於社會資金平均成本時，就應當選擇把錢分給投資者。

2. 股票回購

在價值管理鏈條中，股票回購與資金配置有著同等重要的位置。說它重要不僅在於企業可以透過回購操作即時提升股東價值，還在於企業在這個問題上常常容易犯錯：「我們認為一家好公司所能貢獻出的現金，一定會超過其本身內部所需，而公司當然可以透過分配股利或買回股份的方式回饋給股東。但是通常企業的CEO會要求公司的策略企劃部門、顧問或投資銀行做出併購1～2家公司的可行性報告，這樣的做法就好像是問一個室內裝飾商，你是否應該增添一條5萬美元的地毯。」企業應當在什

麼情況下啟動股票回購？巴菲特認為「當一家經營績效良好且財務基礎健全的公司，發現自家股價遠低於其內在價值時，買回自家股票是保障股東權益最好的方法」（1994年股東信）。

3. 併購

在許多年的致股東的信中，巴菲特都談到了企業的併購問題。概括起來包括以下幾點：一、大多數併購意在擴大企業版圖而非提升股東價值，因此對收購價格一般不敏感，從而常常因收購價格過高而減損了股東價值；二、企業領導人在收購活動中往往表現出過度的自信，但實際結果卻是「大多數青蛙被吻過後還是青蛙」；三、成功的案例大多出自特許權企業對一般商品企業的收購，但市場上大多數的收購卻往往發生在兩個一般商品型企業之間。

4. 新股發行

公司發行新股主要源於兩種情況：一、企業因各種原因需要募集新資金；二、併購時需要部分或全部採用換股方式。顯然，無論是用於募集資金還是併購，只有在企業的付出最終（區分最終還是即時非常重要）小於所得的利益時，新股發行才不會減損股東價值。但實際情況是，不少經理人都是在公司股價被低估，甚至是嚴重低估時（巴菲特認為在企業併購時最容易發生這種情況）發行新股。這樣做的結果自然是企業的付出大於其所得，股東價值會因此受到減損。

5. 財務目標

巴菲特曾讓人們思考一個問題：如果按企業內在價值的指標範疇重新評選財富500強，目前仍在榜上的企業會有多少留下來？他的言外之意

很明白。從股東的角度來看，更重要的考察指標應是企業的內在價值，而非目前用以評選500強企業的銷售或資產規模。「我們長遠的經濟目標是將每年平均每股內在價值的成長率極大化，我們不以波克夏的規模來衡量公司的重要性或表現。」（1983年股東信）

6. 有品質的成長

當人們已經習慣於把企業劃分成成長型和非成長型時，巴菲特則在每年一度的股東信中多次提醒：「在計算一家公司的價值時，成長當然是很重要的因素，這個變數將會使得所計算出來的價值從很小到極大，但其所造成的影響有可能正面，也有可能負面。」（1992年股東信）這也許是一個不難理解的財務邏輯：當企業的成長是以較低的資本報酬為背景時，這種成長對於股東價值來說就是負面的，甚至可能是災難性的。

7. 資訊披露

在現代企業評估領域，已有不少研究指出，資訊披露與企業市場價值之間具有一定關聯性。那麼，巴菲特是如何從價值管理的角度看待資訊披露呢？先看看出自某國外研究者的一個有趣觀點：「巴菲特堅信企業應該停止為投資者提供每季度的盈利指導。這就是說，在這個監管當局試圖鼓勵企業增加透明度，並且提供更多資訊的時代裡，巴菲特卻鼓勵企業提供更少的資訊給投資人。」[10]

顯然這位研究人員對巴菲特有一定的誤解，但同時他的話也引出了一個價值管理的重要命題：企業經營者向股東重點披露的應當是什麼？在

---

10 摘自《巴菲特也會犯的錯》（*Even Buffett Isn't Perfect*）。

1988年股東信中,巴菲特對這個問題做出了回答:一、這家公司的大概價值有多大?二、它達到未來目標的可能性有多大?三、在現有條件下,經理人的工作表現如何?我們認為,對一位價值投資人來說,了解這三項內容比了解季度盈餘數字要重要得多。

8. 市值管理

我們經常聽到不少企業管理者說,對公司的股票價格無能為力,只要做好本職工作就可以了。其實就價值管理工作來說,此話只說對了一半。由於股票價格與市場對公司的經營預期密切相關,而市值管理的一項重要內容,就是要求上市公司及時、準確、深入、全面地將企業的管理資訊向市場進行披露,因此經理人在這個層面並非就是無能為力。

巴菲特的做法就值得我們效仿:「雖然我們主要的目標是,希望讓波克夏的股東經由持有公司的所有權獲得的利益極大化,但與此同時我們也期望讓一些股東從其他股東身上所占到的便宜能夠極小化。我想這是一般人在經營家族企業時相當重視的,不過我們相信這也適用於上市公司的經營。對於合夥企業來說,合夥權益在合夥人加入或退出時必須能夠以合理的方式評估,才能維持公平。同樣,對於上市公司來說,唯有讓公司的股價與其實質價值一致,股東的公平性才能得以維持,儘管這樣理想的情況很難一直維持,不過身為公司經理人,可以透過其政策與溝通來大力維持這樣的公平性。」(1996年股東信)

9. 股東角度

無論是哪裡的資本市場,讓管理層完全站在股東的角度去經營企業,恐怕都有些過於理想化,但這不代表人們在此事上就一定無所作為。透過某些機制性安排以及企業對其經理人事先的道德檢測,使股東價值得到最

大限度的保護也並非遙不可及。

巴菲特在這方面為我們樹立了學習的榜樣。儘管他本人是公司的大股東，但他自始至終都能以一個合夥人的心態去處理公司各種事務，並因此而受到了股東的高度尊敬。當被問及為何每年都有成千上萬的股東，長途跋涉到奧馬哈參加波克夏年度會議時，巴菲特的回答是：「因為我們一直讓他們有主人的感覺。」[11]

10. 音樂會廣告

音樂會廣告是一個企業經理人較少關注的問題，而對於那些希望看到公司股東能快速流動的經理人而言（具體表現為對活躍的股票交易量的期盼甚至渴望），他們甚至完全不會意識到這類問題。但這卻是以價值管理為指導原則的經理人們必須重視的：「我們今晚可以在這座大廳外面張貼一張『搖滾演出』的廣告，之後就會有一群喜歡搖滾樂的人進來；同樣我們可以貼出『芭蕾舞會』的廣告，之後就自然會有另一群喜歡芭蕾舞的人進來。由於我們張貼了內容清晰的廣告，這兩種人都不會弄錯。但是，如果我們在外面貼出搖滾樂的廣告，卻在裡面跳芭蕾或者舉辦其他活動，那才是一個可怕的錯誤。」[12] 對於此番表述背後的確切含義，一個真正的企業價值管理者應能心領神會。

除了上述10個方面外，巴菲特也極具建設性地提出了其他價值管理的要點：對資本報酬而不是每股盈餘的關注、對限制性盈餘和股東利潤（扣除被動性資本支出後真正歸屬於股東的利潤）的關注、對資本模式

---

[11] 摘自《商業週刊》（*Business Week*），1993年5月。
[12] 摘自《華倫‧巴菲特說的話》。

（最好是小資本而大商譽）和通膨曝險的關注、對長期目標而非短期表現的關注、對商業模式和護城河的關注等。限於篇幅，這裡不再詳述。

總體來說，無論是對於哪間企業，價值管理都可說是一項高難度的工作挑戰。

> **本節要點**
>
> 1. 在巴菲特看來，不僅投資者要關注企業的內在價值，公司管理者更應當關注企業的內在價值。只有這麼做，才能有效實施旨在提高股東價值的「價值管理」。
> 2. 價值管理的基本內容之一，就是將企業所有的管理行動指向同一個目標：最大限度地提升企業的長期現金流量。
> 3. 價值管理是一項高難度的工作挑戰，有很長的路要走。投資者對此必須有清醒的認識。

誤讀 19 簡單卻不容易

主要誤讀：對於巴菲特的成功，人們要不高估了其操作的複雜性，要不低估了其堅守的不易性。

我方觀點：我們自己長期的操作體會印證了巴菲特的一個基本觀點：企業內在價值投資，簡單卻不容易。

幾年前，我們曾經按照投資方法的複雜度，以及投資過程中對腦力與精力的要求，把股票投資操作劃分成五種類型。由簡單到複雜的排列依次是：一、企業投資（權益型股票投資）；二、股票投資（交易型股票投資）；三、指數投資（指數投資剛開始簡單，後來由於指數種類的逐漸增多、投資方法的日趨複雜而變得不那麼簡單）；四、衍生工具投資；五、

對沖操作。

可以看出，這五種類型的投資有著明顯的時間軌跡。在漫長的歷史進程中，人類的聰明才智不僅充分應用於自然科學領域，在股票投資領域也同樣如此。在不到100年的時間裡，原本旨在獲取企業權益的股票投資，已被演繹成今天可以與企業本身沒有任何關係的投資操作。在追「波」逐「浪」、頭肩曲線、主力追蹤、莊家解析、有效組合、標準差、Beta值、CAPM、ETF、股指期貨、期權交易及花樣不斷翻新的各類對沖操作中，原本承載股票投資價值的載體——企業，離我們漸行漸遠，剩下的幾乎就是一些數字、圖表、曲線、符號、模型。

人類對投資科學的探索無可厚非，但要注意不要在探索中迷失了自己。當以巴菲特為代表的企業投資人，用簡單而樸實的操作創造了令人瞠目結舌的財富神話時，人們在受到巨大震撼後的沉思中，不妨先問自己一個問題：**投資的成功，是否與方法的複雜程度成正比？答案很簡單：當然不是。**

這讓我們想起著名的奧坎的剃刀（Ockham's Razor）法則。該法則由一位十四世紀的英格蘭修道士兼邏輯學家——奧坎的威廉（William of Ockham）提出。他制定了所謂的節儉原則（Entities should not be multiplied unnecessarily），現在被稱為奧坎的剃刀。許多世紀以來，這一直是科學的指導原則之一。其基本含義是：能以簡單的方式做好的事情，用複雜的方式不一定能做得更好。

就股票投資而言，我們一直觀察到的現象是：以複雜的方式操作，不僅不會比簡單操作帶來更高的回報，甚至經常適得其反。讀者不妨回想一下，**被美國主流媒體評出的二十世紀10個最偉大投資人中，有誰是靠複雜操作而取得最後的成功的？**讓我們感到十分有趣的另外一個現象是：一邊是發明現代投資理論及市場有效假說的人，獲得了諾貝爾經濟學獎；一

邊是對該理論嗤之以鼻的人，在投資領域獲得了令全球矚目的巨大成功。

巴菲特為何能笑到最後？如果你不認為他只是一個「幸運猩猩」[13]的話，那麼答案就只有一個：他是一個「簡單投資」的執行者與宣導者。「價值投資的思想看起來如此簡單與平常。它好比一個智力平平的人走進大學課堂並輕易地拿到了一個博士學位；也有點像你在神學院苦讀了8年後，突然有人告訴你：你其實只需要了解『十誡』就夠了。」[14]

發現一家好企業，就把它部分或全部買下來，然後長期持有，還有比這更簡單的投資方法嗎？正是靠著這種原始的操作模式，巴菲特在充滿懷疑和不屑的目光中，讓一直追隨自己的合夥人的財富在數十年裡增加了數萬倍。

在1997年波克夏年會上，巴菲特的合夥人蒙格說過一句意味深長的話：「人們低估了一些簡單卻有效的想法的重要性。假設波克夏是一個講授正確思考方法的教育機構，它所開設的主要課程就是少數幾個簡單但有效的重要思想。」

討論至此，你可能會問：既然巴菲特的投資思想如此的簡單，為何這麼多年來沒有成為股票市場操作的主流呢？這是一個令巴菲特也困惑不已的問題：「使我們困惑的是，知道葛拉漢的人那麼多，但追隨他的人卻那麼少。我們自由地談論我們的原理，並把它們大量寫入我們的年度報告中。它們很容易學，也不難運用。但每一個人都只是想知道：你們今天買了什麼？像葛拉漢一樣，我們被廣泛地認可，但絕少有人追隨我們。」

---

[13] 按：經濟學家保羅·薩繆森（Paul Samuelson）說：「一般共同基金為基金投資人提供的獲利，都可用射飛鏢決定。」促使許多人開始比較射飛鏢隨機選股與專業分析師選股的績效差異。瑞典有家報社甚至訓練黑猩猩射飛鏢。
[14] 來自巴菲特在紐約證券分析家協會的演講，1996年12月。

（1995年波克夏年會上的談話）

這個問題同時也引出了我們在本節要討論的另外一項內容：巴菲特的投資操作簡單卻不容易。其不容易主要體現在兩個層面。我們先來看第一個，也就是專業層面。

下面引述的是巴菲特在1996年股東信中的一段重要敘述：「投資者也可以建立自己的股票組合，但有幾點必須特別注意：智慧型投資儘管並不複雜，但也絕不容易，投資人真正需要具備的是正確評價所選企業的能力。能力範圍的大小並不重要，要緊的是你要很清楚自己的能力範圍。投資要成功，你不需要研究什麼是Beta值、效率市場、現代投資組合理論、選擇權定價或新興市場等，事實上大家最好不要懂得這些理論。當然，我的這種看法與目前以這些課程為主流的學術界有明顯不同，就我個人認為，**有志從事投資的學生只需要修好兩門課程：一、如何給予企業正確的評價；二、如何正確對待股票價格的波動。**」

儘管只有兩門課程，但對一名業餘投資人來說，真正能學到並掌握這兩門課程其實並不容易。例如，第一門課程就至少包含了對企業的商業評估、財務評估、內在價值評估、市場價值以及投資價值評估等。儘管不容易，但也並非不可為。

只要做足功課（不少散戶其實做了不少功課，只是內容與智慧型投資無關），在投資上的持久成功並非遙不可及。

巴菲特式投資操作的不易，更大一部分可能來自另一個層面：非專業層面。說起來也許並不複雜：所有投資都由人來操作，而人的任何行動都會受到其心理的影響。儘管我們不能完全切割兩層面之間的聯繫，但就心理因素對人的單獨影響而言，應當是實實在在的。巴菲特和蒙格經常掛在嘴邊的一句話就是：影響人們的投資的並非智力或技能，而是個性。

我們在股票市場上看到的許多失意其實都是源自非專業因素。下面

就列舉出10項會影響到投資者實施「智慧型」投資，較為普遍的心理因素：一、一夜暴富的夢想；二、不切實際的年度獲利目標；三、總想不勞而獲的搭便車偏好；四、在短期「成」與「敗」前的大喜與大悲；五、在重大挫折面前的惶恐與舉止失措；六、在投資操作上表現出的不自信或過度自信；七、在錯誤面前的頑固與執著；八、以賭徒而不是投資者的心態去做每一項投資決策；九、對自己曾經相信的投資方法總是輕易放棄；十、在精神上總是顯得分散與遊離而非集中與專注。

對巴菲特的成功以及投資人自己在投資實踐中的借鑑與模仿，都需要事先明白一個道理：它簡單而不容易。

就非專業層面來說，投資者顯然要盡量減少前面所描述的那10項非理性行為；就專業層面來說，大家可以參照巴菲特說過的一句話：在未讀完《證券分析》（對於我們來說則是巴菲特歷年致股東的信）12遍之前，我不會買任何一檔股票。

本節要點

1. 投資成功與否不僅不與投資方法的複雜程度成正比，大多數情況下正好相反。

2. 如果把股票投資方法按複雜程度分成多個等級的話，巴菲特的投資方法當屬最簡單的那一個。

3. 由於在企業投資或長期投資中，投資人必須具備一定的商業素養和心理素質，巴菲特的投資方法其實看似簡單而不容易。

誤讀 20 快樂投資

主要誤讀：巴菲特不僅有輝煌的投資戰果，其過程也是快樂的。對後者，人們似乎關注較少。
我方觀點：投資不僅是對預期回報的選擇，也是對生活方式的選擇。而且投資回報的「高」度並不與過程的「疲憊」程度成正比。

幾年前，我們曾經按報酬的滿意度和過程的輕鬆度，將股票投資分為四種狀態：一、沮喪投資：差勁的投資報酬，疲憊的投資過程；二、無效投資：差勁的投資報酬，輕鬆的投資過程；三、缺陷投資：滿意的投資報酬，疲憊的投資過程；四、快樂投資：滿意的投資報酬，輕鬆的投資過程。並做出二維象限圖，如圖3-2所示。

圖3-2　股票投資的二維象限圖

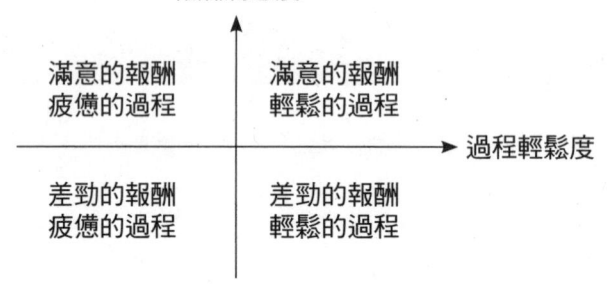

滿意的報酬 疲憊的過程	滿意的報酬 輕鬆的過程
差勁的報酬 疲憊的過程	差勁的報酬 輕鬆的過程

（縱軸：報酬滿意度；橫軸：過程輕鬆度）

據觀察，絕大部分的業餘散戶處於本圖的左下區，不但投資結果不佳，過程也極為疲憊；部分聰明而幸運的機構投資者能夠進入左上區，儘管已經操心得長出白頭髮，但至少投資的回報還能夠慰藉他們的辛勞；小部分懵懂的投資人則處於右下區，既無勞累之虞，也無賺錢之喜。

上述三類投資方法聽起來就沒那麼美好，不值得我們多花費篇幅。

剩下的右上區,才是本節要談的重點。我們一直把這個區域稱為「快樂的右上區」,如果能透過輕鬆的過程實現滿意的回報,誰不會覺得投資是快樂的?當然,能夠躋身這個區域的投資者即使不是鳳毛麟角,也是股市中的極少數群體。巴菲特就是這個群體中最為光彩奪目的一員。

在我們看來,快樂投資在思想層面包含了期望回報、七層塔、快樂測試、幸福要素四個部分。以下我們將逐一說明。

首先是期望報酬。當股市到處充斥著「翻倍」、「每年輕鬆賺50%」、「年化報酬率低於30%就沒臉見人」的承諾與希冀時,巴菲特很早就把自己的預期報酬界定為「讓合夥人或股東的財富淨值每年增加15%」。 正是這一理性而現實的目標回報,以及與之相匹配的投資方法與操作準則,最終讓巴菲特取得那些夢想迅速致富的投資者連想都未曾想過的輝煌業績。

談到這裡,我們當然希望讀者也能建立一個理性而現實的獲利目標。在設置目標時,不妨可以考慮建立這樣的三條基準線:一、生死線:長期投資報酬是否高於無風險收益率(長期國債或定期存款收益率);二、健康線:長期報酬是否不低於基準指數的長期回報;三、財富線:長期報酬高於基準指數3〜5個點。現在假設基準指數的長期回報為10%(根據發達與新興市場的資料綜合測算),在表3-7中我們可以看到不同報酬下的

表3-7 不同報酬下的投資結果(期初一次性投資30萬美元)

(單位:萬美元)

時間段	10年	20年	30年	40年	50年
理性財富線:15%	121	491	1,986	8,037	32,510
波克夏線:20%	186	1,150	7,121	44,093	273,013
「有臉見人」線:30%	414	5,701	78,560	1,080,000	14,940,000

投資結果。

　顯然，在具備一定投資素養的前提下，理性財富線上的投資者是快樂的；波克夏線上的人是幸運的；「有臉見人」線上的人是夢幻的。即使「有臉見人」線上的投資者把獲利目標設定為先高後低，恐怕還是存在兩個問題：一、放棄前期成功的策略並不容易；二、回報的壓力往往會帶來疲於奔命的操作過程。下面談「七層塔」。正如本書的第一部所說，我們將巴菲特投資思想體系中幾個重要部分總結為七層塔，而這七層塔中的每一層都與快樂投資相關。請參見表3-8。

表3-8　七層塔（上）與快樂投資（下）

將股票視為生意的一部分	在買入價格上留有安全邊際	將股價波動視為朋友，而非敵人	集中投資有長久競爭力的公司	逆向操作並在機會到來時加大賭注	有一個有所不為的清晰邊界	低摩擦成本＋遞延賦稅
長期投資＋定期體檢	降低本金損失風險並提高投資回報	盯住比賽而不是盯計分牌	不用同時照看超過四十名妻子	「靜」的時候多於「動」	降低犯錯（特別是大錯）的機率	將複利效果發揮到極致

　如果讀者覺得表中的邏輯不夠清晰的話，不妨重新打造一個相反的七層塔：一、將股票視為一種交易便利並頻繁進出；二、追漲殺跌；三、讓自己的情緒每天都與K線圖共同起舞；四、買數量眾多且種類繁雜的股票；五、一年365天每天都是買股票的好日子；六、不設任何行為禁區；七、總相信自己的短期利潤可以將交易成本完全覆蓋。如此對比之下，這兩種投資模式哪一個更能實現快樂投資，應該無須多言。

　再來談談「快樂測試」。下面我們設計了一個可以供投資者進行自我快樂測試的路徑圖，如圖3-3所示。

圖3-3 「快樂測試」路徑圖

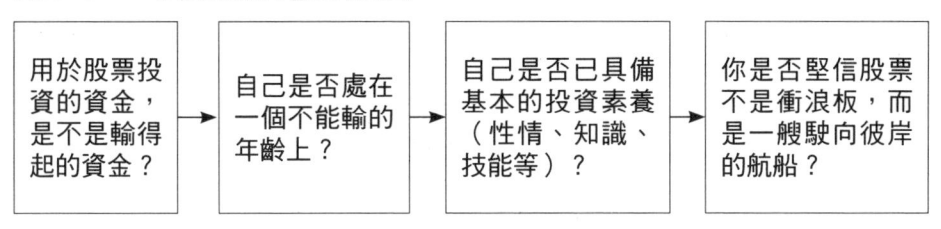

用於股票投資的資金，是不是輸得起的資金？ → 自己是否處在一個不能輸的年齡上？ → 自己是否已具備基本的投資素養（性情、知識、技能等）？ → 你是否堅信股票不是衝浪板，而是一艘駛向彼岸的航船？

如果對上述任何一個問題給出了否定答案，代表你的境況已經出現些許問題，快樂投資將與你暫時無緣。如果對兩條以上都給出了否定答案，你恐怕與快樂投資徹底絕緣了。

最後我們將20項「幸福要素」列出來，供讀者們參考。如果你能大部分或全部認同，並將其運用到你的操作中，快樂投資應該已經離你不遠了，如表3-9所示。

表3-9 20項幸福要素（前後順序隨機排列）

股價下跌，是好事而非壞事	離市場越遠，離財富越近	遠離新上市的公司，特別是IPO股票	遇上「鐵公雞」不一定是壞事	「天」道酬勤，但「股」道有時正好相反
若不想持有十年，就不要持有十分鐘	選股如選妻	「股價在漲」是最蠢的買入動機	籃子越多，雞蛋的風險越大	風險與報酬並不成正比
市場經常犯錯	逆向行動，而不是順勢而為	在一定的條件下，股票不是高風險遊戲	簡單最美。生活如此，投資也如此	正確投資是知難行不易
買入不是為了盡快賣出	報酬的確定性比報酬的高度還重要	從不做也從不相信短期預測	有所不為比有所為更重要	投資報酬不能與你的專業能力成正比

> **本節要點**
>
> 1. 只有在報酬滿意、過程輕鬆的前提下，投資才會是快樂的。
> 2. 過去 100 年來，只有極小部分的人能進入快樂投資者的行列。
> 3. 堅持按照巴菲特的方法去操作，就有可能成為一個快樂的投資人。

誤讀 21 摩擦成本

主要誤讀：關於摩擦成本對長期回報的影響，不少投資者的認識還不足夠。
我方觀點：假如你關注複利、長期財富增長，就一定要關注摩擦成本。

　　我們在「遞延稅負」一節中曾經舉過這樣一個例子：把一塊厚度為1公分的紙板對折20次，最後的高度就是10,485公尺。但是，如果我們在每次將紙板對折時，都把被對折起來的紙板削薄30%，紙板對折20次後的高度就變成了406公尺，比原來的高度低了10,079公尺。當時談的是遞延稅負效應，但如果我們把這每次被削薄的30%當作摩擦成本時，道理其實是一樣的。

　　這邊說的「道理一樣」，包含著兩層含義：一、無論是稅負成本還是摩擦成本，都會對長期投資的最終結果產生影響，甚至是重大影響；二、這些影響都可以透過操作策略的修正而減至最低限度。我們都知道，產品開發有研究成本、生產有製造成本、銷售有管道成本。這些成本都難以避免。然而，股票投資中的稅負或摩擦成本卻並非如此，人們完全可以透過科學的安排盡量規避。

　　該如何看待摩擦成本對投資的影響，我們可以參照巴菲特在2005年股東信中提出的一個比喻：假設全部上市公司為一家企業，市場投資者為

一個家庭投資單位。這樣，我們將面臨以下三種情況：一、投資總收益等於企業經營總收益；二、儘管透過「聰明的買賣」，家庭成員A可能賺得比成員B多，但總體收益不會超過企業總收益，A只是賺了B的錢；三、因為摩擦成本存在，家庭總收益實際上還會小於企業總收益。摩擦成本越高，收益遞減越大。

那麼摩擦成本是怎樣產生的？按照巴菲特的總結，主要是由四類人帶來：一、證券商——需要為其所提供的交易便利支付通道費用；二、投資經理人——需要為其專業服務支付管理佣金；三、財務策劃師——需要為其支付理財服務費；更「高級」的投資經理人（如投資專戶、對沖基金和私募基金）——投資者需要為這些更高級的服務同時支付資金管理費和業績分成。

股票投資的摩擦成本來源可用圖3-4表示（依國情或有重疊）。可以看到，投資者面臨的摩擦成本主要有：一、交易佣金；二、投資顧問費；三、基金管理費（含銀行保管費）；四、信託費；五、證券集合管理費；六、投資相連保險費。當然，圖中顯示的服務通道並不是一個串聯系統，

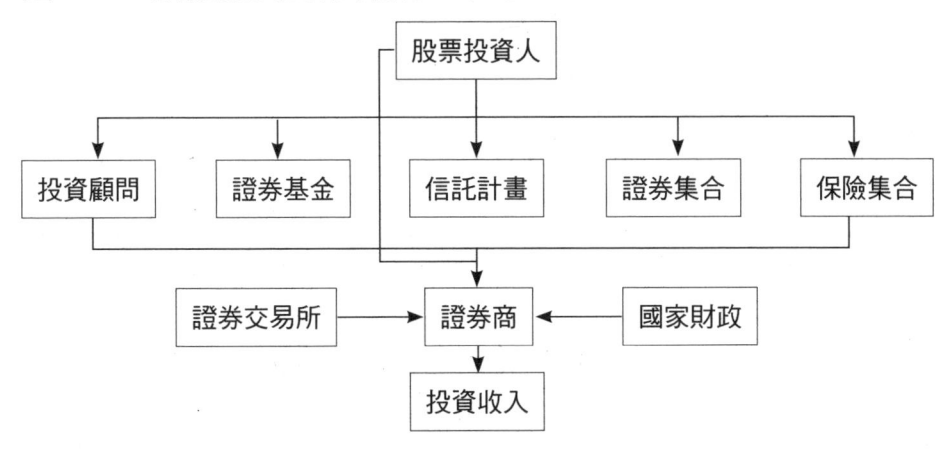

圖3-4　股票投資的摩擦成本來源

投資者實際上需要承擔的摩擦成本,由他們所選擇的某項或多項投資服務決定。

對長期投資而言,摩擦成本的具體量化影響會是怎樣?我們接下來將考慮幾種設定的情況來具體做出分析:狀況A、投資者自行操作:股票週轉平均每年四次,年度總交易成本為1.5%;狀況B、投資者使用專業服務:各種費用(資金管理費、保管費、申購與贖回費、佣金等)加總後的年度總成本為3%;狀況C、使用更高級的專業服務:各項費用加業績分成後的年度總成本為5%。

假設投資年均報酬率為20%(便於比較,我們以波克夏的長期淨值成長率為業績基準),投資期為10～50年,本金為10萬美元。具體分析結果見表3-10。

資料顯示,在假設投資者自行操作以及專業機構的投資報酬率均能保持在20%左右水準的情形下(大部分的實際回報應當低於這個水準),僅僅由於頻繁交易或支付較高的管理費,投資者將為此付出高昂的摩擦成本。時間越長,數目就越怵目驚心。

巴菲特在2004年股東信中曾經指出:「過去35年來,美國企業創造出優異的成績單。按理說投資人也應該獲得豐厚的回報,只要大家以分散且低成本的方式搭順風車即可。事實上指數型基金同樣可以達到這樣的目的。但為什麼大多數投資人的業績慘不忍睹?我認為主要有三個原因:首先是交易成本太高,投資人的進出往往過於頻繁,或者是在投資管理上花了太多錢;其次是投資決策往往基於小道消息而非理性、量化的企業評價;最後是淺嘗輒止的方法加上錯誤的介入時點。投資人必須謹記,過度興奮與過高的交易成本是大敵。如果大家一定要投資股票,我認為**正確的心態應該是當別人貪婪時恐懼,當別人恐懼時貪婪。**」

巴菲特把摩擦成本列為投資失敗的首選原因,是有意還是無意,我

表3-10 不同摩擦成本下的投資回報
（初始一次性投資10萬美元）

（單位：萬美元）

	巴菲特	狀況A	狀況B	狀況C
10年後淨值	61.92	54.60	48.07	40.46
摩擦成本	（略）	7.32	13.85	21.46
20年後淨值	383.37	298.10	231.06	163.66
摩擦成本	（略）	85.27	152.31	219.71
30年後淨值	2,373.76	1,627.61	1,110.65	662.12
摩擦成本	（略）	746.15	1,263.11	1,711.64
40年後淨值	14,697.71	8,886.56	5,338.69	2,678.63
摩擦成本	（略）	5,811.15	9,395.02	12,019.08
50年後淨值	91,000	48,500	25,700	10,800
摩擦成本	（略）	42,500	65,300	80,200

注：1. 表中的摩擦成本是指因摩擦費用而造成的投資收益損失。
　　2. 略掉巴菲特的摩擦成本不代表他沒有，只是因為比例相對較小而暫時忽略不計。

們無從得知。但從上述討論中已經可以看出，摩擦成本對長期投資回報的影響不僅實在，而且數字巨大。

不論你對自己的短期操作如何有信心，交易次數越多，對投資報酬的要求就會越高，走向最後成功的難度也就會越大。

本節要點

1. 摩擦成本對投資回報的影響，無論如何都應被重視。
2. 關注長期投資，一定要關注複利；關注複利，一定要關注摩擦成本。
3. 投資者完全可以透過人工的安排，將摩擦成本降到最低。

誤讀 22 牛頓第四定律

主要誤讀：巴菲特把「運動有害投資」比喻成「牛頓第四定律」，對於這點，人
　　　　　們應該更加關注。
我方觀點：牛頓第四定律對投資運行的影響，不亞於牛頓三大定律。

　　巴菲特曾經說過這樣一段話：「很早以前，牛頓發現了三大運動定律。這的確是天才的偉大發現。但牛頓的天才卻沒有延伸到投資中，他在『南海泡沫』（按：英國在1720年春天到秋天之間發生的經濟泡沫）中損失慘重。後來他對此解釋道：我雖能夠計算星球的運動，卻無法計算人類的瘋狂。如果不是這次投資失誤造成的巨大損失，也許牛頓就會發現第四大運動定律：對投資人而言，運動增加會導致收益減少。」（2005年股東信）

　　關於巴菲特投資體系的核心是企業投資，企業投資必然表現為投資的長期化，我們已經談得很多了。但對於短期化操作的弊端，以及巴菲特為何堅持認為「運動」有害投資，並進而將其比喻為牛頓第四定律，我們則言之甚少。本節的討論就將圍繞這個話題展開。

　　在任何一個股票市場上，想說服散戶放棄短期操作轉為長期投資，都不是一件容易的事情。特別是在經歷了百年一遇的金融海嘯後，情況就變得更加不樂觀。當然，投資是自己的事，人們採用何種投資方法，是在各種要素共同作用下的結果。如果偏要指出哪種方法好、哪種方法不好，不僅費力不討好，似乎也沒有太大的意義。但即便如此，我們還是有必要說明短期投資不利的一面，讓讀者得以參考。

　　我們認為：相對於長期投資而言，短期操作至少在以下六個方面處於劣勢。

1. 較高的交易成本

相關話題我們在「摩擦成本」一節做過討論。為了進一步加深讀者對這個問題的認識，我們在這裡再補充一個巴菲特早在36年前就提出的觀點：「過去每天交易量約一億股的年代，對所有權人來說絕對是禍而不是福。假設每買賣一股的交易成本為15美分，則一年累積下來約要花費75億美元的代價。這相當於埃克森石油、美孚石油、通用汽車（General Motors）與德士古石油（Texaco）這四家全美最大企業年度盈餘的總和。這些公司在1982年年底合計有750億美元的資產淨值，約占《財富》雜誌500強企業淨值的12%。換句話說，投資人只因為手癢而將手中股票換來換去的代價，就等於是耗去了這些大企業辛苦一年的所得。」（1983年股東信）

我們反覆引用巴菲特的話，是想引起人們深思，當每個投資人都幻想著可以透過聰明的買與賣去獲取超額收益時，我們看到的關於投資者長期盈利狀況的多項調查，其結果幾乎都是七虧二平一盈利……。

2. 較不確定的投資成果

費雪曾經說過：「研究我自己和別人的投資紀錄之後，兩件重要的事促成本書完成。其中之一我在其他地方提過幾次：**投資想賺大錢，必須有耐性**。換句話說，預測股價會達到什麼水準，往往比預測多久才會達到那種水準容易。另一件事是**股市本質上具有欺騙投資人的特性**。跟隨其他每個人當時在做的事去做，或者跟隨自己內心不可抗拒的吶喊去做，事後往往證明是錯的。」[15] 在費雪做出這一敘述的38年後，巴菲特也發表了如出一轍的看法：「我們不知道事情發生的時間，也不會去猜想。我們考慮的是事情會不會發生。」[16]

其實，對於上述觀點背後的邏輯，巴菲特早在1969年就已經給出了

答案，這就是被本書多次提到的一個基本理念：「**短期看，股票市場是投票機；長期看，股票市場是體重計**。我一直認為，由基本原理決定的重量容易測出；由心理因素決定的投票很難評估。」（1969年致合夥人的信）我們認為，巴菲特重長期回報而輕短期表現的重要思想基礎，應該就來自這裡。其背後的邏輯是：相較於短期操作，長期投資的報酬確定性更高。

3. 不利的「比賽」條件

任何一個股票市場，如果上市公司的長期平均業績表現為正成長，股票指數也就一定會在長期內表現為正成長。如果畫一張指數圖，將是一條在大部分時間內都顯示出向上增長的曲線。這也正是過去100年來絕大多數股市的實際情況。一個市場如此，一家公司同樣如此，而一家符合巴菲特投資標準的公司就更是如此。如果說它們之間會有什麼不同，那就是優秀公司股票的價格曲線，會隨著其更高的業績成長而變得更加陡峭。

面對一個主體表現為向上增長的曲線，短期操作的弊端在於：策略使用者必須在大多數判斷都正確時才有可能戰勝買入—持有者。而這樣做，短期投資者已經把自己放在了一個相對不利的位置上。因為對短期股價表現的預測與拋硬幣並無二致，對與錯的概率分布長期來看就是50：50。因此，僅從機率把握的難度上來說，短期投資就已經輸了。

4. 較高的出錯機會

事實上，無論是哪國的資本市場，找到可以持續成長的企業都不是

---

15 摘自《非常潛力股》。
16 摘自《財富》，1994年10月。

一件容易的事（見小節「發現的艱難」）。在這一背景下，那些只尋求做大決策機會的人，就會比那些做無數個小決策的散戶占優勢。巴菲特勸告投資者手中應持有一張僅可以打20個洞的卡片，背後的邏輯就源於此。

假設一個短線投資者的股票組合中有6檔股票，每年平均週轉4次，40年下來，他就需要做960次決策；假設一個長線投資者的組合中也有6檔股票，平均每5年週轉一次，40年下來，他只需要做48次決策。想一想，在「發現的艱難」這一背景下，誰犯錯的機會更高？更何況，對於不少投資者來說，其投資組合中的股票數目可能還遠不止6檔！

5. 脆弱的賣出理由

我們認為短期操作的策略依據大多脆弱、不容易站得住腳。這些依據主要有：一、基於時機選擇；二、基於獲利了結；三、基於市場熱點切換；四、基於「秤重作業」。那麼，巴菲特又是怎麼看待這些依據？

時機選擇：在巴菲特的投資思想中，認為最不可信賴的操作策略就是基於短期市場與價格預測下的時機選擇。這又讓我們重新回到了關於「投票機」與「體重計」的市場命題，由於投票是隨機的，不能預先確定選擇的結果。

獲利了結：在巴菲特看來，獲利了結的投資策略就如同讓當初的芝加哥公牛隊賣掉麥可·喬丹（Michael Jordan）一樣愚蠢。

熱點切換：如果選股如選妻的邏輯成立，那麼「一夜情人」式的投資邏輯就不能成立。

關於秤重作業：基於企業估值的賣出是多麼的不牢靠，請參見本書「秤重作業」一節。

第三部　巴菲特「不去做」的事

6. 高風險操作

　　這一觀點背後的邏輯很簡單：由於買入─持有策略可以最大限度地迴避股市三大風險中的系統風險（系統風險是持股時間的函數，見相關小節）和非理性操作風險（由於大部分的非理性操作都產生於股市不斷的波動中，因此買入─持有策略可以最大限度地迴避這一風險），因此，相對於長期投資，短期操作同時要面對股市的三大風險，風險自然更高。

本節要點

1. 在巴菲特看來，「運動有害投資」幾乎可以稱為「牛頓第四定律」。
2. 相對於長期投資策略，短期投資至少在六個操作要素上處於劣勢。
3. 牛頓第四定律對投資財富運行的影響，可能不亞於牛頓三大定律對物體運行的影響。巴菲特的成功及千萬名投資者的失敗，提供了充分證明。

誤讀 23　靜止的時鐘

主要誤讀：巴菲特最關注企業哪一項財務指標？為什麼？許多業餘投資人對此至今仍不甚了解。

我方觀點：巴菲特最關注的財務指標是淨資產收益率。它揭示了企業在所賺得的每一美元利潤的背後，使用了多少股東資金。沒有對後者的評估，就無法對前者做出客觀判斷。

　　這是一個暗藏玄機的話題。我們計畫先從巴菲特的兩段發言切入，再結合股市實際情況展開討論。

　　第一段敘述摘自巴菲特1979年致股東的信：「我們不認為應該對每股盈餘過於關注，雖然這一年我們可運用的資金又增加了不少，但運用的

績效反而不如前一個年度。即便是利率固定的定期存款帳戶，只要擺著不動，將分得的利息滾入本金，每年的盈餘還是能達到穩定成長的效果。一個靜止不動的時鐘，只要不注意，看起來也像是運作正常的時鐘。所以我們判斷一家公司經營好壞的主要依據，取決於其股東權益報酬率（排除不當的財務槓桿或會計做帳），而非每股盈餘的成長與否。」

第二段敘述摘自巴菲特1985年的股東信：「當資本報酬率平平時，這種累加式的賺錢方式實在是沒什麼了不起，坐在搖椅上也能輕鬆達到這樣的成績。只要把你存在銀行戶頭裡的錢放著不動，一樣可以賺到加倍的利息。沒有人會對這樣的成果報以掌聲。但通常我們在某位資深主管的退休儀式上，歌頌他在任內將公司的盈餘數字提高數倍時，卻不會去確認，這些事實是否只是每年所累積的盈餘及其複利所產生的效果。」

對於有一定財務分析基本功的投資者來說，上述觀點中的邏輯應該很簡單：由於每股盈餘是資本報酬與每股資產淨值的乘積，因此，當資本報酬率較低時，企業仍然可以透過每股資產淨值的不斷甚至是快速累加（頻頻發新股以及少分或從不分紅）使得每股盈餘照樣可以持續增長。作為像巴菲特那樣的企業投資者，**聚焦於企業的資本報酬而不是每股盈餘的成長，才是取得長久成功的基本要件。**

不過需要注意的是，由於資本報酬與資本成長共同決定了公司價值，在資本報酬高於社會資金平均成本的前提下，資本的快速成長反而能導致企業經濟利潤（扣除資金成本後的利潤）的更快速成長。在這一前提下，以發新股或不分紅為途徑的資本增長，反而會對企業價值的提升起到正面作用。正如我們在「三類儲蓄帳戶」一節將討論的，像時思糖果那樣的公司，儘管被巴菲特津津樂道，但可能並不是業餘散戶的最佳選擇。

為了讓讀者能更清楚地看透企業資本報酬與利潤增長背後的玄機，我們在這裡將結合股市的實際情況，把上市公司劃分為五種類型進行討

論：一、高資本報酬下的高增長；二、高資本報酬下的低增長；三、適度資本報酬下的高增長；四、較低資本報酬下的高增長；五、極低資本報酬下的低增長。

相關個案如表 3-11、表 3-12、表 3-13、表 3-14 和表 3-15 所示（公司名稱刪略）。

表3-11 高資本報酬下的高增長——G公司

（單位：%）

年度	2001年	2002年	2003年	2004年	2005年	2006年	2007年	2008年
加權ROE	26.79	13.86	18.65	21.53	23.99	27.67	39.30	39.01
BVPS成長	N/A	12.75	22.35	21.15	22.19	15.81	39.55	36.57
EPS成長	N/A	15.27	55.63	28.94	47.52	34.23	88.83	34.24

資料來源：施得普匯資料庫，下同。

G公司的資料清晰地顯示出這是一家高資本報酬下的高增長公司。由於資本報酬較高、資本報酬逐年提升、每股淨值（BVPS）呈快速成長，從而導致公司每股盈餘得以持續、穩定、快速地上升。這是一個內在價值較高的公司。

表3-12 高資本報酬下的低增長——S公司

（單位：%）

年度	2001年	2002年	2003年	2004年	2005年	2006年	2007年	2008年
加權ROE	22.45	15.53	16.43	17.86	21.88	24.78	26.73	31.71
BVPS成長	18.10	51.09	18.60	3.46	3.94	10.98	8.36	10.08
EPS成長	9.43	1.72	30.51	12.99	24.14	23.15	24.06	23.03

儘管S公司的資本報酬一直較高（且從2002年開始，其資本報酬水準逐年提升），但由於每年較高的分紅率拉低了每股淨值的增長，從而導致公司的每股盈餘相對於其較高的資本報酬而表現得不盡人意。這個公司有點像巴菲特筆下的時思糖果，儘管投入少、產出多，卻不一定是投資者的最佳選擇。

表3-13　適度資本報酬下的高增長——W公司

（單位：％）

年度	2001年	2002年	2003年	2004年	2005年	2006年	2007年	2008年
加權ROE	12.21	11.54	12.98	15.39	19.54	21.90	23.75	13.24
BVPS成長	7.37	8.28	25.75	21.51	22.47	52.94	87.42	8.94
EPS成長	22.92	3.39	27.87	50.00	38.46	36.42	114.03	-15.43

W公司為我們提供了一個如何理解經濟利潤最大化的案例：在資本報酬尚算滿意的前提下，每股淨值的快速提升（公司主要是透過現金增資完成）大大提升了公司的價值。

表3-14　較低資本報酬下的高增長——Z公司

（單位：％）

年度	2001年	2002年	2003年	2004年	2005年	2006年	2007年	2008年
加權ROE	7.89	10.20	12.42	10.96	11.72	14.00	21.77	13.70
BVPS成長	4.66	8.69	17.93	10.74	9.25	47.89	33.41	38.77
EPS成長	-15.91	37.84	25.49	9.38	17.14	34.15	49.09	-21.95

Z公司每股盈餘的快速增長（相對於其資本報酬）主要依賴其每股淨值的快速提升。與W公司不同的是，其資本報酬除了2007年度較高外，其他年分並不太理想。在這種情況下，如果公司主要透過現金增資來提升其每股淨值，對股東來說可不能算是好消息。

表3-15　低資本報酬下的低增長——X公司

（單位：%）

年度	2001年	2002年	2003年	2004年	2005年	2006年	2007年	2008年
加權ROE	11.85	9.90	10.05	8.04	6.20	6.52	5.58	1.78
BVPS成長	2.96	7.57	10.44	6.15	3.93	6.77	5.04	0.00
EPS成長	−15.19	−11.11	12.50	−15.56	−18.43	9.68	−8.83	−68.75

很明顯，如果你想做一個巴菲特式的企業內在價值投資人，還是不要碰這種公司比較好。

這類可以稱得上「資本殺手」的公司，散戶躲得越遠越好。

本節要點

1. 在考察一家上市公司是否具有較高的內在價值時，排除不當財務槓桿和會計做帳下的淨資產收益率，是巴菲特最為關注的財務指標。
2. 儘管資本報酬（淨資產收益率）和資本增長（每股資產淨值成長率）共同決定了企業的內在價值，缺一不可，但資本報酬是更為基礎的指標。在資本報酬不理想的情況下，較快的資本增長反而會帶來股東價值的遞減。
3. 同理，在資本報酬高於資本成本的前提下，較快的資本增長會加速提升公司的內在價值。

誤讀 24 確定性

主要誤讀：確定性是巴菲特投資操作中的一項基本要件，市場對此沒有給予足夠的重視。

我方觀點：操作的低風險不僅與報酬的確定性相關聯，很多情況下，與報酬的多少也緊密相連。

我們在「快樂投資」一節的開頭，曾用一幅二維座標圖來描述股票投資中的四種投入與產出模式。在本節中，我們也想用一幅同樣的座標圖，來說明投資中的四種風險與收益模式，如圖3-5所示。

圖3-5　投資中的「風險與收益」模式圖

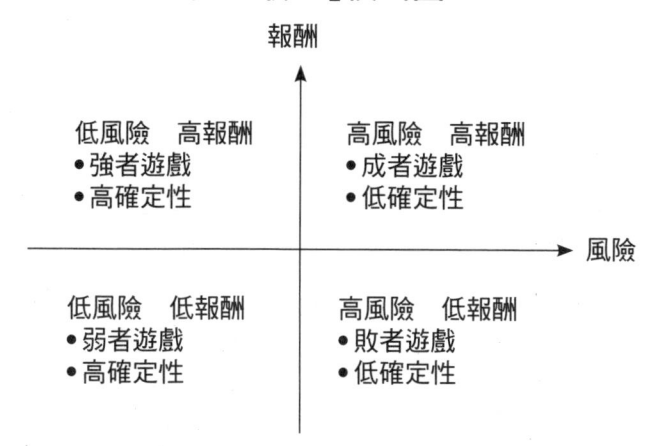

```
                    報酬
                     ▲
    低風險  高報酬    │    高風險  高報酬
    ●強者遊戲        │    ●成者遊戲
    ●高確定性        │    ●低確定性
                     │
    ─────────────────┼─────────────────▶ 風險
                     │
    低風險  低報酬    │    高風險  低報酬
    ●弱者遊戲        │    ●敗者遊戲
    ●高確定性        │    ●低確定性
                     │
```

圖3-5中的右上區和右下區，是市場主流（大多數人）的操作模式，左下區是少數風險厭惡者或保守投資者的操作模式，左上區則是數量更少的「智慧型股票投資人」的方法。在較低的風險水準上得到較高的報酬，這種理想狀態恐怕是所有投資人的追求目標。但事實上，只有少數人能夠實現這一目標，而他們有別於他人的一個基本特質就是**對「報酬確定性」**

的偏好與堅持。當然，低風險與低報酬具有較高的確定性，但那是另一層面的事情。

正如我們在「低風險操作」一節中所說：巴菲特的投資模式處於圖3-5中的左上區。

在我們的視野中，市場裡大多數人在進行投資時，不管最終的結果是賺是賠，其在最初做出投資決策時對回報的預期在很多時候都缺乏足夠確定性。因此，「風險與收益成正比」這一約定俗成的價值觀，幾乎變成了不可動搖的鐵律。由於散戶追求的大多是快速和高額回報，那麼他們所運用的投資方法及其運行軌跡，通常會表現出高風險的特質，也就不足為奇了。

看到這裡，你可能會問：「沒錯，我也希望能讓投資更有確定性，可是具體該怎麼做？」我們對這個問題的回答是，巴菲特的投資方式就是比較可行的方法之一。為什麼說運用巴菲特的方法，投資報酬就會有較高的確定性？我們認為至少有兩個理由：其一，從投資目標上看，當大多數的投資者把目標定位於高報酬和快報酬時，巴菲特卻一直把是否具有較高的「確定性」放在首位。他的許多投資理念與操作策略一直圍繞著一個不變的主線：取得目標回報的確定性。當確定性要求和高報酬以及快速報酬發生衝突時，巴菲特會毫不猶豫地選擇確定性，即使付出一些時間與空間上的代價也在所不惜。目標模式決定了行為模式，而行為模式則決定了投資方法的風險收益特質。

其二，我們曾將巴菲特投資體系的框架比喻成七層塔。事實上，這七層塔中的每一層都與確定性目標緊密相連。甚至可以這樣說：正是由於巴菲特對投資回報確定性的追求與堅守，最終才建構了這七層塔。下面用表3-16來顯示七層塔與確定性的關聯：

表3-16　七層塔與確定性的內在關聯

七層塔	確定性
低摩擦成本	其他條件相同時，成本越低，報酬越具確定性
有所為，有所不為	「告訴我會在哪裡失敗，我就不去那裡」
選擇性逆向操作	市場短期是投票機，長期是體重計
集中投資	把雞蛋放入自己不了解的籃子裡，反而提升了風險
安全邊際	安全邊際為可能的估值過高，提供了必要的緩衝
正確對待股價波動	跟隨「市場先生」操作，具有更高的報酬不確定性
把股票當作一項生意去投資	由於要素簡單，企業投資具有更高的報酬確定性

那麼，風險與確定性之間有必然的聯繫嗎？為了進一步說明兩者之間的關係，下面列舉人們對投資風險的八種不同定義，或者說是不同表述，看看它們之間是否有著直接或必然的邏輯關係：一、可能的危險；二、收益的波動程度；三、損失的不確定性；四、未來結果的變動性；五、不利事件與其他相關事件發生的機會；六、可測定的不確定性；七、本金損失的可能性；八、可能損失的程度。可以看出，在上述這些對投資風險的定義或表述中，除了第二、第四項外，其他六項都使用了「可能」、「機會」及「不確定」字眼，它足以說明風險與不確定之間有著直接的內在聯繫。可以這樣說，正是不確定性導致了風險。縱觀巴菲特的投資史，他先後為自己劃定了眾多不可輕易跨越的邊界，包括：價格邊界、商業邊界、能力邊界、方法邊界、策略邊界及行為邊界等。之所以劃定如此多邊界，其目的或者說其哲學思想只有一個：「告訴我將死於何處，這樣，我就不去那兒。」（查理·蒙格）

試問，在這樣的思考模式與行動軌跡下，他的投資風險怎麼可能不

低？他的報酬確定性怎麼可能不高？

　　巴菲特在1993年股東信中，集中討論了現代投資理論的風險觀與一個企業投資人的風險觀之間存在的基本差異，我們從中可以看出他對「確定性」的具體要求：「在評估風險時，Beta理論的學者根本就不屑了解這家公司與它的競爭對手在幹什麼，或負債情況如何，他們甚至不願意知道公司名字叫什麼，只在乎公司的歷史股價。相對地，**我們從來不理會這家公司過去的股價，期待的是盡量能夠得到更多有助於了解這家公司的其他資訊**。我們認為投資人應該評估的風險，是他們在其預計持有的期間內，從一項投資中所收到的所有稅後收入，是否能夠讓他保有原來投資時所擁有的購買力，再加上合理的利率。雖然這樣的風險評估無法做到像一項工程般精確，但至少可以做到足以做出有效判斷的程度。在評估時，主要的因素有下面幾點：一、公司的長期經營特質可以被衡量的確定程度；二、公司管理階層有能力發揮公司潛質，並有效運用現金的確定程度；三、公司管理階層將企業獲得的利益，回報給股東而非中飽私囊的確定程度……。」

　　一言以蔽之，巴菲特的投資方法給予我們的啟示是：**一個「聰明的投資人」首先要考慮的不應是報酬的速度和幅度，而是確定性。**

本節要點

　　1. 股票投資的風險與收益往往並不成正比。
　　2. 以正確的方法進行股票投資，往往會有一個相關聯的結果：低風險、高確定性、高報酬。
　　3. 巴菲特投資體系中的七項基本內容（七層塔）構成了一種正確的投資方法，它的一個必然結果就是：低風險、高確定性、高報酬。
　　4. 投資者首先要考慮的不應是報酬的速度和幅度，而是低風險或其確定性。

誤讀 25　推土機前撿硬幣

主要誤讀：永遠不要以資本的主要投資部位冒險。對葛拉漢和巴菲特這一思想的領會，不少散戶還有很大的學習空間。

我方觀點：長期資本管理公司（LTCM）、貝爾斯登（Bear Stearns）、雷曼兄弟（Lehman Brothers）的先後垮臺，都犯了一個同樣的錯誤：推土機前撿硬幣。

《雪球》一書曾談到過長期資本管理公司隕落一事：「1998年的俄羅斯金融風暴，最終摧毀了長期資本管理公司的所有設想。1998年8月17日，俄羅斯政府宣布盧布貶值，這場金融風暴引發了全球性的金融動盪，長期資本管理公司受到重創。早些時候已經有投資經理預料到他們幾近崩盤的局面，他認為公司在金額巨大的套利交易中謀利的做法，無異於在重型推土機前撿五美分的硬幣，危機隨時都有可能發生。這一幕現在已經發生，而且撿錢的人面對的還是一部安裝了法拉利引擎的推土機，正以每小時80公里的時速開過來，撿錢的人大難臨頭。」

長期資本管理公司創立於1994年，其創辦合夥人包括被譽為華爾街債券套利之父的約翰・梅利威瑟（John Meriwether）與兩名諾貝爾經濟學獎得主：羅勃・默頓（Robert Merton）和邁倫・舒爾茲（Myron S. Scholes），他們與已故的費雪・布萊克（Fischer Black）一起發現了期權定價理論，這一理論是現代金融學的奠基之一。除此之外，曾任美國前財政部副部長和聯儲副主席的大衛・穆利斯（David Mullins），以及所羅門兄弟債券交易部主管艾瑞克・羅森菲爾德（Eric Rosenfeld）也被收歸麾下。如此夢幻的團隊在其創建後的前三年，實現了輝煌的業績。

在顛峰時期，其管理的基金及虛擬本金價值高達1,300億美元，相當於美國政府全年預算的衍生物組合。然而，這支「夢之隊」在1998年卻

慘遇滑鐵盧，從5月到9月的一百五十多天裡，資產淨值下降了90%，瀕臨破產。之後在美聯儲的出面安排下，才得以逃脫倒閉的命運。

　　導致長期資本管理公司隕落的原因錯綜複雜，但最主要的應該是以下三項：一、投資操作的槓桿比例過高：公司用不到50億美元的資本金去做1,300億美元的投資，槓桿比例約為1：25；二、在套利機制仍未發揮作用前，需要不斷追加資金以維持合約，這要求公司能有源源不斷的新增資金以應對，然而其所管理的資金卻不是「長期」且「有耐心」的；三、以主要投資部位冒險，儘管危機發生機率很低，但一旦出現就足以致命。

　　關於長期資本管理公司的事件，《雪球》中引述巴菲特的一席話，為「推土機前撿硬幣」這一形象比喻做出了補充：「無論基數多大，與零相乘的結果依然是零！對我來說，零的概念就是沒有任何結餘的損失。在任何投資中，只要存在完全虧損的可能，那麼不管這種可能性變為現實的機率有多小，如果無視而繼續投資的話，那麼資金歸零的可能性就會不斷攀升，早晚有一天，風險無限擴大，再多的資金也可能化為泡影！」

　　在佛羅里達大學商學院進行的一次演講中，巴菲特再次提到長期資本管理公司的問題。在他的講話中有一些思想很值得我們深思與借鑑。如：「他們為了掙那些不屬於他們、他們也不需要的錢，竟用屬於他們、他們也需要的錢來冒險。」再如：「如果你給我一把槍，膛室裡有一千、甚至一百萬個位置，裡面只有一發子彈，然後你問我，要花多少錢，才能讓我扣動扳機。我是不會開槍的。你想下多少賭注都可以，即使最後我贏了，那些錢對我來說也不值一提。而如果我輸了，後果則顯而易見。我對這樣的遊戲沒有興趣。」

　　其實，巴菲特的這番話並不是事後諸葛。在長期資本管理公司創立初期，他和合夥人蒙格就已經發現了問題：「1994年2月前的某一天，梅利威瑟和一位夥伴親自飛往奧馬哈，希望能說服巴菲特在自己的公司注

資……但是梅利威瑟這種想法卻被巴菲特和蒙格看穿，他們根本不屑成為梅利威瑟利用的工具——自己投入巨額資金，填補根本不可能填平的損失——扮演這樣的角色讓巴菲特和蒙格很難接受。」[17]

當然，一個人的風險意識不是與生俱來的。就巴菲特而言，在長期資本管理公司這個問題上，他的風險觀來自於導師葛拉漢的一個觀點：「遠離收益很少和風險很大的冒險。對於有進取心的投資者而言，這意味著他為獲得收益所進行的操作，不應基於信心而應基於風險評估。對每一位投資人而言，這意味著當他將收益局限於一個小數字時，就像普通債券或優先股那樣，那他必須確信沒有以其資本的主要投資部分冒險。」[18]

還記得那個著名的巴菲特投資定理嗎？——「第一條規則：不要賠錢；第二條規則：不要忘記第一條。」可見在葛拉漢的影響之下，巴菲特對風險的厭惡是如此的強烈與堅定！

因工作需要，本書作者曾多次拜訪一些投資銀行、資產管理公司和基金管理公司，其中也包括一些長期以來運轉良好的對沖基金公司。這些公司中幾乎每家都有一套繁雜而龐大的風險管理系統，每當其用簡報幻燈片向我們演示時，我們的感想可以用目不暇給又晦澀難懂來形容。然而，與這些繁雜的風險管理系統形成有趣對比的是，巴菲特的「風險管理圈」非常簡單，如圖3-6所示。

就是靠著這一簡單的「風險管理圈」，巴菲特成功走到今天並創造了無比輝煌的財富成果。

---

[17] 摘自《雪球》。
[18] 摘自《智慧型股票投資人》。

圖3-6 巴菲特的「風險管理圈」

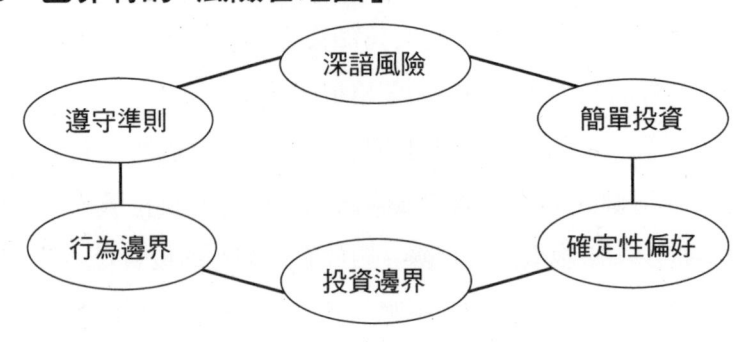

```
        深諳風險
遵守準則        簡單投資
行為邊界        確定性偏好
        投資邊界
```

最後我們想引用一組資料，它記錄了1994～1998年間，奉行簡單風險管理的巴菲特與「夢之隊」兩者的風險收益情況，如表3-17所示。

以五年為一個週期來看，在推土機前撿硬幣是多麼不划算！

表3-17 年度百分比變化

（單位：%）

年度	1994年	1995年	1996年	1997年	1998年
長期資本管理公司	28.5	42.8	40.8	17	破產
波克夏	13.9	43.1	31.8	34.1	48.3
標普500	1.3	37.6	23.0	33.4	28.6

本節要點

1. 不要以資本的主要投資部位冒險，即使機率很低，但問題一旦發生，就會讓自己陷入萬劫不復的境地；以這樣的風險去謀利，即使是能賺很多的錢，也相當於在推土機面前撿五美分硬幣。
2. 強調一遍：無論基數多大，它與零相乘的結果依然是零。
3. 再強調一遍：第一條規則：不要賠錢；第二條規則：不要忘記第一條。

誤讀 26 限高牌

主要誤讀：人們較常談論巴菲特投資方法的「地域限高牌」，較少談論「投資人限高牌」。
我方觀點：即使「地域限高牌」真的存在，後者的重要性也不比前者小。

儘管巴菲特用簡單的投資方法，在大洋彼岸創造了資本投資的神奇，但當人們談起這個話題時，經常會擔憂這種投資方法如果離開了美國是否還有其用武之地。關於「地域限高牌」的話題，我們將在後面小節做討論，這裡就不再重複。本節討論的重點是巴菲特投資的另一個限高牌：投資者限高牌。

當我們開車駛入一些特定場所——如酒店、住宅社區、橋梁、隧道以及某段市政道路時，通常會看到一個用於防止一些過高車輛通過的限高牌。其實，在股票投資領域也有許多限高牌，只是交通道路上的限高牌是有形的，容易被看見，而投資領域許多限高牌是無形、不易見的。而在能否成功運用巴菲特的投資方法這一問題上，也有著極為嚴格的「投資人限高牌」。

蒙格說過一段話：「每一個參加投資比賽的人，都必須慎重考慮自己的邊際效用，也必須對自己的心理加以重視。如果遭受損失會給你帶來痛苦——更何況損失是無法避免的——你可能會很明智地選擇一種相當保守的投資方法。因此，你必須根據你的性格和才能來調整策略。我覺得沒有哪一種投資策略能適合所有人。我的投資策略很適合我自己，部分原因是我非常善於面對虧損，我具備在心理上承受此事的能力。」[19]

蒙格談的觀點與股市上的流行說法——適合你的投資方法，就是最好的方法——並不相同，事實上，我們一直認為後者具有較強的誤導性。

以蒙格的上述觀點為基礎，我們認為無論哪裡的股市，在成功學習與運用巴菲特的投資方法上——就投資者類型而言——其實有著嚴格的內在要求或前提條件，我們把這些要求或條件稱之為投資者限高牌。下面，我們就嘗試列出應當被這塊限高牌擋在巴菲特投資殿堂之外的八類投資人。

1. 基金經理

約翰·柏格在其著作中寫道：「基金行業已經成為短期投機的工具之一，這種趨勢就是因為行業把重點放在了市場行銷上。今天，一般的基金持有普通股票的時間大約是400天，而在我寫畢業論文的那個年代，普遍是持有六年。一般的基金持有人，目前持有共同基金權益大約3年，半個世紀前是15年。我們似乎正處於尋找長期投資工具的最差歷史時期。」

同是職業投資人，為何基金經理的行為模式與巴菲特相比，有著如此巨大的差異？這其中有主觀因素，也有客觀因素。主觀因素涉及個人投資素養以及對股票市場理解上的差異，而客觀因素至少有兩條：一、盈利模式不同，如基金經營的目標之一是其規模的最大化，這就出現了柏格前面所講的行銷問題；二、遊戲規則不同，如業績排名所帶來的各種壓力，幾乎徹底控制了基金經理的投資準則與行為偏好。

2. 希望快速致富的人

巴菲特很早就把自己的投資預期回報設定在年均15%左右，在後來長達數十年的投資生涯中也從未改變（要說有改變的部分，就是到了波克夏經營後期，由於公司資金規模日漸加大，巴菲特降低了預期回報值）。

---

19 摘自《永恆的價值》。

如今也有不少散戶將股市當作能夠快速賺錢的場所，年度獲利目標動輒在30%甚至更高的水準上。這些人顯然不適合使用巴菲特的投資方法。

3. 用不可以輸的錢去投資的人

股市中有不少人，已經或準備投入股市的資金是不能虧的錢，例如兩、三年內有特定用途的資金（購置大件商品、結婚、買房、子女課業等）、個人與家庭的日常生活資金、承載了個人與家庭乃至整個家族致富希望的資金，以及在商業經營領域暫時不用的資金等。由於這些都是不能賠掉的錢，將這些資金投入股市，就不可能保持淡泊、平和的心態，而心態的淡泊與平和，正是在股市取得持久成功的基本前提。

4. 性情急躁的人

葛拉漢、費雪、蒙格和巴菲特都曾不止一次指出，在股票市場取得最後的成功，靠的往往不是智力和技能，而是意志與性情。因此，那些感情脆弱、意志不堅定、性情急躁、守不住寂寞、缺乏耐力和遇事就容易恐慌的人，不適合使用巴菲特的投資方法。正如「美國夢」一節中所指出，無法承受大事件衝擊和股市暴跌的人，即使生活在美國、就算他本人就是巴菲特的合夥人或股東，數萬倍的財富增長也會與他失之交臂。

5. 自以為可以透過聰明的買賣取得超額回報的人

一句「短線是銀，長線是金，波段是鑽石」道出了這一群體的典型心態。儘管葛拉漢在六十多年前就告誡投資人：試圖透過聰明的買賣去賺取超額收益，將使自己陷入較大的風險中。但股市中總有一些人不信邪，堅信自己聰明過人，完全可以在股海中過關斬將，透過頻繁操作獲取最大化的收益。這些人顯然不適合菲特的投資方法，他們骨子裡也看不起巴菲

特的投資方法。

6. 臨近退休或年事已高的人

我們這裡講的主要是那些剛進入股市不久的新投資人。**巴菲特投資體系的特質之一是從不講求時機（timing），而是講求時間（time）**。持股時間越久（當然是有選擇的持有），使用這種投資方法的風險就越小，投資回報的確定性就越高，財富積累的功效就越大。而對於一個臨近退休特別是年事已高的人來說，如果在這個年齡上剛剛進入股市，則顯然已經失去了使用巴菲特投資方法的優勢。股市波詭雲譎、難以預測，一個大浪下來可能需要幾年才能翻身，這個年齡段的人還是投資一些較為保守的金融工具為好。

7. 借錢買股票的人

不管向誰借錢，資金使用的時間都不可能是無限期的。因此，對於任何借錢投資的人來說，就有了一個無法迴避的職責：必須在有限的時間內賺取超過資金成本的報酬。我們都知道，巴菲特投資法的一個重要特質，就是只關注事情是否發生，不關注何時發生。而一個借錢買股票的人，怎麼可能不理會「事情何時發生」呢？

8. 有大量內幕消息的人

儘管法律不允許任何人利用內幕消息投資股票，但市場上總會有一些人能夠得到一些不對稱的資訊（包括宏觀和微觀的）。儘管巴菲特的投資方法不以有無內幕消息為前提，但你讓這些人去學巴菲特，恐怕是過於「委屈」他們了。

> **本節要點**
>
> 　　1. 交通道路上的限高牌是有形的，容易被看見，而投資領域的許多限高牌則是無形、不易被看見的。
> 　　2. 在能否成功運用巴菲特投資法這一問題上，有著極為嚴格的「投資者限高牌」。
> 　　3. 有八類投資者不宜或不大會使用巴菲特的投資方法：基金經理、希望快速致富的人、用不可以輸的錢去投資的人、性情急躁的人、自以為可以透過聰明的買賣取得超額回報的人、臨近退休或年事已高的人、借錢買股票的人、有大量內幕消息的人。

誤讀 27 限制性盈餘

主要誤讀：人們已了解何為經營利潤和資本利潤，但什麼是「股東利潤」——對不少業餘散戶來說——恐怕了解不多。

我方觀點：股東利潤或限制性盈餘思想，在巴菲特的投資標準中占有非常重要的位置。

　　我們認為，自美國經濟學家艾德加・史密斯（Edgar Smith）首次提出股息再投資能使股票相對於債券更具有投資價值以來，葛拉漢對企業限制性盈餘的強調，可說是對證券分析的又一重要貢獻。儘管其背後的財務邏輯並不複雜，但這一思想至今仍未引起人們的足夠重視。

　　葛拉漢在《證券分析》一書中指出：「在更常見的情況下，股東透過股息所得到的利益，遠遠高於從盈餘增長中得到的好處。導致這種結果的原因：一是用於再投資的利潤未能同比例地提高盈利能力；二是它們根本就不是什麼真正的利潤，而只是一種為了保證企業的正常運作所必須保留的儲備。在這種情況下，市場偏好股息而蔑視盈餘增長的價值取向，可說是合情合理。」

在葛拉漢發表上述觀點後不久，費雪也發現了企業在經營中所存在的這一現象：「保留利潤為何有可能無法提高股東的持股價值？原因有二：一是因為顧客或公共需求的改變，迫使每一家競爭公司非得花錢在某些資產上不可，但是這些資產沒辦法提高業務量，可是不花這些錢，生意卻可能流失；二是由於成本節節上升，總累計折舊額很少足以置換過時的資產。因此，如果公司希望繼續擁有以前擁有的東西，就必須從盈餘中多保留一些資金，補足其間的差額。」[20]

這些發現，對巴菲特投資思想的確立起了啟蒙作用。在1980年股東信中，巴菲特寫道：「我們本身對投資盈餘如何處理的看法與一般公認的會計原則不太相同，尤其是在目前通膨肆虐之際更是如此。我們有些100%持股的公司，跟帳面上賺到的錢相比，實際金額可能要少很多。即使依照會計原則我們可以完全地控制它，但實際上卻必須被迫把所賺到的每一分錢，繼續投在更新資產設備上面，用以維持原有的生產力和賺取微薄的利潤。」

四年後，在1984年股東信中，巴菲特對上述觀點做出進一步闡述：「並非所有的盈餘都會產生同樣的成果，通貨膨脹往往使得許多企業，尤其是那些資本密集型（Capital Intensive，按：一個產業在進行生產活動時，需要資本設備的程度大於需要勞動人力的程度）企業，使其帳面盈餘變成人為的假象。這種受限制的盈餘，往往無法被當作真正的股利來發放，它們必須被企業保留下來用於設備再投資，以維持原有的經濟實力。如果硬要勉強發放，將會削弱公司在以下三個方面的原有能力：一、維持原有的銷售數量；二、維持其長期的競爭優勢；三、維持其原有的財務實

---

[20] 摘自《非常潛力股》。

力。所以，無論企業的股利發放比率是如何保守，長此以往必將會被市場淘汰，除非你能再注入更多資金。」

總結以上三位投資大師的觀點，我們可以得到三點啟示：一、會計利潤並不一定就是股東能夠自由享用的利潤；二、由於限制性盈餘的存在，企業對利潤的再投資不一定都能增加企業價值；三、這種現象在通膨時期尤其如此，通膨越嚴重，情況越糟糕。下面，我們將透過一個例子說明，如表3-18所示。

表3-18　不同企業在通膨下的資本支出

（單位：萬美元）

類別	固定資產	折舊期	年均通膨率	年均利潤	10年後設備投入	資本支出／利潤總額
A公司	100	10年	6%	20	179.08	0.81
B公司	120	10年	6%	20	214.90	1.07

資料顯示，儘管B公司同樣每年可以賺取20萬美元的利潤，但由於比A公司使用了更多的固定資產，當設備折舊期滿後，企業需要支付更多的資金用於設備再投資。經通膨調整後，股東在過去10年賺取的200萬美元總利潤，到最後即使全部再投入，還是會有資金缺口。與B公司相比，A公司由於有較小的通膨曝險，從而最終保留了約20萬美元的股東利潤。可以看出，B公司在過去10年中賺取的200萬美元的經營利潤，經通膨調整後全部屬於限制性利潤。

海格斯壯在《巴菲特的長勝價值》中，較早向人們解釋巴菲特的「股東盈餘」概念，但我們認為其詮釋似乎有欠嚴謹。這是他在書中的相關敘述：「巴菲特比較喜歡採用的是他所謂的股東盈餘（owner earnings）——公司的淨所得加上折舊、耗損、分期償還的費用，減去資

本支出以及其他額外所需的營運資本,來代替現金流量。巴菲特承認,股東盈餘並沒有提供許多證券分析師所要求的精確計算結果。如果要計算未來的資本支出,最常使用的是粗估法。儘管如此,他用凱因斯的話說:我寧願對得迷迷糊糊,也不願錯得清清楚楚。」

不難看出,海格斯壯在這裡談的其實是「自由現金流量」的概念,而巴菲特所說的「股東盈餘」則與「限制性盈餘」有關,是經營利潤減去限制性資本支出後的終值。由於企業資本支出既包含了限制性支出,也包含了非限制性支出,所以簡單地從經營利潤中減去資本支出,得出的股東利潤恐怕與巴菲特的原意不符。

在巴菲特眼中,普通商品型企業(與消費獨占或市場特許企業做出區分)通常有著較高的限制性盈餘。也因此,對這些限制性利潤的再投入通常不會帶來好的投資回報。在1985年股東信中,巴菲特提出了「墊腳尖」理論:「多年以來,我們一再面臨投入大量的資本支出以降低變動成本的抉擇。每次提出的企劃案看起來都穩賺不賠,以標準的投資報酬率來看,甚至比起我們高獲利的糖果與新聞事業還好許多。但這預期的報酬最後都證明只是一種幻象,因為我們的許多競爭者,不管是來自國內或是國外,全都勇於投入相同的資本支出。在個別公司看來,每家公司的資本支出計畫看起來都再合理不過,但如果整體觀之,由於其效益最終會相互抵消而又變得很不合理,就好比每位去看遊行隊伍的觀眾,以為自己只要墊一墊腳尖就可以看得更清楚一樣。」

對於企業限制性盈餘與通膨曝險的關注,導致巴菲特對市場流行的EBITDA(息稅折舊攤銷前盈餘)指標提出質疑。由於EBITDA指標從企業經營利潤中減去了折舊與攤銷,因此,如果拿它檢測企業的還款能力(該項指標最初的宗旨)問題還不大,但如果要進一步以此考察企業的盈利能力,就會帶來較大的誤導。對此,巴菲特和蒙格曾多次告誡投資人。

那麼，普通投資人如何才能在企業價值評估中正確使用限制性盈餘的概念？由於現行會計準則不要求企業提供任何限制性盈餘或限制性資本支出的資料，投資者除了考察固定資產與營業收入或稅前盈餘的比率之外（這需要投資者具備一定的財務基礎），一個更為簡單、有效的方法，就是只投資那些非資本密集型的消費獨占、寡頭壟斷、領導品牌和產業領軍企業。

本節要點

1. 股利再投資有可能不會導致企業價值的增加，原因就在於轉投資的那部分利潤可能屬於企業的「限制性利潤」。
2. 只有「非限制性利潤」才是真正屬於股票持有者的「股東利潤」，無論是用於股利還是再投資，這部分利潤都有望增加企業或股東的價值。
3. 為避開擁有大量「限制性利潤」的企業，投資者應盡量只投資那些非資本密集型的優秀企業。

誤讀 28 透視盈餘

主要誤讀：巴菲特在展現公司業績時，為何不用每股盈餘而是用每股淨值？他更喜歡資產淨值嗎？

我方觀點：這是由波克夏的特殊經營模式造成，由於「透視盈餘」的存在，「每股盈餘」資料不能對公司的經營情況做出真實反映，在波克夏經營的前期和中期尤其如此。

正如我們在本書相關章節中所討論，巴菲特偏好用每股資產淨值來反映公司的經營情況，究其原因，是由於波克夏公司獨特的經營模式使得每股盈餘並不能如實地反映公司的經營情況。按照美國當時實施的會計準

則，投資公司按持有其他公司股票的三種不同比例，記錄其投資回報：一、合併財報記錄——持有股權達50%以上；二、按所占權益記錄——持有股權在20%～50%；三、按已分得的股利記錄——持有股權在20%以下。由於波克夏持有的上市公司股票大多在20%以下，因此如果公司像其他美國公司一樣用每股盈餘記錄其經營業績，不僅無法如實反映公司的真實情況，還會出現誤導。巴菲特在其歷年致股東的信中，曾多次提到這個問題：

1977年：「我們投資了1,090萬美元在首都城市傳播公司上，依照持股比例可分得的盈餘約為130萬美元，但實際記錄在財務報表上的卻只有區區4萬美元的現金股利。」

1981年：「我們在股票上應分得的盈餘已經大到可以超越公司整體的帳面盈餘，且我們預期這種情況將會持續下去。1981年只是其中四家（蓋可保險、通用食品、雷諾菸草公司及華盛頓郵報）的可分配盈餘就超過3,500萬美元。」（作者按：當年公司帳面盈利為3,942萬美元。）

1989年：「除了帳面盈餘之外，實際上我們還受惠於依會計準則不能認列的盈餘，後面我列出的五家被投資公司在1989年的稅後股利合計為4,500萬美元，然而若依照投資比例，我們可以分得的稅後盈餘卻高達2.12億美元。」

這些無法在利潤表中反映的盈利與已經記錄的利潤合計，便是被巴菲特稱為透視盈餘的部分：「我個人相信最好的方式，是利用透視方法來衡量波克夏的盈餘：2.5億美元是我們在1990年從被投資公司應當分配到的利潤，扣除3,000萬美元的股利所得稅，再將剩下的2.2億美元，加上公司本來的帳面盈餘3.71億美元，所得出的5.91億美元，就是我們經過透視的真正盈餘所在。」（1990年股東信）在1991年股東信中，巴菲特進一步為透視盈餘下了完整定義：「我們曾經討論過的透視盈餘，其主要

組成部分是：一、公司的帳面盈餘；二、被投資公司按一般公認會計原則，未記錄在公司帳上的保留盈餘；三、扣除項：當這些保留盈餘分配給我們時，需要繳納的所得稅。」

可以看出，正因為這些並未在公認會計準則中被關注的透視盈餘，讓巴菲特選擇用每股淨值（主要表現為公司所持股票的市場價值）而非人們所熟悉的每股盈餘去記錄公司的經營業績。由於每股淨值也並非盡如人意，為了能更清晰地把握公司的實際經營情況，我們認為巴菲特很有可能給自己設立了一個年度透視盈餘帳，並以此來考察公司內在價值的實際增長情況。我們做出這一推測的依據來自1991年股東信：「我曾經告訴各位，長期而言，如果我們的實質價值也期望以這個幅度來成長的話，透視盈餘每年也必須增加15%。實際情況則是：自從現有經營階層於1965年接手後，公司的透視盈餘幾乎與帳面價值一樣，以23%的年均複合成長率增長。」

儘管最終的實際結果是「公司的透視盈餘幾乎與帳面價值一樣」按相近比例成長，但在哪一項指標更貼近公司內在價值這個問題上，巴菲特的選擇無疑是每股透視盈餘而非每股資產淨值：「所有投資人的目標，應該是要建立起一項投資組合，可以讓其透視盈餘在從現在開始的10年內最大化。這樣的方式將會迫使投資人思考企業的遠景而非短期股價表現，從而改善投資績效。當然不可否認，就長期而言，投資決策的績效還是要建立在股價表現之上。」（1991年股東信）

對一般散戶來說，透視盈餘這一評估方法值得借鑑。某些上市公司也面臨相似的情況，同時持有著上市或非上市資產，但由於持股比例的問題，其利潤表同樣無法反映那些資產的真實價值。面對這些公司，散戶們需要睜大眼睛、謹慎分析，做出合理的估值，說不定你還能挖掘一、兩匹「黑馬」出來！

> **本節要點**
>
> 　　1. 由於巴菲特持有大量上市公司的少數股權，按照會計制度的規定，「帳面盈餘」資料已不能如實記錄公司的經營成果。由於會計制度沒有建立任何與「透視盈餘」相關聯的指標，因此巴菲特被迫選用「每股資產淨值」來記錄公司價值的變化。
>
> 　　2. 儘管如此，巴菲特告誡投資人，真正重要的是「每股透視盈餘」的變化，而不是「每股資產淨值」的變化。

誤讀 29　伊索寓言

主要誤讀：對《伊索寓言》的引用，再一次彰顯了巴菲特的價值評估理念。
我方觀點：《伊索寓言》所隱含的價值評估「公式」2,600年來其實沒有發生任何改變，但在如何正確使用這一「公式」上面，巴菲特為我們帶來了許多創造性的思想。

　　在2000年的股東信中，巴菲特借用《伊索寓言》，對企業價值評估理論再次做了說明：「我們用來評估股票與企業價值的公式並無差別。事實上，這個用來評估所有金融資產的公式，從來就未曾改變過，自從西元前600年，由某位智者首次提出後就一直是如此。奇蹟之一就隱藏在《伊索寓言》裡那歷久彌新卻不太完整的投資觀念中：二鳥在林不如一鳥在手。而要使這一觀念更加完整，你需要再回答三個問題：你如何確定樹叢裡有鳥？牠們何時會出現、數量有多少？無風險的資金成本是多少？如果你能回答出以上三個問題，你將知道這個樹叢的最高價值是多少，以及鳥的最大數量是多少。」

　　在這之前，巴菲特曾多次在歷年股東信中明確指出：企業的內在價值就是其現金流折現值。這似乎表明巴菲特評估股票與企業價值的方法與

這個領域延續下來的經典思想並無差別。另外，以《伊索寓言》來比喻投資也並非巴菲特的專利，在很多關於股權投資的書籍中，我們都能看到類似比喻。這就給人一個印象：巴菲特的價值評估思想，只是對前輩思想的傳承，而沒有什麼自己的建樹。

情況是否果真如此？我們的回答是：當然不是。表面看，好像了無新意；背後看，其實另有乾坤。

我們認為，企業價值評估理論發展到葛拉漢和巴菲特這裡，已不再是簡單的重複和機械式的繼承，師徒二人在長達近百年的投資研究與實踐中，對價值評估理論的完善做出了卓越的貢獻。儘管公式及其背後的基本理念沒有變，但在如何使用這個公式上面，卻已經發生了重大的改變。下面列出我們認為較為重要的五項內容：

1. 要懂企業

我們已在本書多次指出，連接巴菲特投資思想的主線，或者說其投資殿堂的基石，就是葛拉漢在六十多年前確立的一項基本理念：把股票當作一項生意去投資是最聰明的投資。因此，當巴菲特說「因為我是經營者，所以我成為成功的投資人」這句話時，顯示出他不但深諳老師的這一重要思想，更身體力行地實踐。

一個企業所有者、企業投資人或企業經營者，取得成功的前提是什麼呢？顯然是要懂企業。沒有這個前提，一切都無從談起。

2007年巴菲特到訪中國，在回答中央電視臺記者關於什麼是價值投資精髓的提問時，他這樣說道：「投資的精髓在於，不管你是看企業還是看股票，都要看企業本身，看這個企業未來5～10年的發展，看你對企業的業務了解多少，看管理層是否被你喜歡和信任。如果股票價格合適，你就持有。」我們認為，這段話反映出的正是葛拉漢的投資思想，只是加上了

巴菲特自己的觀點：你要懂企業。

2. 確定性

　　價值評估的公式並不複雜，填入幾個關鍵資料後，誰都可以計算出一個結果來。至於最後的結果究竟是「一鳥在手」值錢還是「二鳥在林」值錢，如果不事先設置一些必要的前提，任何結論恐怕都不免帶有較大的主觀性。正是為了不至於讓計算結果偏離事實太遠，巴菲特很早就為自己提出了「確定性」的要求：「我把確定性看得很重……只要這樣做，關於風險因素的任何想法，對我來說都無關緊要。人們之所以會冒重大風險，是因為沒有事先考慮確定性。」[21]

　　在我們看來，確定性是巴菲特對企業價值評估理論的又一個重要貢獻。以中國上市公司為例，人們在進行價值評估時，儘管理論上都可以使用現金流貼現公式及《伊索寓言》所包含的思想，但就計算結果的整體可信度而言，恐怕不容樂觀，原因在於許多公司乃至大多數的上市公司，在經營和財務的長期前景上都缺少確定性。

　　為了使自己對企業的價值評估具有較高的可信度，巴菲特至少採取了四項措施：一、堅持企業投資思維：此一定位讓巴菲特迴避了隱藏在宏觀分析、市場預測、心理判別以及秤重作業上的所有不確定性；二、有所不為：「如果說我們有什麼能力，那就是我們深知要在自己具有競爭優勢的範圍內，把事情盡量做好，以及清楚可能的極限在哪裡。預測快速變化產業中的公司的經營前景，明顯超出了我們的能力範圍。」[22]

---

[21] 摘自《華倫‧巴菲特說的話》。
[22] 摘自巴菲特在佛羅里達大學的演講。

三、只買「超級明星」：「在波克夏，我們從不妄想從一堆不成氣候的公司中挑出幸運兒，我們自認沒有這種超能力。」（1990年股東信）
四、注重時間而非時機：「我們不知道事情發生的時間，也不會去猜想。我們考慮的是事情會不會發生。」[23]

3. 安全邊際

在進行企業投資價值評估時要留有安全邊際，這一思想同樣源於葛拉漢，關於這一點，相信絕大多數的讀者都比較清楚。巴菲特的貢獻在於修正了對企業內在價值和投資價值進行評估的模式。

葛拉漢看重的是企業的即時資產價值與股市價格之間差距，而巴菲特看重的是企業未來現金流折現值與企業市場價值的差距。

在1992年股東信中，巴菲特談及資本投資上的安全邊際準則：「雖然評估股權投資的數學計算式並不難，但即使是一個經驗老到、聰明過人的分析師，在估計未來息票（coupons）時也很容易出錯。在波克夏，我們試圖以兩種方法解決這個問題：首先，試著堅守在我們自認為了解的產業之上……第二點一樣很重要，我們在買入股票時，堅持價格安全邊際原則。若計算出來的價值只比其價格高一點，我們就不會考慮買進。我們相信葛拉漢十分強調的安全邊際原則，是投資成功的基石所在。」

4. 股東利潤

正如我們在「限制性盈餘」一節中所指出，企業的經營利潤不一定就等於股東利潤。因為對不少企業來說，經營利潤中的部分、甚至全部，

---

[23] 摘自《財富》，1994年10月。

可能只是企業的限制性盈餘,如果人們在傳統的會計核算基礎上,對企業的經營利潤進行簡單而直接的貼現,最後的計算結果可能會像海市蜃樓般的虛幻。

巴菲特的解決辦法是盡量尋找資本密集程度較小的企業。由於這些企業在發展過程中通常對資本支出的要求較低,從而使人們在對這些企業進行價值評估時,可以將企業的經營利潤大致等同於「股東利潤」,將企業的(限制性)資本支出大致等同於其累計折舊,在此基礎上對「股東利潤」進行簡單的折現計算。儘管計算結果會有些粗糙,但在「懂企業」、「確定性」及「安全邊際」的基礎上,這一計算結果與實際情況,不至於發生過大的偏離。

5. 區間性

所謂區間性,指的是企業內在價值不會是一個精確值。這一思想同樣來自葛拉漢:「分析的含義是透過對現有可掌握的事實的認真研究,根據經確認的規律和正確的邏輯做出結論,這是一種科學式方法。但是在證券領域中使用分析方法時,人們遇到了嚴重的障礙,因為歸根究柢,投資不是一門精確的科學。」[24]

在2000年股東信中,巴菲特重申了老師的這一思想:「雖然《伊索寓言》的公式與第三個變數——資金成本,相當簡單易懂,但要弄清楚另外兩個變數(如何確定樹叢裡有鳥兒、牠們何時會出現且數量多少)卻具有一定的困難度。想要精確算出這兩個變數根本不可能,但求出兩者可能的範圍,倒是一個可行的辦法。」

---

24 摘自《證券分析》。

本節要點

1.《伊索寓言》所揭示的價值評估思想，2,600 年來並未發生任何改變。

2. 巴菲特引用《伊索寓言》來揭示價值評估的「公式」，只是為了讓相關思想表達得更加生動。

3. 儘管「思想」和「公式」沒有變，但如何使用這一思想和公式卻在巴菲特這裡發生了重要改變，其中基本的五項改變內容是：企業角度偏好、確定性偏好、安全邊際偏好、股東利潤偏好和價值區間性偏好。

第四部

價值投資，
就是不打超過20個洞

誤讀 30 尺規

主要誤讀：心裡一直想著要向巴菲特學習，行為上卻以短期股價的變化來衡量投資的成敗。

我方觀點：用錯了行為尺規。很多時候，怎樣去評估一件事，比如何去做這件事更加重要。

法國電影《蘇洛》（Zorro）結尾有一幕：修道士為幫助蘇洛逃脫官兵追捕，讓一群小孩分別穿上蘇洛式的黑斗篷，相繼出現在各路官兵的視野中。最後的結局不言而喻，因為士兵用錯了追殺的尺規。

有一個類似的有趣情節，出現在另一部法國電影《大進擊》（La Grande Vadrouille）中：一位騎著摩托車緊追英國飛行員的德國士兵，竟用山路上的分道線作為自己疾馳的指引，由於游擊隊事先動了手腳，他最終「飛」下了山谷。

我們每每在電影院裡看到這些情節時，都會忍俊不禁。可是，一旦人們從旁觀者的位置轉換為當局者，在做自己實際生活中的事情，如投資，卻大多會犯上述電影中的錯誤：因用錯行為尺規而迷失方向。

關於選錯尺規，我們先舉一個證券投資基金的例子。由於絕大多數的投資者在挑選基金時，都希望能找到下一個年度表現最佳的基金產品，從而導致過去數十年來證券市場始終延續著的有關基金的「選美競賽」，最終演變成一場競猜誰是下一檔年度基金的遊戲。不管使用什麼方法，量化指標或質化指標、長期指標或短期指標，目標只有一個：找出明年的勝利者。他們認為，如果能找到每一年的明星基金，自然就能取得最大化的投資回報。

然而，美好的期待代替不了殘酷的現實，過去幾年，我們數次在不同場合，與國際基金評級權威機構的中高層人員聊起過這個話題，儘管他

們都是從業10年以上的專業人士，至今對於如何預測下一年的優勝基金仍一籌莫展。「尋找明年的勝利者」這一尺規，讓基金投資者和基金評級機構都陷入了困境。

選擇基金如此，選擇其他投資工具同樣如此。如果總是使用錯誤的尺規，有可能害投資人失去本該屬於自己的巨額盈利。我們先來看看表4-1中所列的數據。

表4-1　蒙格管理的合夥公司特定年度報酬情況

（單位：%）

年度	1965年	1970年	1972年	1973年	1974年	平均報酬率	年化報酬率
合夥公司	8.4	−0.1	8.3	−31.9	−31.5	24.3	19.24
道瓊指數	14.2	8.7	18.2	−13.1	−23.1	6.4	3.99

注：合夥公司存續期為1962～1975年，平均報酬率指1962～1975年的算術平均報酬，年化報酬率指1961～1975年的幾何平均報酬。
資料來源：《巴菲特的投資組合》與施得普匯資料庫。

資料顯示的是蒙格管理的合夥公司，在幾個特定年度及整個投資期的回報情況。

如果按照投資者追逐年度明星的習慣與偏好，我們之中絕大多數人就會分別在表中所列的1965年、1970年、1972年、1973年和1974年年末，離開蒙格管理的合夥公司，因此，也就不能享受到1961～1975年間高達19.24%的年化報酬率，這一報酬率比市場主要指數每年的平均報酬率高了15個百分點！而我們選擇離開的原因倒是很簡單：蒙格在那六個年度披上了黑斗篷。

深入研究巴菲特長達六十多年的操作實踐，我們深切體會到，**很多時候，以什麼樣的尺規去指導和評價投資，比怎樣投資更重要**。當你希

望自己能像巴菲特一樣去投資,而在實際操作中卻幾乎每天盯著K線圖時,不可能取得最後的成功。

你的所作所為恰恰是巴菲特曾多次描繪的一幅場景:你買了一座原本打算用來經營的農場,但注意力卻每天都在專門從事農場買賣的經紀人那裡。

海格斯壯在《巴菲特的長勝價值》中,也曾就這個問題發表過類似觀點:「你必須願意深入研究你的公司,對於市場上的短期波動,你的情緒必須保持處變不驚,這樣才能成功。若是常常需要來自股票市場的印證,你從本書獲利的可能性必然減少。」

那麼,我們如果能做到像巴菲特等人所做到的那樣,在投資操作中始終去「關注比賽,而不是記分牌」時,是否就有了一個完美的行為尺規?恐怕我們給出的答案還是否定的。由於「畢竟沒有什麼道理要把企業反映盈餘的時間與地球繞行太陽公轉的週期畫上等號」(1983年股東信),所以僅關注「短期比賽」的成績,即企業年度甚至季度的經營狀況,並據此做出決策,我們可能還是不能成功走到最後。正確的做法應當是「以五年為一週期來評斷企業整體的表現。若五年平均利得比美國企業平均來得差時,便要開始注意。」(1983年股東信)

除此之外,對於一些投資人來說,哪怕已經將關注目光從「記分牌」移到了「賽場」,但賽場上所發生的一切仍可能會產生誤導。為避免犯下錯誤,我們希望讀者能牢牢記住葛拉漢在《證券分析》中的一段話:「公司當期收益對普通股市場價位的影響程度,大於長期平均收益。這個事實是普通股價格劇烈波動的主要原因。這些價格往往(雖然並非一定)隨著大環境不同而漲落不定。顯然,根據公司報告利潤的暫時性變化而等幅改變對企業的估計,這一點對於股市而言是極不理性的。一家私營企業在繁榮的光景下,可以輕易賺取不景氣年分兩倍的利潤,而企業所有人絕

不會想到，在計算資本投資價值時，要相應地增加或減少。這正是華爾街的行事方法和普通商業原則之間最重要的分野之一。」

綜合以上情況，股票投資還真不是一件簡單的事，一不小心就會出錯。沒有尺規不行，尺規拿錯了也不行，即使拿對了標尺，如果使用方法不對，依然不行。

我們還是借用巴菲特的一段話來結束本節：「出於某些原因，人們總是透過價格效應而非價值，來確定他們的行為準則。這樣做而導致的結果是，當你開始做一些你並不理解的事，或只是因為上週這件事對其他人有效時，你所依據的準則就無法發揮作用。**世上購買股票最愚蠢的動機是：股價在上升。**」[1]

本節要點

1. 正確的投資行為必須伴有正確的行為尺規。很多時候，如何評估自己的投資業績比投資本身更重要。
2. 想成為一個成功的價值投資人，就應當學會把自己關注的目光從「記分牌」轉移到「賽場」上。
3. 評估一家公司的經營業績，應當以五年為一個評估週期（除非你確認公司的基本情形已經發生變化）。

---

[1] 摘自《華倫‧巴菲特説的話》。

誤讀 31 秤重作業

主要誤讀：長期持有一檔股票的信心，來自於其股價一直沒有被高估。
我方觀點：不斷進行「秤重作業」的投資操作，儘管聽起來很美，實際上卻陷阱重重。

讓我們先假設一個投資案例：如果我們預期某檔市價10元的股票，未來五年的年均複合成長率為15%（即五年後預期市價大約為20元），然而股價在兩年後就迅速升至20元的五年目標價位，是否該賣掉？相信絕大多數的投資人會因為以下兩個原因而選擇賣出：一、如果最初對公司價值的判斷是合理的，那麼兩年後20元的定價便有高估之嫌；二、既然預期收益已經實現，理應獲利了結。

我們再把問題設計得稍微複雜一些：假設你是一位基於企業內在價值進行投資的專業人士，如果你認為某檔持股的每股內在價值約為15元，當它很快被叫賣到20元、25元或更高的價格時，是否也需要盡快脫手？對於這個問題，恐怕大部分散戶都會給出肯定的回答。

我們先把這兩個問題放在一邊，一起來重溫葛拉漢和費雪的兩段重要敘述：「不要試圖從有價證券的交易中，獲取高過其商業價值的超級回報，除非你充分了解其商業價值。」（葛拉漢《智慧型股票投資人》）「沒有任何時間，適宜將最優秀的企業脫手。」（費雪《非常潛力股》）兩段話表達了同樣的觀點：**一般情況下，不要基於估值而賣掉你最信任的公司股票。**

一邊是顯而易見的市場邏輯，一邊是大師們的諄諄教誨，我們到底該如何選擇？老實說，這不是一個能輕鬆做出的結論。既然如此，我們不妨先看看被稱為世界上最偉大投資人的巴菲特，在其六十多年的投資生涯

中所進行過的幾次「秤重作業」，及其最終效果究竟如何：

● 1942年春季，將近12歲那年，巴菲特為姐姐桃樂絲（Doris）和自己分別買入3股被父親看好的股票——城市服務的優先股。不久，由於市場低迷，公司股價由每股38.25美元跌至每股27美元。由於「覺得責任壓力大得可怕」[2]，當股價開始回升時，巴菲特以每股40美元的價格將其售出。然而售出後沒過多久，股價便升至每股202美元。

● 1951年，以總成本10,282美元買入蓋可保險的股票，第二年以15,259美元的價格出售（年報酬率為48.40%）。20年後，其賣出部分的公司股票市值升至130萬美元，也就是說，巴菲特在那20年間的年化報酬率為-24.89%！

● 1966年，以平均大約每股0.31美元的價格買入迪士尼（Disney）的股票。一年後，當公司股票價格升至0.48美元後賣出，年報酬率為54.84%。1995年迪士尼股票升至每股66美元，巴菲特1967年的出售行為使他付出了137倍的機會成本，年化報酬率為-19.22%！

● 1978～1980年間，以平均每股4.3美元的價格賣出手中的大都會公司（首都城市傳播公司／ABC的前身）股票，在1987年又以平均每股17.25美元的價格重新買回，這中間七年的機會成本為每年21.90%。

● 1993年底，以每股大約63美元的價格賣出大約1/3的首都城市傳播公司／ABC股票，並確信「在資本買賣差價上實現的收益將大於以後獲取的企業經營性收益」。然而到了1994年年底，公司與迪士尼合併，合併時每股股票價格折合85.25美元。一來一去，巴菲特第二次賣出的行

---

[2] 摘自《雪球》。

為導致總額2.23億美元的損失，損失率為35.32%。1995年，首都城市股票價格因為與迪士尼合併而繼續上升，使得巴菲特賣出股票的損失率達到41.42%。

認真總結了歷史經驗後，巴菲特在1995年致股東的信中寫道：「這樣的統計結果讓我得到一個教訓：別輕易賣掉一家明顯優秀（identifiably wonderful）之公司的股票。」令人感慨的是，巴菲特的呼籲，距離其兩位老師給出相同忠告，已經分別過去了50年和60年！

至此，有些讀者可能會問：難道巴菲特透過「秤重作業」賣出的股票全是錯誤的嗎？答案當然是否定的，我們甚至可以說，大多數的秤重作業可能都不是錯誤的。只是我們今後在進行自己的秤重作業時，需要注意兩個前提：一是由葛拉漢提出的，要「充分了解」（這並不容易）你手中股票的商業價值；二是由費雪和巴菲特提出的，不要輕易賣出的股票，只限於那些「最優秀的公司」。也就是說，當你持有的是一家──至少你認為是──最優秀的公司的股票，從而具有極高的商業價值時，你最好抓緊它，不要輕易脫手。

即便上述準則背後的道理顯而易見，但實際操作起來遠沒有這麼容易。對公司商業價值的把握可能出現的主觀偏差，將使我們難以始終能正確遵循這一準則，這個問題甚至連巴菲特也難以全然規避。我們就以他在1993年賣出首都城市傳播公司／ABC的股票為例，看看他當時是如何分析：「在支付了35%的資本利得稅後，我們實現了2.97億美元的稅後盈餘。相對地，在我們持有這些股份的八年間，經由這些股份，該公司分配給我們的透視盈餘在扣除估計14%的所得稅之後，只有1.52億美元，換句話說，透過出售這些股份獲取的利益，即便在扣除較高的所得稅負之後，仍比原先透過持股所分配到的盈餘，還要高出許多。」從這段話中我

們可以看出，巴菲特作為二十世紀最傑出的投資人，當時以一個「企業投資人」的心態評估了該股票的商業價值後，做出了他認為是正確的決定，但事態發展證明，他還是錯了。

股市的發展史告訴我們，對一家真正的優秀公司來說，市場給出的價格往往是低估而不是相反。我們就以波克夏為例，想必沒有誰能比巴菲特自己更了解它，如果巴菲特本人對波克夏給出一個價值判斷，應當具有很高的可信度。但事實並非如此。我們來看巴菲特在1983年股東信裡的一段話：「在現有經營階層過去19年的任期內，每股帳面價值由19美元增長到975美元，約以22.6%的年均複合成長率成長。考慮到我們現有的規模，未來可能無法支持這麼高的成長率。不信的人今後只能去當一個普通業務員，無法成為數學家。」而隨後的實際情況是：自1983年起的10年中，波克夏的每股淨值依然實現了24.67%的高速成長，增長速率還高於過去的19年。如果當年有投資者看到董事長的這段評論，並在1984年以一個吸引人的價格賣出波克夏股票，那將錯失10年最高可達12.46倍（年均複合成長率28.7%）的投資回報！

在與朋友的交流中，還有不少人提出以下質疑：如果秤重作業不可為，為何巴菲特買入的股票，大部分的持有時間短於三年？如果對一家優秀上市公司最好採用長期持有的投資策略，為何統計顯示其絕大部分的長期回報，低於波克夏每股淨值成長？

這些問題問得都很好，只是在問題中又出現了新的誤讀。例如，巴菲特在較短時間（就我們的標準來說已經算是長期投資了）賣出股票，大部分並不是基於價格因素；而長期持股的報酬低於波克夏每股淨值的成長則是因為「保險浮存金」的槓桿作用。關於這些問題，我們另有章節討論，這裡不再贅述。

本節要點

1. 就一家優秀上市公司的內在價值而言，市場予以低估的可能性往往大於高估。
2. 對於一家投資人極具信心的上市公司而言，最好的投資策略就是在其價格不是很高時買入並長期持有（不要忘了定期「體檢」）。
3. 對於一家具有「令人垂涎三尺的事業」（引用巴菲特原話）的上市公司而言，頻繁進行秤重作業帶給你的損失可能遠大於收益。

誤讀 32 儲蓄帳戶

主要誤讀：投入少而產出多為最佳「儲蓄帳戶」，投入多而產出也多為次佳「儲蓄帳戶」。

我方觀點：對於缺乏二次投資能力（按：將所獲得的現金再次投入到其他投資中，從而實現複利增長的能力）的業餘投資者而言，上面給出的排位可能要調整一下。

　　巴菲特在2007年致股東的信中詳細說明被他稱為「三類儲蓄帳戶」的投資模式：一、出色的帳戶：產出多而投入少，如時思糖果；二、良好的帳戶：產出多但投入也多，如飛安公司（FlightSafety）；三、糟糕的帳戶：產出少而投入多，如全美航空（US Airways）。

　　很明顯，第一類帳戶是巴菲特最為欣賞的。這很容易理解，畢竟，誰會不喜歡投入少而產出多的生意呢？在我們的印象中，每每提起作為第一類帳戶經典案例的時思糖果，巴菲特的滿意之情便會溢於言表。下面讓我們先看看時思糖果的有關資料，如表4-2所示。

表4-2　時思糖果經營情況簡表

（單位：%）

年度／類別	單年稅前盈餘	單年營業收入	單年資產淨值	截至該年總資本投入	總利潤／總投入
1972年	400	3,000	700	N/A	N/A
1991年	4,240	19,600	2,500	1,800	22.8倍
2007年	8,200	38,300	4,000	3,200	42.2倍

注：總利潤／總投入指截至統計年度，已分配給波克夏公司的稅前利潤總額與同時期資本投入總額的比值。
資料來源：1991年和2007年股東信。

　　從表4-2，我們可以看出：一、不論是營業收入還是稅前利潤，其增速均超過了資產淨值的增速；二、整個統計期內稅前利潤總額，遠遠高於同期資本的投入。吸引我們眼球的是最後一欄中的第二個資料，在1991～2007年間，與作為追加資本投入的未分配利潤相比，已分配的利潤竟然是其42.2倍！這樣的現金牛（Cash Cow），怎能叫人不喜愛？如果再考慮到其與表4-3中第二類儲蓄帳戶的對比資料，恐怕所有人都會像巴菲特一樣不斷讚美時思糖果。

表4-3　兩家公司投入產出情況對照簡表

（單位：億美元）

類別	初始投入	追加投入	稅前盈餘增加額
飛安（1996～2007）	N/A	5.09	1.59
時思糖果（1972～2007）	0.25	0.32	0.78

資料來源：根據巴菲特2007年股東信整理。

基於表4-3中顯示的情況,巴菲特給予飛安公司的評價是:「相對於我們增加投入的資金來說,這個收入帶給我們的報酬還算不錯,但和時思糖果帶給我們的報酬根本沒辦法比較。」

而作為糟糕帳戶案例的全美航空,由於其長期經營情況惡劣,一度導致無法支付優先股息,使得巴菲特調侃地表示:「假如當時有某個富有遠見的資本家在基蒂霍克(Kitty Hawk,萊特兄弟試飛的地方),他應當把奧維爾・萊特(Orville Wright)打下來,幫他的後輩們一個大忙。」(出自2007年股東信)

然而,倘若讓我們換一個角度,從公司商業經營的層面來評價時思糖果,可能會得出不盡相同的結論。表4-4是公司的營業收入與利潤情況的統計。

表4-4　年度百分比變化──時思糖果

(單位:%)

年度	1972~1991年 (年均複合成長率)	1972~2007年 (年均複合成長率)	1991~1991年 (年均複合成長率)
營業收入	10.38	7.55	4.26
稅前盈餘	13.23	9.01	4.21

資料來源:據巴菲特1991年和2007年股東信整理。

可以看到,無論參照怎樣的評估標準,時思糖果的整體經營業績都不算出眾。特別是在截至2007年的前16年,儘管美國資本市場風生水起、牛氣沖天,但公司稅前利潤的年複合成長率僅僅為4.21%,甚至還低於其營業收入的增長。

至此我們可以看出,**巴菲特在評價自己對一項經營性事業的投資績效時,把重點放在投入與產出的比率**,至於這家公司本身的成長水準,他似

乎並沒有給予太多關注。我們認為，這種評估模式並不一定適用於所有投資者。下面我們做一個情景模擬：假設從1972年開始，時思糖果每年平均向巴菲特支付3,857萬美元——過去35年所支付總金額13.5億美元的年平均數——的利潤（由於是全資子公司〔按：母公司完全擁有子公司的股權〕，我們沒有考慮稅收問題），而巴菲特用這筆錢又取得了平均20%的年化報酬率，那麼這些利潤到2007年的投資終值將為1,137億美元！與巴菲特最初的投資相比增長了2,067倍，不考慮時間因素，相當於24.37%的年化報酬率。

儘管這只是一個模擬的計算結果，但從中我們可以看出，在評估時思糖果的真正價值時，一定不能忽略對於公司上繳利潤的再投資收益，因為這正是巴菲特如此推崇時思糖果這類「儲蓄帳戶」的關鍵所在。

討論至此，本節一開始的提要已經有了一個充實的注腳：除非你有一個類似波克夏這樣的經營平臺，或有強大的二次投資能力，否則時思糖果能否成為你自己的「出色的帳戶」，還不能就這樣簡單地給出結論。特別是對於沒有多少投資技能的業餘散戶而言，如果遇上像時思糖果這樣的低成長、高分紅的企業，不一定就是件好事情。

事實上，目前市場上一些擁有「良好帳戶」特徵的公司，也未嘗不是好的投資標的。這類公司多數存在於房地產、銀行、連鎖商業等行業中。儘管它們存在巨大的資本需求，但其盈利能力能夠快速複製、生產和銷售規模可以迅速同步擴大，同時淨資產收益率水準也能維持在一個較高的水準上，投資人對這類企業的每一次追加投入，將會帶來較高且穩定的資本利得。

由於市場上具有「出色帳戶」特徵的企業少之又少，且散戶的整體投資技能還有很大的提升空間，對於期待獲得長期複利回報的投資者來說，這些「良好的帳戶」可能是在現實的情況下一種較為可行的選擇。

> **本節要點**
>
> 1. 被巴菲特評為「出色帳戶」（投入少而產出多）的上市公司，如果公司收益大多用於現金分紅，則對於一個業餘投資者來說，由於其缺乏一定的二次投資能力，這種「出色帳戶」就不一定真的最出色。
> 2. 在資本報酬高於資本成本的前提下，由於「良好帳戶（投入多而產出也多）」也同樣為股東創造了價值，對於缺乏二次投資能力的中小投資者來說，這類上市公司可能是更好、更現實的選擇。

誤讀 33 大眾情人

主要誤讀：巴菲特似乎從不買屬於「大眾情人」的股票。
我方觀點：這要看我們如何定義「大眾情人」。其實就「佳人」的品質而言，巴菲特選中的大多是如假包換的「大眾情人」。

　　記得幾年前的某一天，當時我們正在籌劃為某家證券報編制策略型股票指數，一位報社領導向我們提出了一個他思考了很久的問題：市場上有那麼多的專業機構，每天都在深入研究和挖掘值得投資的股票，你們還能有多大的價值發現空間？對於這個讓他想了很久的問題，我們倒是很快給出了回答：買入和持有的時間不同。

　　這個小片段引出了我們本節要討論的話題：如何定義「大眾情人」？為何透過買入大眾情人也能積累財富？

　　先來看第一個問題。毋庸置疑，一個有著閉月羞花、沉魚落雁之貌的女人一定是人們理想中的大眾情人。接下來的問題是：一、如果她因偶患小疾或偶遇坎坷而一時顯得蓬頭垢面、面帶憔悴，還算不算大眾情人？二、如果她因生活中的一個小小不慎而導致暫時性毀容，還算不算大眾情

人？三、如果僅僅因為人們觀賞的角度不同而被一時看走眼,她還算不算大眾情人？四、如果人們因為另有所忙而暫時失去觀賞美人的興致,她又算不算大眾情人？

我們用上面的比喻道出人們在股市幾乎每天都會面對的問題：當一家品質原本優良的公司,因為遇到了暫時性困難,或只是因為人們看問題的角度不同而被錯誤估值,抑或因為熊市降臨而使人們暫時離開股市,公司的品質會因此而發生根本性的改變嗎？如果你是一位企業價值投資人,答案應很簡單：不會。

在討論巴菲特是否從來不買大眾情人式股票之前,我們先來看一看他已經堅守了數十年的四項投資標準：一、能被我們所了解；二、清晰而良好的經濟前景；三、德才兼備的管理人；四、吸引人的價格。對於第二項和第三項標準,巴菲特都相繼給出過較為明確的定義。每當讀到這四項投資標準時,我們就彷彿見到一位優雅的男士正在深情款款地向人們描述著自己的擇偶標準：純潔、美麗、賢惠、簡樸……那請問,這些是否符合大眾情人的標準？

以下是我們從巴菲特歷年股東信及在不同場合的談話中,挑選出有關他在選擇投資標的時所使用過的關鍵字：特許權、過橋收費、消費獨占、光彩的歷史、美麗的城堡、寬廣的護城河、超級明星、令人垂涎三尺的事業、高資本報酬、高利潤邊界、低財務槓桿、小資本、大商譽、低投入、高產出……如果將這一串讓人眼花撩亂、心癢難耐的品質,放在任何一位「佳人」身上,是否能令她符合大眾情人的標準？

顯然,答案應當不言自明。那麼為何巴菲特會讓許多人覺得他從不買大眾情人式股票？我們認為問題就出在,人們在大眾情人的定義混濁不清、莫衷一是。今天,當我們再次面對巴菲特曾買入和仍持有的股票時,除了那些被巴菲特稱為「看走眼」的,以及一、兩家曾瀕臨死亡、需要起

死回生的公司股票外，我們很難找出不符合大眾情人標準的股票。特別是曾經或仍被巴菲特長期重倉持有的華盛頓郵報、首都城市傳播公司／ABC、蓋可保險、可口可樂、美國運通、吉列刀片、富國銀行等，按照上面給出的定義，它們理應都是如假包換的大眾情人！

再來看第二個問題：既然買入的大多是大眾情人，巴菲特又靠什麼取得高額報酬？我們對此的解讀是：一、在這些股票因各種原因而暫時「失寵」，或儘管沒有失寵，但被市場因各種原因而給出錯誤定價時買入；二、買入後就長期持有，而不是像大多數人一樣：買就是為了能盡快賣。試想一下：即使在市場監管和投資理念較為成熟的美國股市，又有多少人能對自己心儀且曾有過充足信心的股票，動輒就持有10年、20年、30年？而正是這些被巴菲特長期持有的股票，為他創造了一個又一個被人們容易忽略卻又無比神奇的複利神話，使他的財富雪球越滾越大。

按照不少人的看法，大眾情人應當是那些正被大眾追逐和熱捧的股票。像巴菲特這樣聰明的投資人，應盡量避開這些股票，去尋找和挖掘那些已被市場遺棄或還沒被市場發現價值的冷門股。

而我們的看法是，這種觀點儘管立意不錯，卻充滿風險，更不是巴菲特的操作風格。在1970年代以後，巴菲特幾乎從不去碰那些長期相貌普通的股票，更不要說是「容貌醜陋」的。對那些看似不錯、但還未有足夠的資料證明其確為「絕代佳人」的股票，巴菲特也鮮有染指（短期套利除外）。

當然，不可否認的是，在他的早期投資階段，遵循其導師葛拉漢的指引，他也曾買入了不少被市場遺棄的菸蒂股，但正是由於這樣的一段經歷，讓他很快明白了一個道理：「所謂有『轉機』的公司，最後鮮有成功案例。所以與其把時間與精力花在購買廉價的爛公司上，還不如以合理的價格投資一些體質好的企業。」（1979年股東信）

人們也許可以把暫時失寵的股票統稱為冷門股，但為了避免誤導，我們認為需要強調一點：它們至少過去曾經是大眾情人，或至少其身上已經具備能被識別的大眾情人潛質，只是暫時由於某種特殊的原因而被市場冷落或遺棄而已。

　　也就是說，對一個立足於企業內在價值的投資者來說，當我們決定買入一支冷門股票時，必須注意的是，除了價格已被大幅向下修正之外，其品質仍必須是優秀或良好的，至少沒有出現根本性的改變。

　　還有一點需要說明的是，即使我們用一生的時間去挑選市場上各式各樣的大眾情人，其數量能構成「三宮六院七十二妃」就很足夠了（巴菲特一生曾經買過的股票不過也就數十支，同時持有的重倉股更從未超過八支），千萬不要因為太過花心或為了所謂的「分散風險」，再弄出個「粉黛三千」。那樣的話，不僅你的選擇標準會大幅降低，而且當你擁有如此多佳人時，你將「永遠不清楚她們每一個人都正在幹什麼」（源自巴菲特原話）。

本節要點

1. 巴菲特從不買大眾情人式股票的觀點，只在價格層面有可能成立，在品質層面恐怕無法成立。

2. 投資取得成功，不僅在於你是否買入了大眾情人，還在於你是否能與其「長相廝守」，如果是「一夜情」式的擁有，即使是絕代佳人，你最終也不會賺到大錢。

3. 投資不可太過花心、擁有過多情人，這樣做即使沒有加大你的投資風險，也會拉低你的投資回報。

誤讀 34 低級錯誤

主要誤讀：巴菲特的精髓是價值投資，而不是長期投資，這是一個簡單的概念。
我方觀點：這個簡單的概念其實一點也不簡單。在我們看來：巴菲特的精髓既是價值投資，同時也是長期投資。

許多年來，在股票市場上，有些投資者對任何所謂長期的東西，更容易表現出一種疑惑、抵制甚至嘲諷的情緒與心態。「炒股」而不是投資股票、「股民」而不是股東、「高拋低吸」、「獲利了結」而不是買入持有，一直是一些散戶的投資理念。

儘管事出有因，儘管無可厚非，但這並不意味著被我們受情緒影響而提出的觀點，就一定都是準確、符合實際股市的。

大約20年前，當我們在介紹與推廣以巴菲特為代表人的企業內在價值投資理念時，當時的市場給我們的回饋是，誰提巴菲特，誰就是笨蛋、天真、幼稚的代表與化身。那幾年，令我們印象深刻且至今記憶猶新的是，在美國被譽為最偉大的投資者的巴菲特，在中國股市卻幾乎如同過街老鼠，人人喊打。把巴菲特視為一個長期投資者真的是犯了一個低級錯誤嗎？或者說價值投資不等於長期投資，真的只是一個簡單概念嗎？我們恐怕難以認同。不過，既然這不是一個簡單問題，我們也不指望能夠透過簡短的討論就完全說服他人。但我們還願意做出嘗試，就只當是真理能越辯越明吧。

讀過巴菲特歷年致股東的信的人都應當清楚，巴菲特曾不止一次表明自己是一個長期投資人，波克夏也始終奉行著長期持股策略。例如，巴菲特在多次談到旗下保險公司的「五種投資對象」時，對第一個對象的表述就是「長期股票投資」（1988年股東信）。然而，儘管我們的耳朵和眼

睛都已經塞滿了巴菲特有關長期投資的表述，還是有不少人懷疑其真實性，擔心巴菲特是否會言行不一、說一套做一套。應該說，這種懷疑也不是完全沒有道理。畢竟，只是幾句關於長期投資、甚至永久持有的表白，並不足以作為一項研究結論的證明。

事實上，在對巴菲特做了持續、深入的觀察與研究後，我們發現在巴菲特反反覆覆表明自己是一名長期投資人的背後，其實有著一系列不同於市場主流的投資理念作為支撐。這些理念讓我們相信：在談到長期投資時，巴菲特不可能只是說說而已，更不可能是說一套做一套，因為這些「幕前」的表白與「幕後」的理念表現出高度的一致，如果言行不一，不僅無此必要，也不合邏輯。下面，我們就一起從這些基本理念中去透視，巴菲特的價值投資是否真的不等於長期投資。

基本理念之一：選股如選妻

巴菲特在1986年波克夏年會上曾說：「確定公司收購的標準如同選擇妻子。你必須確定她具有你要求的品質，然後突然有一天你遇到中意的人，你就娶她為妻。」由於巴菲特不止一次表示，投資可交易股票的標準與投資一家私人企業完全相同，我們因此認為可以將這句話的涵蓋範圍，延展至股票投資。那麼，當我們像對待志在白頭偕老的妻子一樣，去對待每一支買入的股票時，我們怎麼可能不進行長期投資？

基本理念之二：把股票當作你所投資的生意的一小部分

這個理念源於其導師與朋友葛拉漢。要評估它在巴菲特投資體系中的重要性，我們的觀點與《巴菲特原則》（*Buffettology*）一書的作者瑪麗・巴菲特（Mary Buffett）完全相同：「如果要找一個華倫奉為圭臬的信條，同時讓他獲得今天的成功地位的主要原因，就是這個概念。他的整

個投資架構就是建立在這個信念基礎之上。」那麼,一名「企業」投資人,又如何不是一名「長期」投資人?

基本理念之三:市場短期是投票機,長期是體重計

巴菲特早在1969年致合夥人的信中,就曾闡述過一個後來被他多次提起的觀點:「葛拉漢說過:短期看,股票市場是投票機;長期看,股票市場是體重計。我一直認為,由基本原理決定的重量容易測出,由心理因素決定的投票很難評估。」試想,在這種理念指導下的股票投資,又怎能不是長期投資?

基本理念之四:市場是一個分流器

在談到波克夏為何堅守長期投資時,巴菲特在1991年股東信中有過這樣一番表述:「我們一直持有的行為說明了,我們認為市場是一個變化位置的中心,錢在這裡從活躍的投資者流向有耐心的投資者。」

什麼才叫做有耐心的投資者?我們寧願解讀為一個信奉長期持有策略的企業投資人,而不是一個偏好在持續的「秤重作業」中,動輒就獲利了結的股票交易者。

基本理念之五:荒島挑戰

在1969年葛拉漢弟子們的第二次聚會上,巴菲特提出了荒島挑戰理論:「如果你被迫擱淺滯留在一個荒島上10年,你會投資什麼股票?」[3] 答案自然不言自明:有著強大特許經營權的企業。那麼,荒島挑戰理論究

---

3 摘自《雪球》。

竟要告訴我們什麼？難道只是讓我們思考該買哪檔股票嗎？難道當我們買入這支符合荒島挑戰的股票，而又不需要真的滯留荒島時，我們就需要將精挑細選的股票擇機賣出嗎？

基本理念之六：股市關閉論

這是一個我們早已耳熟能詳的觀點，與荒島挑戰理論表達的是同一個意思。想想看，如果巴菲特說的是長期投資，做的卻是另外一套的話，他會不止一次提到這個驚世駭俗的股市關閉理論嗎？他有必要這樣一次次地騙人又騙己嗎？

最後，我們還想提醒投資人，不要被巴菲特曾經做過、看似規模頗大的短期投資所迷惑。巴菲特歷來都是將其投資部位分成主要投資部位（重倉持有）和非主要投資部位，我們應當重點關注的顯然是其主要投資部位。表4-5是截至2008年年底其大部分「主要投資部位」股票的持有時間（以所跨年度計）。

表4-5　巴菲特重點投資股票的持倉時間

（單位：年）

穆迪	通用食品	聯合出版	奧美國際	Handy & Harman	聯眾集團	聯邦住屋
6	6	7	7	8	8	11
美國運通	首都城市／ABC	吉列（寶潔）	富國銀行	可口可樂	蓋可保險	華盛頓郵報
15	18	18	19	21	32	36

> **本節要點**
>
> 1. 針對巴菲特投資體系精髓的解讀，關於巴菲特是價值投資，而價值投資不等於長期投資的觀點具有較大的誤導性。
> 2. 在我們看來，企業內在價值投資與長期投資是一枚硬幣的兩面，不能簡單地分割。
> 3. 波克夏持有的股票一直分為「主要投資部位」和「非主要投資部位」，我們判別其行為特質時，顯然應當關注其主要投資部位，而不是非主要投資部位。

誤讀 35 定期體檢

主要誤讀：長期持有＝箱底股票。
我方觀點：企業就像人的身體一樣，要定期體檢。由於企業的生存環境更加惡劣，定期體檢就顯得更加重要，更加不可缺少。

在日常生活中，我們都知道這個常識：在一定條件下，酒越陳越香，古董字畫越久越貴。這類生活中的常識經常會被一些人不假思索地引申到其他領域，如股票投資。

或許是市場上有不少關於靠「箱底股票」發大財的傳奇故事，也或許是當我們回顧歷史時，確實發現有那麼幾檔股票如果一直拿著不放，在短短的數年或十幾年間，就會締造出驚人的財富神話。這些事例使得不少人就此衍生出一個看法：長期投資就是把自己心儀的股票放入箱底，然後耐心等待一個新的財富奇蹟。

說到這裡，可能有些讀者會質疑，長期持有不正是巴菲特投資要義之一嗎？讓我們暫時擱置這個問題，先做一個小調查：倘若你隨便問幾個

身邊的朋友或同事，我們相信其中一定有人會向你列舉出「血淋淋」的事實，證明「箱底股票」的荒誕與長期投資的悲慘。當然，他們之中有些人是主動長期持有，有些則是被迫把股票「砸」在手裡，還有一些是因為工作繁忙而自動讓手中股票處於「睡眠」狀態。原因雖各有不同，卻有著一個共同之處：沒有對手中股票的身體狀況做「定期體檢」。不過，這些朋友的悲慘歷史可能還不只是出在沒有定期體檢上。如果我們想喝上好的陳酒，就應當儲藏茅台而不是二鍋頭（按：茅台適合長期陳放，而二鍋頭不適合久藏）；如果我們想透過長期收藏去提升一件古董的商業價值，好歹該找到一件真品。如果收藏的只是一件贗品，就算放上100年，恐怕也沒什麼太大的收藏價值。

　　因此，問題不僅在於是否長期持有，還在於成功的長期持有需要滿足一些特定的條件。簡而言之，長期持有的股票一定不能平庸，甚至品質不佳。同時，即便我們買入的都是一些簡單易懂、品質優良、管理優秀且價格合理的上市公司股票，也需要定期體檢。其中道理並不複雜：如果一個健康的人需要做定期體檢的話，一個健康的企業也同樣如此，再考慮到今日企業生存的環境，比一個人生長的環境還要來的複雜多變，情況就更加如此。

　　進一步講，即便在美國那樣相對成熟的市場，即便是巴菲特這樣的投資大師，也需要對買入的每一檔股票進行定期體檢。那麼，我們所說的定期體檢包括哪些內容？

　　葛拉漢在《智慧型股票投資人》中曾指出：「智慧型投資人以另外一種完全不同的形式取得成功：買入股票後，就應以企業經營者的方式行事。」這裡說的是，當投資者買入股票後，他主要關注的應是企業的基本情況有否改變，而不是其價格變化。巴菲特在1996年股東信中也同樣指出：「成功投資上市公司與成功收購子公司，並沒有太大的區別，都是希

望能夠以合理的價格取得擁有絕佳競爭優勢與德才兼備經理人的企業。因此，大家真正應該關心的是這些特質是否有任何改變。」這段話幾乎是葛拉漢觀點的翻版，只是巴菲特進一步道出了企業「基本故事」的特定含義。綜上，所謂**定期體檢就是要求長線投資者在買入自己心儀的股票後，對企業的「基本故事」或其特質是否出現根本性改變，所進行的持續跟蹤與觀察**。如果沒有，應當繼續持有；否則，則應考慮盡快將其脫手。這裡需要再次強調：體檢的重心是企業經營層面的基本情況，而不是市場層面的股票價格變化。

什麼才是一家企業的特質或「基本故事」？根據我們的整理，大致包括以下五項內容：

1. 商業模式

如果我們買入的原本是一家消費獨占、產業壟斷或屬於產業領導品牌的企業，就要定期觀察這一商業模式有否隨著經營環境的改變而發生變化。如企業的「市場特權」是否已經在競爭中被削弱、原本具有的品牌地位與商譽是否因競爭的殘酷而受到威脅、經濟前景是否在產業環境的不斷變化中開始顯得混濁不清等。

2. 護城河

如果美麗的城堡還在，城堡下的護城河還是那樣深、那樣寬嗎？護城河裡是否仍然爬滿了令潛在進入者畏懼的鱷魚？在激烈的產業競爭環境中，企業是否需要不斷地去重新加寬自己的護城河，或不斷地去重新挖掘新的護城河？將這些比喻轉換成商業語言就是：企業賴以生存與發展的核心能力與競爭優勢，還是像以前那樣明顯和牢固嗎？

3. 管理團隊

在做出買入決策時，考察過的誠實、理性、忠誠、領導力等特質還在嗎？他們是否還在為股東繼續創造令人滿意的資本報酬？他們還是一如既往地將精力傾注在企業的長期持續發展，而不僅僅是短期成果嗎？他們的資金配置能力有無明顯變弱？在變化不定的產業環境中，他們是否曾經或已經失去方向？

4. 財務指標

無論是考察企業的商業模式、護城河還是管理團隊，我們都可以透過基本的財務指標做進一步的透視。例如，透過企業的損益平衡點、資本支出與現金流量去考察其商業模式和護城河；透過企業的利潤成長、成本控制和資本報酬來檢驗管理團隊等。不過需要注意的是，著眼點不應僅是某一年度的數據，而應當以「每五年為一週期」（巴菲特原話）去考察。

5. 股票價格

儘管股票價格不是我們進行定期體檢的重心，但對於那些「非主要投資部位」的股票，對其價格的考察可能就不可或缺。此外，當市場因極度亢奮，而對我們持有的股票給出明顯或超常的泡沫性價格時（這當然不是容易判定的事情），比較進取的投資者也可以藉由價格考察，做出適度減倉的安排。

最後需要注意的是：儘管沒有任何一檔股票可以享有「免檢」特權，但如果剛買入某檔股票，便覺得心裡不踏實而需要不斷對其體檢的話，我們的第一步可能就錯了。這可就不是單純定期體檢能解決的問題了。

> **本節要點**
>
> 1.「長期持有」與「定期體檢」同樣是一枚硬幣的兩面，不可分離。
> 2. 沒有任何一檔股票可以不經定期體檢而長期持有。
> 3. 定期體檢的主要項目包括但不限於：商業模式、護城河、管理團隊、財務指標和股票價格。

誤讀 36 高拋低吸

主要誤讀：巴菲特會在牛市結束前拋掉絕大部分股票，而在熊市到來後再加大股票倉位。
我方觀點：有些言過其實。從邏輯和實證兩個層面來看，都無法支持上述觀點。

在討論這個話題之前，我們認為有必要先把巴菲特作為一個職業投資人的生涯劃分為以下幾個不同階段。

準備期（1951至1956年）：1951年春天，從哥倫比亞大學畢業後不久，巴菲特回到其家鄉奧馬哈市，經過短暫的兵役後，於當年夏天成為一名職業股票經紀人；1954年終於得到老師的聘任到紐約的葛拉漢—紐曼公司（Graham–Newman Corp.）工作；1956年返回家鄉，組建了屬於自己的有限合夥人公司，開始了將為之奮鬥一生的事業——職業投資人與公司控股人。

早期（1956年至1970年代中期）：從1956年組建自己的第一家合夥人公司，直到1969年解散合夥人公司，再到1970年代開始經營波克夏紡織公司，巴菲特在股票投資與私人企業收購中主要遵循的是老師葛拉漢的「撿菸蒂」策略。這一策略的主要特徵是價值型選股及價值回歸後的獲利了結。在這個時期中雖然已出現了一些「叛逆性」投資，但這並沒有構

成其投資的主流。

中期（1970年代中期至1990年代中後期）：在這二十多年裡，儘管巴菲特繼續活躍在股票投資與私人企業收購兩條線上，但其資產構成還是以股票為主。在投資策略方面，在蒙格與費雪等人的影響下，特別是在投資美國運通與時思糖果的成功，以及投資波克夏等菸蒂型公司的失敗後，巴菲特逐漸脫離了「撿菸蒂」而轉為對「超級明星」企業的長期持有。巴菲特一生當中的許多經典投資案例都發生在這一時期。

後期（1990年代中後期以後）：由於股票價格持續居高，從1990年代中後期開始，巴菲特的事業重心開始向私人企業收購以及經營上偏移。這一段時期出現了數次對他之前從不染指的公用事業的巨額收購，如幾年前收購中美能源公司（MidAmerican Energy Company）和近期收購鐵路公司（按：指BNSF〔伯靈頓北聖塔菲鐵路〕），涉及的資金規模動輒數十億，甚至數百億美元。

鑑於以上不同投資階段的劃分，當我們在考察巴菲特的投資策略是否表現為牛市結束前的「高拋」與熊市到來後的「低吸」時，考察重點應集中在1970年代中期至1990年代中後期這一階段。這一時期的美國股市，也恰好經歷了幾番牛熊更替的轉變過程。

另外，在討論之前，我們想先與讀者一起簡單溫習一下支撐巴菲特投資體系的兩塊基石和一項禁忌。這兩塊基石分別是：

1. 把股票當作一項生意去投資，是最聰明的投資。這一基本思想要求投資者在買入股票後要像一個企業所有人和經營者一樣去思考問題。這樣，投資者就會首先將手中的股票看作企業的權益憑證，而不是市場的交易憑證，在以後的投資操作上，也會表現得更像一個企業投資人，而不是簡單的股票交易者。

2. 正確對待股票價格的波動。這一思想的要點包括：首先，你必須比「市場先生」更懂得你已持有或計畫買入的股票的價值，否則就不要參與這場遊戲；其次，「市場先生」會透過價格的反覆波動，來持續演繹它在股票估值上不斷犯錯與糾錯的過程，智慧型股票投資人對此要有非常清晰的理解；最後，不要純粹因為價格上升，而輕易把手中最好的公司股票脫手。

而所謂「禁忌」，就是從不根據市場預測去買賣股票。儘管巴菲特會根據自己信奉的估值理論，對市場股票價格的高與低給出自己的判斷，但他從不會對股價的短期走勢做出預測，也不會根據這種預測而買賣。因此，我們認為「巴菲特會選擇在熊市到來前拋掉股票」的說法，要不只是巧合（巴菲特確實有根據估值而賣掉部分股票的行為），要不根本就無從談起（他在熊市加倉倒是一項事實）。

對巴菲特基本投資哲學的短暫溫習是想說明，如果巴菲特在投資實踐中真的表現出一種不斷高拋低吸的操作偏好或習慣，那麼，它要麼在邏輯上不能自圓其說，要麼就是巴菲特說一套做一套。事實究竟如何？我們來看一下右頁表4-6。

從表4-6中我們不難看出，即使考慮到每年源源不斷的保險浮存金的加入，我們仍難以得出巴菲特在牛市到來前「高拋」，在熊市到來後「低吸」的結論。在所記錄的20年中，除1984年、1985年和1993年外，其他17個年度的股票市值成長，均高於同期標普500，其股票倉位無論是在熊市轉牛市時，還是在持續的牛市中都表現為穩定、穩定成長或大幅度成長三種態勢，沒有發現明顯的減倉行為。因此，關於巴菲特會在牛市結束前大幅減倉，並在熊市到來後大幅加倉的觀點，即使不能說完全脫離事實，但至少能說是極不準確。

表4-6 年度百分比變化──波克夏所持股票市值（1978～1997年）

年度	股票總市值（億美元）	市值成長（%）	標普500成長（%）
1978年	2.21	22.10	6.4
1979年	3.35	51.58	18.2
1980年	5.30	58.21	32.3
1981年	6.39	20.57	−5.0
1982年	9.45	47.89	21.4
1983年	12.79	35.34	22.4
1984年	12.69	−0.78	6.1
1985年	11.98	−5.59	31.6
1986年	18.74	56.43	18.6
1987年	21.15	12.86	5.1
1988年	30.54	44.39	16.6
1989年	51.88	69.87	31.7
1990年	54.08	4.24	−3.1
1991年	90.24	66.86	30.5
1992年	114.42	26.79	7.6
1993年	112.69	−1.51	10.1
1994年	139.73	23.99	1.3
1995年	197.63	41.43	37.6
1996年	244.53	23.73	23.0
1997年	362.48	48.23	33.4

注：1. 資料來自公司年報等綜合資料。
　　2. 1985年股票市值下滑相對市場較多，是因為當年菲利普·莫里斯（Philip Morris Companies）收購通用食品股票。
　　3. 由於從1990年代中後期開始公司投資重點轉向私人股權收購，因此本表僅統計到1997年（1998～2000年的股票倉位分別是：327億美元、370億美元和376億美元）。

> **本節要點**
>
> 1. 無論從投資理念、操作策略，抑或實證研究的角度，都不支持關於巴菲特在市場的牛熊轉換中，會進行高拋低吸操作的觀點。
> 2. 實證研究顯示：巴菲特確實會在熊市中大幅加倉（如其在1970年代中後期的操作），但在牛市中或下一個熊市到來之前會減倉操作的做法，就其主要投資部位而言，並不符合事實。
> 3. 巴菲特的投資策略本身就是一種可以穿越牛熊更替的方法，儘管不時會有一些基於估值下的倉位調整，但整體來說，其投資特質一直表現為對重倉股票的長期持有。

誤讀 37 溝槽裡的豬

主要誤讀：巴菲特能夠堅持長期投資是因為有源源不斷的資金流入，不需要「挑肥揀瘦」與「喜新厭舊」。

我方觀點：儘管上述判斷有一定的合理性，但這種因果關係的建立還是有些過於簡單。

所謂「溝槽裡的豬」，指空間有限，一頭新豬入槽時，必須將已在槽內的另外一頭豬趕走。當把這個比喻延伸至股票投資時，就引出了我們要討論的話題：巴菲特能夠堅持長期投資，是否源於他總有源源不斷的資金流入，因而在買入新股票時不需要把舊的股票拋出？而對於我們這些普通投資人來說，因為投資股票的資金有限，在遇到更好的選擇時，恐怕必須得玩「溝槽裡的豬」這個遊戲？

應當說，這是一個具有普遍性、同時也有一定難度的問題。首先，在一般投資者和巴菲特之間，確實存在巨大的資金規模上的差異（越到波克夏經營後期越是如此），而後者在是否需要經常更換「溝槽裡的豬」這個問題上，也確實比前者具有更大的選擇餘地與調整空間。其次，巴菲特也

確實曾在公開場合表示過：他的投資前期因為「主意比錢多」，因此需要經常審視投資組合，以便能隨時調入更優秀的股票。而後期由於「錢比主意多」，審視的頻率就沒有以前那麼高了。再者，即使僅在我們身邊的朋友圈內，就有不少人有定時清理「溝槽裡的豬」的偏好與習慣，而這樣做的邏輯在他們看來幾乎不容置疑。

最後，巴菲特對某些股票數十年的堅守，其背後的原因究竟是什麼，更不是一個容易說清楚的問題。

儘管如此，考慮到這個問題的典型性和重要性，我們還是願意做出努力，力圖在有限的篇幅內能把我們的觀點說清楚。首先，從邏輯的角度來講，我們認為在投資人提出這個問題的背後，恐怕至少存在兩個邏輯上的不足：

1. 如果把巴菲特堅持長期投資的原因簡單地歸結為有源源不斷的資金流入的話，那麼即使在他與蒙格「每年只需要有一個好主意」（巴菲特原話）的極端情況下，從1965年延續至今，波克夏公長期投資的股票數目也應在40檔以上。假設其中有20%的誤判，且在將這些股票售出後不再有新的買入，數目也會在30檔以上。我們再將巴菲特所說的「前期」與「後期」問題考慮進來，並剔除一些價值高估的年分，數目也應在20檔左右。然而，實際數目則大大低於這個水準。

2. 如果僅僅是「有錢」造就了長期投資，那麼波克夏的投資組合就應當表現為「後期」的股票數目多於「前期」。然而，在波克夏過去數十年的持股紀錄中，我們沒有發現這樣的規律。

如果我們的上述觀點本身沒有衍生出新的邏輯偏差的話，那麼很顯然，在巴菲特數十年的投資生涯裡，選擇並堅守長期投資的背後必定另有

原因。儘管我們不能完全否認其中資金規模的效應，但它至少不應是主要原因。背後的原因是什麼？我們的看法是，至少包括以下三個：

1. 源於巴菲特投資體系的核心理念──將股票投資看作企業投資（businesslike）：我們認為這是把巴菲特與市場上絕大多數投資人區分開來，最為有效的標準之一。同時，當我們試圖去尋找為何巴菲特的許多投資行為，與市場的主流理念及行動不僅相差甚遠，甚至在許多方面幾乎是南轅北轍時，它也是一個最佳或最有效的答案。如果投資者們能對巴菲特的「企業投資觀」有較為全面且深入的了解，就一定不會得出資金規模決定投資策略的結論。

2. 源於「發現的艱難」：這裡再談談巴菲特在選擇股票時的「四隻腳」標準。 第一是我們所了解的企業，按照巴菲特的解釋，僅僅這項標準就「剔除了90%的企業」。第二是偉大的生意，或說是「令人垂涎三尺的事業」，而即使在美國股市，這樣的企業即使不是鳳毛麟角，也是少之又少。第三是德才兼備的管理人，多少了解美國企業情況的讀者可能都清楚，如何實施有效的公司治理，至今仍是一個沒能有效解決的問題。在這樣的大環境下，找到完全符合巴菲特標準的經理人，絕不是一件容易的事情。 第四是吸引人的價格，這一條標準放在1970年代沒有什麼問題，而如果放在從1980年代牛市開始後的20年內，在等待「價格誘人」的股票上的寂寞與煎熬，恐怕只有巴菲特自己最清楚。

3. 源於一個並不複雜的數學常識：假設「偉大的生意和卓越的領導人」帶給我們的回報為100分；「良好的生意和優秀的領導人」帶來80分；「尚可的生意和還算滿意的領導人」帶來60分；「一般的生意加不盡如人意的管理人」帶來40分。當我們實施集中和長期投資策略時，就會有這樣一個算式：$100\times4+80\times4=720$分，平均分數（每檔股票的平均

回報）為90分。當我們從不喜新厭舊，一旦有錢就買更多的股票時，我們的等式就有可能變成：100×4+80×4+60×8+40×16=1,840分，平均分數就變成了57.5分。正如巴菲特經常說的，分散投資不僅沒有降低風險，還拉低了你的投資回報。

綜上所述，巴菲特之所以選擇並幾十年如一日地堅守集中持股和長期投資的策略，背後有著許多更為深層的原因。也許源源不斷流入的巨額資金，確實提高了巴菲特在挑選投資對象時的「豪邁」與「瀟灑」，但這肯定不是構築其投資理念與操作策略的基本要素。另一方面，當我們把目光轉向那些已被賣出的股票時，問題也許會變得更加清晰。

根據我們的觀察，巴菲特選擇賣出的標準可分成四項：

1. 對企業的「基本故事」評斷有誤：應該說，這是巴菲特選擇將某些股票在較短時間內賣出的一個主要原因。有不少散戶喜歡按自己的習慣，將其解讀為獲利了結，我們認為這與事實不符。在被巴菲特短期賣出的股票中，確實也有一小部分是「獲利了結」的，但它們原本就屬於「套利」型買入，從一開始就沒有打算長期持有。

2. 企業的「基本故事」發生了改變：我們可以把它看作「判斷有誤」的一個延伸。即使像巴菲特這樣的大師，恐怕也難以掌控所有買入企業的長期發展趨勢。在殘酷的競爭下，一定會有一些原本優秀的企業或逐漸或迅速地出現一些改變。此時，將其售出就是自然的結果。

3. 股票價格被過分高估：這一項售出標準在巴菲特的投資生涯中顯得有些撲朔迷離，因為巴菲特在多次提到這一項出售標準的同時，又常常告誡投資者，因股價上升而選擇賣出是件愚蠢的行為。但在這些警語的背後，我們也發現了一些巴菲特因價格「過高」而賣出的操作，這些被賣出

的股票中，甚至包括被其稱為「永恆持有」的股票，雖然大部分的操作最終令他懊惱不已。

4. 發現了更好的投資對象：這一條最貼近我們本節的話題。下面摘錄巴菲特在2008年股東信中的一段敘述，來看看在其資金最為充裕的年度中，巴菲特如何「瀟灑」地買入其他被他看好的股票：「去年我們購買了由箭牌（Wrigley）、高盛、通用電氣發行的共145億美元的債券，我們非常喜歡這些投資，因為它們有較高的現實收益率，因此非常令我們滿意。但這三項購買中，我們都附帶了數額較大的股權參與（equity participation），以作為我們此次購買的『獎金』。為了獲得上述投資所需要的資金，我們不得不賣出一些原本想繼續持有的股票（主要是嬌生〔Johnson & Johnson〕、寶潔〔P&G〕、康菲〔ConocoPhillips〕）。」

本節要點

1. 源源不斷的資金流入，並不是巴菲特堅持長期投資的基本原因。
2. 任何一項投資策略都應是投資理念指導下的必然結果，與資金規模沒有太大的關係。
3. 巴菲特堅持長期投資是源於企業投資「發現的艱難」，以及一個並不複雜的數學邏輯。

誤讀 38 划船

主要誤讀：如果將買股票視同為買企業，那麼，買企業就是買管理。
我方觀點：在判斷「船」與「船長」哪一個更重要時，我們需要深入了解或反覆重溫巴菲特的「划船」理論。

還記得巴菲特提出的荒島挑戰嗎？如果現在讓我們來挑選可以通過荒島挑戰的股票，該從何處下手？我們相信，那些認為「買企業就是買管理」的投資者，自然會把目光聚焦在企業的CEO或管理團隊身上；而那些受過巴菲特思想薰陶的投資者，則會首先關注企業本身。哪種方法更好？我們先來看表4-7、表4-8和表4-9。

表4-7　加權股東權益報酬率（2001～2008年）

（單位：%）

年度	2001年	2002年	2003年	2004年	2005年	2006年	2007年	2008年
青島海爾	13.09	7.74	6.90	6.65	4.20	5.45	10.29	11.07
格力電器	15.60	16.74	16.86	18.34	20.04	21.97	31.94	32.13
雲南白藥	18.07	20.18	19.61	27.27	30.91	29.32	28.18	29.40
貴州茅台	26.79	13.86	18.65	21.53	23.99	27.67	39.30	39.01

＊按：青島海爾現已更名為海爾智家。

表4-8　淨利率（2001～2008年）

（單位：%）

年度	2001年	2002年	2003年	2004年	2005年	2006年	2007年	2008年
青島海爾	5.40	3.44	3.16	2.41	1.45	1.60	2.18	2.53
格力電器	4.14	4.22	3.36	3.04	2.79	2.64	3.34	4.68
雲南白藥	8.35	8.51	8.46	9.35	9.41	8.64	7.75	8.13
貴州茅台	20.29	20.54	24.44	27.26	28.46	30.72	39.11	46.10

表4-9 資產負債率（2001～2008年）

（單位：%）

年度	2001年	2002年	2003年	2004年	2005年	2006年	2007年	2008年
青島海爾	23.27	25.73	20.84	13.09	10.67	25.32	36.93	38.44
格力電器	74.63	73.93	75.53	80.28	77.84	81.37	77.06	74.91
雲南白藥	43.85	42.95	38.01	41.74	44.16	47.68	50.23	35.46
貴州茅台	26.73	26.85	29.99	33.84	35.93	36.15	20.16	26.98

　　表中的這四家上市公司，哪家公司的管理曾讓我們感動至深並記憶猶新？從國際影響力來看，恐怕非青島海爾莫屬，它的管理方法已經作為經典案例進入美國兩家最著名的商業學府；從企業的國際化程度看，仍是青島海爾，其商業觸角已經遍及全球幾乎每一個角落，並在短短的二十多年內，從「青島的海爾」變成了「世界的海爾」。但是，作為一個應對荒島挑戰的投資人，當你耐心看完表4-7至表4-9中的所有資料，我們相信你的首選、次選乃至再次選，都不會是青島海爾。

　　如果不考慮股票價格因素，你的首選可能也不會是格力電器。儘管在競爭慘烈的家電市場中，其權益報酬率表現出了難得的高水平和同樣難得的穩定（這也反映了公司管理團隊的優秀），但考慮到它較低且波動幅度較大的淨利率水準，以及長期較高的「負債」水準（主要是無息負債），保守的投資者可能還是會有些不太放心。

　　接下來的答案已變得簡單而明瞭，只要價格合適，投資者的首選和次選應當是最後兩檔股票：雲南白藥和貴州茅台。而當我們最終真的選了這兩檔股票時，我們其實已經修正了關於「買企業就是買管理」的固有思維，並接受了企業第一、管理第二的觀點。

雲南白藥和貴州茅台的企業管理水準在中國也當屬優秀之列，這點毋庸置疑。只是當我們把它們作為應對荒島挑戰的首選和次選目標時，主要看中的應該不是其管理層，而是它難以撼動的「市場特許」地位：一、被人需要；二、不可替代；三、定價權（三條標準均取自巴菲特）。而正是由於其在數十年乃至更長時間裡積累下來的這種市場特許地位，再輔助以出色的管理，才能實現上表中的財務結果：低負債水準下的持續高資本報酬率。

　　我們之所以列舉幾間中國上市公司的案例，是想引出本節要討論的主題：巴菲特的「划船」理論。

　　巴菲特在1989年股東信中首次提出了划船理論：「從個人的經驗與觀察得到一個結論，那就是一項優異的紀錄背後（從投資報酬率的角度來衡量），你划的是一條怎樣的船，更勝於你怎樣去划這條船（雖然一家公司的好或壞、努力與才能也很重要）。幾年前我曾說，當一名以管理為名的專家遇到一家不具前景的公司時，通常是後者戰勝前者。如今我的看法一點也沒變。當你遇到一艘總是會漏水的破船時，與其不斷白費力氣地去修補漏洞，還不如把精力放在如何換艘好船上。」

　　我們認為，划船理論揭示的不僅是美國資本市場中的規律，這一理論也同樣適用於他國資本市場。以我們剛才列舉的幾家上市公司為例，在青島海爾和其創始人張瑞敏身上所表現出的強大的企業和領導人的力量，並沒有在其長期的財務效果上有與之對應的表現。而那些有著強大市場特許地位的公司，當企業與領導人付出相同乃至稍顯輕鬆的努力時，人們很快就會在其財務資料上看見燦爛的果實。

　　同樣的付出卻沒有得到相同的回報，原因顯然不在「船長」身上，而在於「船體」，以及這艘船所處的環境。我們以波克夏為例，從1962年開始買入這家公司的股票，到1965年入主公司的管理，再到1969年後的全

身心投入，巴菲特在當時的波克夏身上，可謂傾注了巨大的心血。但最後的結果如何？由於美國紡織業在面對諸多新興市場的低成本競爭時所表現出的無能為力，在苦心經營20年後，巴菲特及其同伴們最終還是選擇，於1985年關閉了公司的原主體部分——紡織工廠。正是這一次經歷讓巴菲特真正明白了一個道理：「當一個赫赫有名的經營者遇到一個逐漸沒落的夕陽產業時，往往是後者占了上風。」（1980年股東信）

當然，中國的家電產業與當年的美國紡織業有著諸多不同，不能進行簡單類比。但我們不能否認的一個事實是：今天，一家家電製造企業所面臨的產業競爭，比起一家有著強大市場特許權企業要激烈許多。參照巴菲特在1982年股東信中提出的「砂糖」與「糖果」的比喻（巴菲特試圖透過這個比喻來說明，某些行業的廠商在試圖建立本身產品或服務的差異性時，通常很難奏效），我們可以在青島海爾與貴州茅台的消費者之間做一個比較，看看哪個群體有更大的消費忠誠度。

品牌影響力以及產品差異化驅動了消費忠誠度，而消費忠誠度提升了企業價值，這是一家由商業模式驅動的公司將在財務效果上更勝於一家由管理驅動的公司的原因所在。為何那些有著市場特許權的企業總是伴隨著高銷售毛利和高資本報酬？原因就在於此。當我們面對諸如貴州茅台那令人炫目的產品毛利時，我們聯想到的是其產品在數十年裡積累下來的強大品牌力量，而不是它的某一屆管理團隊做了什麼。

巴菲特的划船理論給予我們的啟示是簡單而深刻的。儘管在現實中，優良的船隻通常都會伴隨著一個過於好的售價，但我們可以等待，等待市場犯錯時再伺機買入。而這也正是巴菲特數十年操作實踐的真實寫照。當然，有冒險精神的投資者也可以去選擇那些可能有「轉機」，甚至是重大轉機的黑馬股票，但你最好也能同時記住巴菲特曾經的悔恨不已：「過去我是白雪公主，如今我卻四處漂流⋯⋯。」（1989年股東信）

> **本節要點**
>
> 1. 從企業管理的角度來看，划一條怎樣的船，重於你怎樣去划這條船。
> 2. 從選擇股票的角度來看，投資者應當牢記巴菲特的教誨：企業第一，管理第二。
> 3. 所謂「企業第一」，就是主要去關注那些有著強大市場特許權地位的上市公司，因為只有這些公司才有高機率能創造出持久的高資本報酬。

誤讀 39 揮桿軸

主要誤讀：巴菲特思想的核心在於其選擇過程而不是最終結果，可惜我們對「過程」知之甚少。

我方觀點：投資結果決定於過程，過程則決定於投資標準。對於後者，巴菲特已經對我們反覆叨念數十年，而且從未改變。

週末閒來無事，訪問一個股票論壇，看到一名論壇資深網友關於巴菲特投資思想的觀點：「我們看到的巴菲特組合只是最終的結果。這個結果是如何產生的呢？我認為這是一個優中選優的過程：投資三年以上的那22檔股票可能是從數十次、甚至上百次試探性投資中進行挑選的結果。這個選擇過程才是巴菲特思想的關鍵之處，可惜我們對此知之甚少。因此我認為，巴菲特思想的核心在於選擇過程的分析，而不是最終結果的啟示。」

這個觀點讓我們想起了一次打高爾夫球的經歷。那還是十多年前，本書其中一位作者在美國某高爾夫俱樂部和朋友一起打球。看著我們這位作者笨拙的揮桿動作與急切的心情，一位美國朋友走過來，說了一句讓他一直銘記在心的祕訣：Motion is everything（揮桿決定一切）。

如何揮桿儘管不是打好高爾夫球的全部，卻是一個重要基礎。時隔多年，本書這位作者終於明白了一個道理：球是在揮桿曲線上被揮出去，

而不是用球桿胡亂打出去的。當你的揮桿軸一直保持穩定時，基本上具備了打出好球的基礎。一顆球擺在那裡，是否能被打到，以及被打出去的是不是好球，重點就在於你的揮桿軸是否正確和穩定。

打高爾夫如此，投資股票同樣如此。為何有的股票能進入巴菲特的投資組合？為何有的進入後可以停留很長時間，有些則很快就被清出去？道理其實很簡單：看「球」是否在揮桿曲線上。而決定巴菲特揮桿曲線的那個揮桿軸，就是他數十年來始終如一的投資偏好與選股標準。為何蓋可保險被買入許久後不僅沒有被賣出，反而被私有化？為何華盛頓郵報被買入超過35年，仍不放手？為何許多股票持有不到一、兩年就被丟掉？原因都在於它們是否符合巴菲特的投資偏好與選股標準。

如前文所說，對於一名高爾夫球手來說，揮桿軸決定了揮桿曲線，揮桿曲線決定了打球效果；對於選股而言，則是投資標準決定了投資過程，而投資過程決定了投資結果。因此，一旦我們確立了投資標準（對巴菲特來說還要加上投資偏好——具體內容請參見「光環背後」一節），投資過程反而不是一件多複雜的事。符合既定標準的，買入或繼續留下；不符合標準的，放棄或盡快售出。

那麼，巴菲特的投資標準是什麼？允許我們在這裡再次絮叨，它就是在本書不少地方提過的「四隻腳」：一、我們能夠了解；二、良好的經濟前景；三、德才兼備的管理人；四、吸引人的價格。應該說，這是一套看起來簡單、實際操作起來卻不那麼容易的標準。如果那位網友所說的投資過程，包含了對這套投資標準的具體運用細節，他的話倒有幾分道理。

但即使如此，假定一名散戶能準確理解、把握這套選股標準（巴菲特認為這是投資者能否進行企業內在價值投資的基本條件），那麼接下來的投資過程應該就比較清楚。畢竟對於一個有一定商業素養、每次都能堅持做足功課的投資人來說，判定一家上市公司的業務是否可以理解、其經

濟前景是否可被預期、管理團隊是否能被信賴、股價是否吸引人,並不是一件高不可攀的事情。

需要指出的是,巴菲特在2007年股東信中談到什麼是好公司時,對其「四隻腳」的標準提出了幾項補充性說明,它包括護城河概念、三類儲蓄帳戶概念,以及迴避靠超級管理巨星才能成功的企業等。相關內容以及應當如何解讀,我們都安排了其他小節進行討論,有興趣的讀者可以閱覽或重溫這些部分。

另外,正如我們在「光環背後」一節中所討論的,全面把握巴菲特的所謂投資過程,除了需要了解他的四隻腳選股標準,也要進一步理解屬於他個人的那幾項投資偏好;否則我們將無法對某些股票在已經不符合其選股標準時,仍被巴菲特留在其投資組合內的現象做出解釋。

說到巴菲特在買入後的持有期間內,如何進行二次或多次篩選,以便能最終確立可以長期持有的股票時,那位資深網友的觀點──「投資三年以上的那22檔股票,可能是從數十次甚至是上百次試探性的投資中選擇的結果」,我們認為基本上是正確的。

面對商業運行的複雜、市場環境的多變以及諸多屬於企業自身變化的問題,即使是巴菲特,也不可能一直保有一對火眼金睛,看透每檔股票的長久未來。因此,買入後的再次篩選就是一個必不可少的投資環節。

但正如前面所說,只要有一套既定的投資標準,後來的篩選工作就較為簡單而明確。所謂「優中選優」也無非是在給定的揮桿曲線下,看哪顆球滑出了原來的位置,或者看哪顆球能始終被打到「甜蜜點」(Sweet Spot)而已。揮桿軸不會變,只是備選的球少了一些。

早在1981年的股東信中,巴菲特就已經揭示了他的「二次篩選」過程:「我們發現很容易從股票市場上買到一些符合投資標準的公司,儘管我們從未打算自己經營這些公司,但的確想要從這些公司身上獲利,也預

期這些公司的未分配盈餘將會百分之百地回報給波克夏及其股東。若最後沒有，可能是出了以下差錯：一、我們所指派的經營階層有問題；二、公司的前景有問題；三、我們付的價格有問題。而事實上，我們在買進具有控制權或不具有控制權的股權時，皆曾犯許多錯誤，其中以第二類誤判的情況最常見。」

公司的產業與產品屬性不會輕易改變，因此在買入前還「看得懂」的企業，通常不會在買入後突然變得「看不懂」了。而管理層評估、公司前景評估以及價格評估，正是巴菲特「四隻腳」選股標準或「揮桿軸」的主體部分。

本節要點

1. 選股如同打高爾夫球，揮桿軸決定揮桿曲線，揮桿曲線決定打出去的球的品質。

2. 就巴菲特如何選股而言，儘管結果決定於過程，但過程則決定於標準，而這一標準已經被巴菲特念叨了幾十年，從未改變。

3. 準確理解和把握巴菲特的「四隻腳」投資標準，是成功進行企業價值投資的基本前提。

誤讀 40 價值投資

主要誤讀：如果將巴菲特的投資體系用一句話加以概括，那就是價值投資。

我方觀點：在「價值投資」一詞滿天飛的今天，需要給巴菲特的投資體系一個更好的稱謂。

如今，許多人談起巴菲特，已習慣將他稱為一名價值投資人；對他的投資體系也順理成章地稱為價值投資。價值投資人這一稱謂是否合適？在過去75年（1934～2009年）內，由葛拉漢、陶德、凱因斯、費雪、蒙格及巴菲特等人共同創建的投資體系，真的可以就這樣簡要地概括為價值投資嗎？

也許這是個一時難以說清楚的問題。我們不妨暫時換個角度思考：假設巴菲特等人確實應當被稱為價值投資人，然而，當巴菲特總是說他們的操作很少被人模仿時，在股市看到的卻似乎是完全相反的情況。如今，當問起任何一個職業投資者，不論是任事於公募基金還是私募機構，大多數人都會說自己是價值投資人，奉行著價值投資理念。那麼，我們是否能夠就此認為，這些人與巴菲特屬於同一陣營？

答案很明確：不能。在我們看來，被這些人身體力行著的價值投資與巴菲特的投資操作相比，無論是從基本哲學、市場邏輯、核心理念，還是從投資方法、操作策略與行為準則上來評價，似乎都相去甚遠。

為何會出現這種兩類群體似乎都擁有相同的投資體系，實際操作卻相去甚遠的狀況？我們認為問題就出在「價值投資」這個稱謂上。價值投資這個說法本身也許沒有錯，但如果我們把這個被職業投資人經常掛在嘴邊的概念，同樣套在巴菲特的頭上，恐怕就有失偏頗了。下面，我們嘗試從五個方面談談自己的觀點：

1.「多餘」的價值投資

這一定義正是來自巴菲特本人：「我們認為所謂『價值投資』的說法有些多餘。如果所投入的資金不是為了換取或追求相對應的價值的話，那還算是投資嗎？明明知道所付出的成本已經高出其所應有的價值，而只是寄望在短期之內可以用更高的價格賣出，這根本就是投機行為。」（1992

年股東信）

在我們的記憶中，葛拉漢只是教導他的學生要區別投資和投機，卻不曾記得還有價值投資和非價值投資之分。在巴菲特的股東信裡，我們似乎也很少看到巴菲特主動說自己是一名價值投資人。儘管他與葛拉漢都曾經多次提到「企業內在價值」，但那主要是為了與企業的帳面價值和市場價值做出區分而已。

2. 定義模糊的價值投資

實施價值投資，顯然要先搞清楚這裡的「價值」指的是什麼。在這個問題上，最容易混淆概念。首先，說到企業價值，就有帳面價值、清算價值、重置價值、內在價值、市場價值和投資價值之分。即使是一名訓練有素的投資人，也不一定都能完全搞清楚這些概念背後的真正含義。其次，即使我們都能遵循巴菲特的教導，把目光集中在企業內在價值投資上，可能還是會犯錯。畢竟對於「內在價值」的界定，不同的人會有不同觀點。即便是葛拉漢與巴菲特師徒二人，都不能完全一致。最後，股票投資模式歷來有價值型和成長型之分，此「價值」投資與彼「價值」投資的含義完全相同嗎？這是一個恐怕連職業投資人也不易回答的問題，業餘散戶自然更加迷惑。

3. 多樣化的價值投資

如果一個稱謂的概念或定義是清晰的，人們基於此的行為模式就不會大相逕庭。但談到價值投資，卻似乎並非如此。即使就以機構投資者為限，同為價值投資，卻仍至少可以劃分出三種行為模式。

一、極小眾群體：以「葛拉漢與陶德鎮的超級投資者」為代表。他們又可以進一步分成兩個陣營：以葛拉漢的企業價值思想為主體框架的「分

散型」和「菸蒂型」投資者,和以巴菲特與蒙格思想為主體框架的「集中型」和「超級明星型」投資者。

　　二、相對小眾群體:這個群體主要在企業可能的「變身」中尋找機會,一旦青蛙變成了王子,就會取得豐厚的報酬。他們關注的對象不是那些藍籌股(按:Blue Chip Stock,該行業最知名、排名前三大、最有價值、市值高達百億美元的股票),而是把自己的目光聚焦在諸如產業轉型、起死回生、資產注入、併購、週期循環及有隱藏性資產的股票身上。這方面的代表人物在美國有邁克爾‧普萊斯(Michael Price,被美國媒體評選為二十世紀10個最偉大的投資者之一),在中國則有華夏基金的王亞偉等。

　　三、大眾群體:無論在美國還是其他國家,他們的投資代表了機構投資的主流操作模式。儘管有時人們更喜歡稱他們的投資為業績投資、題材投資、主題投資、熱點投資甚至趨勢投資,但如果你說他們的投資不是價值投資,恐怕沒人會同意。

4. 容易走「偏」的價值投資

　　當巴菲特把「葛拉漢與陶德鎮的超級投資者」的「共同智力架構」界定為「探索企業價值與價格之間的差異」和「堅持用40美分去買價值1美元的東西」後,就衍生出了一個令無數散戶困惑不已的問題:如果買入後,股票價格快速升至1美元,是否需要盡快拋售?如果說人們直到幾年前還沒有找到這個問題的答案,在經歷了2007～2008年的股市震盪後,獲利了結、高拋低吸以及「巴菲特的精髓是價值投資而不是長期投資」,幾乎成了所有投資者的共識。即使是一些曾經被視為巴菲特鐵粉的人,甚至也發出了「價值投資可能不等於長期投資」的質疑與感慨。散戶做出這些自以為是的修正,最後效果如何,也許現在還無法給出定論,但如果說

大幅度修正策略後的這些人還是與巴菲特同屬一個陣營,我們難以認同。

5. 價值投資也許並非最佳的稱呼

如果把巴菲特在過去六十多年中所積累的投資思想,做一番梳理和總結,我們倒認為諸如企業投資、智慧型投資、長期投資等,較價值投資更能如實、準確且全面地揭示他的投資模式與操作風格。如果非要選一個說法,我們寧願選擇「企業投資人」。因為無論是收購私人控股權,還是買入代表上市公司部分權益的股票,巴菲特都會把自己看成是相關生意或企業的擁有者。

本節要點

1. 由於「價值投資」在定義上存在諸多問題,我們不宜再把巴菲特的投資操作稱為價值投資。

2. 至於其他機構投資者的投資操作是否為價值投資,本書不能給出任何答案。

3. 我們認為巴菲特的投資特質或操作風格更像「企業投資」,而不是人們常說的價值投資。

誤讀 41 績優股

主要誤讀:巴菲特的投資方法就是績優+長線。
我方觀點:「績優」往往是短期概念,「質優」才是長期指標,應用「質優」替代「績優」。

本節的討論話題僅涉及「績優」,不涉及「長線」,後者本書已另有

章節討論。

談到一家公司是否績優，通常會有一定的時限：公司是長期績優還是短期績優？不過，不管考察長期還是短期，這種僅限於業績評估的選股思路，不完全符合巴菲特的投資標準。

當然，在對投資者行為偏好做出整體觀察後，我們發現上述所謂的績優，通常不會與企業的長期表現扯上關係。而這種只關注企業近期業績的做法，與巴菲特的投資操作更是相去甚遠。

但無論如何，我們下面還是從長期與短期兩個角度去看一看所謂績優與巴菲特選股思路的不同。

先來看長期績優。我們已經多次提起，巴菲特在挑選投資對象時，有一個堅守了數十年而從不動搖的「四隻腳」標準：一、我們能夠了解；二、良好的經濟前景；三、德才兼備的管理人；四、吸引人的價格。如果投資者認為巴菲特買的只是績優股，就等於把巴菲特的四隻腳至少砍掉了兩隻，僅剩下第二隻及第三隻——然而，所謂績優與這剩下兩隻腳其實也不完全相同，依此標準挑選出來的企業可能還不如「瘸子」。試想，對任何一個四隻腳的動物來說，在只剩下兩隻腳的情形下，不要說走路，恐怕連獨自站起來都不可能。四隻腳的動物如此，四隻腳的投資標準同樣如此。正像我們在「邊界」和「安全邊際」兩節中所指出，四隻腳中的每一隻都是巴菲特投資標準的重要組成部分，不可分割，更不能缺失。

下面談企業的短期績優問題。由於市場上的大多數投資者（包含為數眾多的機構投資者）買入股票的目的是為了獲取短期差價，因此企業每股盈餘的近期表現就自然成了人們關注與追逐的重點，績優股的概念也就由此而生。那麼，投資大眾眼中的績優股，與巴菲特一生所追求的「質優股」有何不同？

總體來看，企業的「短期績優」和巴菲特的「長期質優」之間，我

們認為至少有三點不同：一、前者關注企業的短期表現，而後者更看重企業的長期表現；二、前者關注的主要是企業有形的東西，而後者更關注無形的東西；三、前者關注的主要是可量化的指標，而後者更關注不可量化的指標。為了能更清楚地說明問題，我們下面把巴菲特的四腳標準中第二隻及第三隻，進一步分解成六項關鍵指標並做出簡要分析。其中前四項為可量化的指標，後兩項為不可量化的指標。

指標一　銷售利潤邊際

　　銷售利潤邊際的大小，主要由銷售毛利率和營業利潤率兩個指標所反映。其中銷售毛利率反映的是扣除企業銷售成本後的利潤邊際情況，而營業利潤率反映的是將銷售毛利扣除企業三項費用後的利潤邊際情況。巴菲特在評估這兩項指標時有兩個異於大眾的地方：一、關注長期而不是短期。如果長期看好，暫時的表現不佳將不予理會；二、透過這兩個指標考察企業的商業模式。由於「產品無重大差異化的生產者注定將賺取微薄的報酬」（1978年股東信），因此如果企業的銷售利潤邊界一直較為寬廣，說明企業多半就是一家有著「強大市場特許權」的企業。

指標二　股東權益報酬率

　　在評價企業是否值得長期投資時（這是巴菲特最關注的一項指標），同樣也需要進行長時間考察：「不必太在意單一期間的盈餘數位，長期累積的資本報酬或損失才是真正的重點所在。」（1977年股東信）道理顯而易見，作為一個企業投資人，不僅要關注企業賺了多少錢，更要關注企業為了賺這些錢使用了多少資本以及回報是否高於資金的社會平均成本。這種「資本報酬」情況在企業的損益表中並不能直接反映出來，綜合資產負債表後，股東權益報酬率則可以用於近似的考察。

指標三　資本模式

巴菲特曾在1983年股東信中指出：「從商的經歷，讓我對擁有商譽而僅需要運用少量有形資產的公司大有好感。」我們認為，小資本、大商譽是理解巴菲特資本模式偏好的一個最佳入口。因為，一家有著小資本、大商譽的公司才最有可能實現巴菲特喜歡的三種經營狀態：一、小投入大產出；二、較低的限制性盈餘或較高的非限制性盈餘；三、較小的通膨曝險。

指標四　每股透視盈餘增長

儘管巴菲特經常提醒我們不必過多關注企業每股盈餘的增長，而應當把目光主要聚焦在資本報酬上，但在1990年股東信中，巴菲特也提到過「我希望我們的透視盈餘每年都能夠成長15%」。這裡所說的透視盈餘就是指每股盈餘（只有像波克夏公那樣的經營模式才有必要加以區分透視盈餘和非透視盈餘）。

其實，關注每股盈餘成長本身沒有錯，只是投資者要注意兩個基本前提：一、重點是長期成而不是短期成長；二、成長的背後始終伴隨著較高的資本報酬和適度的債務槓桿。

指標五　企業的商業模式與護城河

關於這一項指標，由於本書已有專門小節討論，這裡就不再重複。不過，我們需要強調，隨著巴菲特投資生涯的不斷延續，對企業定性因素的考察在其投資體系中占到了越發重要的位置。在這一點上，巴菲特與其老師葛拉漢之間有著很大的不同。後者在評估一家公司是否有投資價值時，堅持只對企業進行定量考察並認為定性考察充滿了主觀性和隨意性。而巴菲特在費雪和蒙格的影響下，逐漸把關注重點移向對企業定性內容的

考察上。

指標六　經營者

關於巴菲特如何評估企業經營者的問題，市面上已經有不少書籍做出了介紹，我們就不過多重複。在這裡只強調兩點：一、德才兼備，一定要先「德」後「才」。否則，就會像企業的成長一樣，如果增長背後是較低的資本報酬，成長本身反而會變成負面因素。二、要用經營者的長期經營成果來評判，而判斷長期經營成果好壞的首選指標就是股東權益報酬率。有興趣的讀者可以讀一下1987年的股東信。當年，巴菲特一提起他的「七聖徒」，興奮之情常常溢於言表，其原因就在於七聖徒創造了美國當時最高水準的股東權益報酬率。

至此不難看出，我們上面列出的六項關鍵性指標考察的大多是企業是否「質優」而非「績優」。因此，將巴菲特的投資模式解讀為「績優＋長線」是很不準確的。

本節要點

1. 與其說巴菲特買的是「績優」股，不如說是「質優」股，兩種概念之間存在很大的不同。

2. 評估一家上市公司是否「質優」至少有六項標準：銷售利潤邊際、股東權益報酬率、資本模式、每股透視盈餘成長、企業的商業模式與護城河、經營者。

3. 在考察公司是否「質優」時，巴菲特更關注的是一些非量化的要素，這與其老師葛拉漢有較大的不同。

誤讀 42 打洞卡

主要誤讀：市場對巴菲特提出的「打洞卡」思想，一直未能給予足夠的關注。
我方觀點：這一思想的重要性，並不輸其他思想。

巴菲特在1992年年會上，首次向股東提起「打洞卡」的概念：「在與商學院的學生交談時，我總是說，當他們離開學校後，可以做一張印有20個圓圈的卡片。每當他們做出一個投資決策時，就在上面打一個洞。那些打洞較少的人將會變得富有。原因在於，如果你為大的想法而節省的話，你永遠不會打完所有的洞。」

兩年後，蒙格在南加州大學的一次演講中也談過類似的觀點：「人類並沒有被賦予可以在任何時候了解任何事的才能。但是有些努力肯幹的人——他們不斷地觀察這個世界，並試圖找出在錯誤定價上下注的機會——卻被賦予某種才能。這些明智的人會利用世界給他們提供的這一機會敏銳下注，而且在最可能成功的機會上加大賭注，其他時間則按兵不動。事情就是這麼簡單。」

也許是心有靈犀，哥倫比亞大學教授麥可・莫布新（Michael J. Mauboussin，《魔球投資金律》〔More Than You Know〕一書的作者）也曾說：「努力工作意味著你的腦袋一直在轉動，盡可能多讀金融領域及其他領域的書籍，建立並鞏固獲得成功的思維模式。但我說不能過度努力，意思是，人們普遍有一種將一分耕耘與一分收穫等同起來的趨勢。在資金管理行業，有時結果不是這樣。事實是，那些只做幾個為數不多的決策的人，最終結果往往比那些以忙碌為名、做出很多決策的人要好得多。」

在我們看來，「某種意義上來說，打洞卡與長期投資構成了巴菲特的投資方法中最為獨特、也最使人入迷的部分。」[4] 請注意，**打洞卡不僅僅**

第四部　價值投資，就是不打超過20個洞　203

是對投資數量的約束，也隱含著對投資時間的要求。如果將這思想分解開來，其實包含了兩項要求：一、少決策，做大決策；二、機會到來後，對自己心儀已久的股票不僅要重倉持有，更要長期持有。

那麼，打洞卡背後有著怎樣的邏輯？我們認為至少包括以下三點：一、追求確定的事物而放棄不確定的事物：「葛拉漢說過，短期來看股市是投票機；長期來看股票市場是體重計。我一直認為由基本原理決定的重量容易測出，由心理因素決定的投票很難評估。」（1969年致合夥人的信）二、任何時候都不要基於短期預測而行動：這是一個被企業價值投資者延續了將近100年的重要思想，我們在葛拉漢、費雪、林區和巴菲特的思想庫中，都能輕鬆地找到有關這一思想的敘述；三、發現的艱難：見本書相關小節。

需要強調的是，實施打洞卡操作策略須具備一定條件，畢竟發現「大生意」、有「大思想」並將其付諸正確行動，並不是一件能輕易做到的事情。想達成這件事，需要具備三種能力：商業透視能力、財務分析能力、價值評估能力。

同時，投資者還要有正確的市場觀和良好的心理素質，在股價的劇烈波動面前能始終做到心境平和、泰然處之。少決策、做大決策，然後長期持有，這是一項放之四海而皆準的有效策略嗎？巴菲特的打洞卡概念儘管聽起來迷人，實際操作的效果又如何？這一策略放在與西方市場有著諸多不同的地方，也會成功嗎？下面我們就提供一些實證數據，以供投資者參考。

實證研究一：巴菲特的投資組合。《富比士》（*Forbes*）專欄作家馬

---

4 摘自本書作者任俊傑 1996 年發表於某證券媒體的文章〈巴菲特投資理論與中國股市實踐〉。

克・赫爾伯特（Mark Hulbert）曾對波克夏1965年至1990年代中期的投資資料進行分析，他發現如果從巴菲特的上百種投資中剔除最好的15項，其長期表現也將流於平庸。由於這段時間是巴菲特股票投資的重點階段（後來的投資重心逐漸向私人企業收購偏移），因此這一結論有一定的說服力。

實證研究二：美國市場。從表4-10中我們可以看到，即使是不那麼優秀的18家對照公司，其長期持有的回報仍高於大盤指數基金。

表4-10　投資1美元的股票回報（1926～1990年）

類別	18家優質公司	18家對照公司	大盤指數基金
資產淨值（美元）	5.45	10.29	11.07
年均報酬（%）	21.97	31.94	32.13

資料來源：《基業長青》（Built to Last）。

實證研究三：中國市場。需要說明的是，下頁表4-11中數據的截止時間均為2008年12月31日，當時中國股市還沒有從大跌的陰霾中走出來，很多公司的股價相對於前一個高點都有較大差距。同時，表4-11中的上市公司都是按照巴菲特的投資標準選出來的，因此具有一定的說服力。不難看出，至少以這10年中國股市的經驗來看，打洞卡是有效的。我們有理由相信，隨著市場的日趨規範和上市公司品質逐漸提升，未來10年，打洞卡這一投資方法仍能帶來穩定且快速的資產增值。

表4-11　體重計（截止到2008年12月31日的年均複合報酬率）

（單位：％）

年度	過去10年	過去7年	過去5年	過去3年
格力電器	22.42	33.35	51.61	75.98
雙匯發展	28.64	28.32	36.33	54.67
東阿阿膠	15.57	16.37	32.41	56.32
雲南白藥	32.32	27.93	49.50	50.07
博瑞傳播	20.89	15.84	28.55	40.27
鹽湖鉀肥	37.65	46.63	63.18	79.05

資料來源：國信證券金色陽光報價系統，權息調整後價格統計。

> **本節要點**
>
> 1. 如果說「企業投資」的思想是將巴菲特與大多數投資人區分開來的最佳指標之一，那麼打洞卡就是巴菲特投資方法中最令人著迷的部分。
> 2. 打洞卡的投資思想要義是：少決策、做大決策，然後長期持有。

誤讀 43　可口可樂

主要誤讀：巴菲特對可口可樂的買入、持有與賣出問題上，市場存在多項誤讀。
我方觀點：鑑於可口可樂在波克夏股票組合中的地位，有必要做進一步討論。

為了讓讀者對可口可樂在波克夏投資組合中的地位更加一目瞭然，我們製作了一張表格，如表4-12所示，記錄了巴菲特從1988年首次買入

表4-12　可口可樂淨值在波克夏股票投資組合的占比及排序

年度	1988年	1989年	1990年	1991年	1992年	1993年
占比(%)	20.7	34.8	40.2	41.5	34.2	37.0
排序	2	1	1	1	1	1
年度	1994年	1995年	1996年	1997年	1998年	
占比(%)	36.9	37.6	43.0	36.8	35.9	
排序	1	1	1	1	1	

資料來源：施得普匯資料庫。

可口可樂股票，至1998年「出讓」部分股權這10年間的「倉位」變化。

可以看到，在這10年裡可口可樂一直都是波克夏股票組合的重倉股。其地位及對波克夏淨值變化的影響力不言而喻。那麼，對於這樣一檔股票，市場都有哪些誤讀？

先來看看海格斯壯在《巴菲特的長勝價值》一書中的一段話：「為什麼在這個特別的時候買進？巴菲特的說法是可口可樂的企業特質已經存在了幾十年，真正引起他注意的是可口可樂公司於1980年代，在羅伯特・古茲維塔（Roberto Goizueta）和唐納德・基奧（Donald Keough）的領導下所做的一些改變。」儘管從這段話中，我們不能斷言作者對這件事情一定存在著誤解，但其表述方式（不知是否為翻譯的緣故）卻很容易讓人覺得巴菲特買入可口可樂，主要是因為公司在1980年代發生了變化。這樣的看法顯然不能說是全面和準確的。

我們再來看一位網友的觀點：「巴菲特當年投資可口可樂的事情可謂眾所周知。但是《雪球》的作者卻沒能解開一個疑問：巴菲特對可口可樂覬覦已久，但幾十年忍著不動手，為何不早不晚，偏偏在1988年——

他58歲時才出手？大家都在談他對可口可樂的『選股』，殊不知，此事的祕密在於『選時』。」這位網友接著解釋了他的「選時」論，其觀點除了與海格斯壯的看法基本一致外，還增加了一條理由：新口味可樂的災難加上1987年的股災，「市場先生」給巴菲特報出了誘人的價格。

情況真的是這樣嗎？在回答這個問題之前，可能需要先交代一項背景資料。巴菲特是在1980年代開始不久後改喝可口可樂的，在此之前，百事可樂（Pepsi）才是他的最愛。如果前述的觀點成立，就會衍生出兩個有趣的問題：一、一直以來喜歡百事可樂的巴菲特，為什麼會對它的競爭對手可口可樂覬覦已久？二、從1980年代開始，巴菲特改喝可口可樂，這種口味的改變難道也是因為公司管理發生變化？

我們所了解的真相是，巴菲特既談不上對可口可樂覬覦已久，改喝可口可樂也與公司管理發生的改變扯不上關係。至於買入的原因是否還在於「市場先生給出了誘人的價格」我們認為也值得商榷。對於一家「企業特質已經存在了幾十年」的公司，以及一家在1980～1987年的7年時間，股票市值年均複合成長率高達19.3%的公司，之所以在1988年才開始大舉買入，真正的原因來自巴菲特本人：他的投資標準發生了改變。

在買入可樂股票的前一年，巴菲特在股東信中這樣寫道：「我們的目標是以合理的價格買到優秀的企業，而不是以便宜的價格買進平庸的公司，查理跟我發現，買到貨真價實的東西才是我們應該做的。必須注意的是，本人雖然以反應快速著稱，不過卻用了20年才明白買下好企業的重要性。剛開始我努力尋找便宜貨，不幸的是，真的讓我找到了一些，所得到的教訓來自於農具機械公司、三流百貨公司與新英格蘭紡織工廠等。」可見，之後買入可口可樂其實是對這一目標和感悟的身體力行。

開始買入可口可樂股票的第二年，巴菲特在股東信中又說道：「這次對可口可樂的投資，再次提供了一個案例來證明你們的董事長在把握投

資機會方面的快速反應能力，不管這些機會是多麼不明確或是被隱藏。我記不清是在1935年還是1936年第一次喝到可口可樂，我記得的是，我從1936年開始以每半打25美分的價格從巴菲特雜貨店（Buffett & Son）批貨，再以每罐5美分的價格賣給鄰街坊鄰居。作為我個人從事高毛利零售業的開端，我也深深觀察到這項產品給予消費者的特殊吸引力以及背後所代表的龐大商機。在往後的52年裡，當可口可樂席捲全球的同時，我也持續地注意到這種特質。然而在此期間，我卻小心謹慎到一股都沒有買，而是將大部分的個人資產投資在鐵道、風車、紡織、煤炭與郵票公司之類的股票上。一直到了1988年的夏天，我的大腦與眼睛才終於完成了連線動作。」

上述兩段話其實道出了巴菲特很晚才買入可口可樂股票背後的真正原因。發生在1970年代的可口可樂公司的變化，以及1988年公司股票價格的暫時性下跌，只是對巴菲特的買入行動提供了契機，但顯然不是讓巴菲特在長達數十年之後才採取行動的主要原因。主要原因是：他之前一直在忙著「撿菸蒂」。

可口可樂是巴菲特買入後一直持有至今的一檔股票。儘管首次買入後的前10年，它就為波克夏帶來了10倍以上的股票投資收益（年均複合報酬率在26%以上），但在1998～2008年的這後10年內，情況逆轉：股票市值從1998年年底的134億美元跌至2008年年底的90.54億美元，導致波克夏在這檔股票上的年均複合報酬率變成-3.85%。

巴菲特為何對可口可樂一直不離不棄？沒有在其股價處於歷史高位時及時拋出，這是否是一個錯誤的決策？在人們持續提出質疑的同時，巴菲特本人也似乎不止一次地就此提出了自我批評。巴菲特真的錯了嗎？導致他一直沒有賣掉可口可樂股票的背後原因究竟是什麼？

在對巴菲特持有可口可樂股票20年的歷史做了一番研究後，我們認

為巴菲特一直沒有賣掉這檔股票的背後原因很複雜。我們嘗試歸納出以下幾條：一、可口可樂的企業特質符合巴菲特「永恆持股」的標準，而對永恆持股，巴菲特一般不會單純因價格因素而拋出；二、早期失敗的「秤重作業」及可口可樂輝煌的經營史，使巴菲特不敢輕易將股票賣出；三、可口可樂一直符合巴菲特對長期持股投資報酬的兩條評估標準（一是看企業的經營性收益；二是看護城河是否還在或在加寬）。

雖然我們不能完全否認諸如判斷失誤、股票倉位太大導致處理起來不容易、作為第一大股東的賣出會導致股價狂瀉，以及巴菲特本人自稱的「我總是說得多但做得少」等，可能也是導致他最終一直持有該檔股票的因素，但我們認為這些都不是事實背後的主線。

儘管可口可樂的股票在買入的10年內確實沒有為巴菲特帶來什麼回報，而10年已經不能算是較短的週期，但與其用這種「看後照鏡」的方式去檢討，不如把眼光再放得更深遠一些。例如，考慮了對可口可樂分紅現金流的再投資收益情況，是否結論就會不太一樣？再如，如果我們為巴菲特持有可口可樂股票20年的投資回報，做一個整體性評估或把觀測期再往後推幾年，人們或許也會改變今天的看法吧？

另外值得一提的是，發生在1995年和1998年的兩次換股操作，曾經導致波克夏持有可口可樂的權益有所降低。這也就是說，巴菲特曾經透過一種間接的方式「賣出」過部分可口可樂的股票。1995年8月，在經過多番談判後，巴菲特以23億美元的價格並全部以換股方式，購入蓋可保險餘下的52%股權。由於之前巴菲特已經擁有公司48%的股權，因此，在此次收購完成後，蓋可保險成為波克夏旗下的全資子公司。換股後，波克夏對可口可樂的持股比例被相應地削減了。同時，由於換股是在波克夏股價相對較高時完成的，也就相當於巴菲特以高價「賣出」了部分可口可樂的股票。對於這次操作，巴菲特在1995年股東信中總結：「這次的股

權重組對波克夏來說有利有弊,原因不在於發行新股所帶來的資金,我們一定可以找到合理的用途。也不在於發行新股的價格,就在我撰寫年報的時候,波克夏的股價約為每股36,000美元,查理跟我都不認為這樣的價位被過於低估,因此此次發行新股,並不會使得公司原本的每股實質價值受到損害。講得再明白一點,以現在的價位而言,查理跟我都不會考慮再加碼買進波克夏的股份。」

為了再次提醒各位股東此次換股操作是多麼恰當,巴菲特在1996年股東信中重申:「去年當波克夏的股價在約36,000美元時,我曾向各位報告過:一、波克夏這幾年的股價表現遠超越其實質價值,雖然後者的成長幅度也相當令人滿意;二、這樣的情況不可能無限制地持續下去;三、查理跟我不認為當時波克夏的價值有被低估的可能性。」

我們再來看巴菲特第二次對可口可樂股權的更大規模的「賣出」操作。1998年巴菲特以220億美元的價格全資收購通用再保險,收購方式與蓋可保險一樣採用全額換股(以20%的波克夏股份收購通用再保險)。當時可口可樂的每股市價大約是其當年每股盈餘的62倍,無論在哪個市場以哪種方式評估,這都是一個偏高的價格了。若是能在這個價格上賣出可口可樂股票已經甚是受用,更何況巴菲特的實際賣價卻比這個還要高得多。按照當時雙方談定的交易價格,波克夏的股權價值相當於其每股淨資產的2.7倍,這就等於說巴菲特交換出去的可口可樂的股權價格不是其當年每股盈餘的62倍,而是167倍!儘管在交換進來的通用資產中,也有一些可能被高估的股票,但由於在總資產中的占比不大,其折溢價幅度與波克夏因併購而交換出去的股票資產相比,還是要小得多。

總的來說,不論人們最終會如何評價巴菲特在可口可樂股票上的勝敗得失,以及未來對它的持有最終會有怎樣的收穫願景,至少有兩點需要重申:一、還原事實的真相,是為了讓人們能夠透過可口可樂的案例,更

深入了解巴菲特的投資方法和決策路徑；二、儘管巴菲特沒有直接出售過可口可樂的股票，由於上述兩次的變相賣出，使得人們對於他從未減持過可口可樂股票的說法，顯得不夠嚴謹。

本節要點

1. 巴菲特在 1988 年才開始買入可口可樂的主要原因，不完全是可口可樂在 1980 年代發生的改變，更不是買入前股票價格的暫時性下跌。真正的原因是他的投資標準從 1970 年代中期才發生根本性的改變，而在此之前，巴菲特一直忙著「撿菸蒂」。

2. 在後期股票市值一路下滑的背景下，巴菲特一直對可口可樂不離不棄，背後的原因是複雜、多元的。

3. 由於 1995 年和 1998 年的兩次換股操作，導致巴菲特曾經兩次「高價」減倉可口可樂股票。

誤讀 44 落袋為安

主要誤讀：因為要落袋為安，所以巴菲特拋掉了大部分的股票。

我方觀點：落袋為安的投機屬性要遠大於投資屬性，就巴菲特大部分短期持有就較快售出的股票而言，選擇拋出與其買入後的「價格」變化沒有太多直接關係。

在本書的構思階段，有一個問題讓我們很是不解：為何人們對巴菲特存在著如此多的誤讀？是因為研究的時間不夠長嗎？然而，即便是自稱研究時間很長的人，為何也會有一些大可避免的誤讀呢？本節要討論的「落袋為安」就是出自於這樣的人。

思考時，我們不禁想起了巴菲特曾經描述過的一個有趣情景：「一

位信奉天主教的裁縫省吃儉用許多年,好不容易存夠了一筆錢到梵蒂岡朝聖。當他回來後,教友們特地聚會爭相要了解他對教宗的第一手描述:趕快告訴我們,教宗到底是個什麼樣的人?只見這位裁縫淡淡地說:44腰,中等身材。」(1986年股東信)

還有一個場景幾乎同時浮現在我們的腦海中:在電影《摩登時代》(*Modern Times*)中,查理‧卓別林(Charlie Chaplin)扮演一位在裝配線上,需要不斷擰緊快速傳送過來的螺帽的工人。由於工作過度緊張,以至於當他走下裝配線時,仍然把所有看見的東西都當作螺帽,然後用手中的扳手去擰……。

舉出這兩個例子是想說明,人們對巴菲特的誤讀,很多時候可能是因為我們總是習慣以自己固有的思維模式和角度去看問題。這樣做的結果往往是:曾被小偷光顧過的人看誰都像是小偷;沒有被偷過且心靈淳樸而敦厚的人則堅信天下無賊。

因此,如果要想將本節的話題談得更加透澈,恐怕不能就事論事,而應當盡量從問題的根源去尋找答案。我們曾在「地上走、空中飛、水裡游」一節中,把資本市場中的人士分成股票交易人——以投資大眾為代表,和企業投資人——以巴菲特等極少數人為代表。現在讓我們再次追本溯源地從以下三個層面,看一看兩者之間存在哪些根本性的不同,如表4-14、表4-15和表4-16所示。

表4-14　第一層面——哲學、邏輯、理念

主流投資	股票是衝浪板	不要與股票結婚	市場永遠充滿機會	投資股票賺取價差	時機選擇取勝之道	分散可以降低風險	與時俱進靈活多變
巴菲特式	股票是遠行的航	選股如選妻	沒有好球絕不揮棒	投資企業共同成長	短期市場深不可測	分散加大了風險	賺錢方法古今相同

表4-15　第二層面——操作模式

主流投資	選股票	短期投資	經常操作	高拋低吸	趨勢投資	分散投資	策略多變
巴菲特式	選企業	長期投資	伺機而動	買入持有	逆向操作	集中投資	策略穩定

表4-16　第三層面——行為偏好或行為關鍵字

主流投資	交易便利	目標價位	薄利多賺	勤勞致富	市場可畏	一夜情人	白貓黑貓
巴菲特式	權益證明	經營回報	卡片打洞	耐力取勝	市場無效	感情專一	堅守理念

可以看出，是人們的基本哲學、市場邏輯和核心理念影響了他們的投資方法與操作模式，後者進而決定了其行為偏好和行為準則。關於這一點，恐怕古今中外莫不如此。如果我們已經清楚地了解，巴菲特把股票當作一項生意、當作遠行的航船、當作想與之長相廝守的妻子，那麼，當我們覺得巴菲特似乎有所謂的的落袋為安與獲利了結的行為時，最好再重新審視一下這種感覺的真實性，然後問自己一個問題：他這樣做的邏輯基礎是什麼？

不可否認，在過去五十多年內，巴菲特短期持有的股票數量確實遠多於長期持有的股票。但如果就此認為巴菲特與市場上的大多數人一樣，賣出這些股票只是為了獲利了結和落袋為安，恐怕是過於簡化了。

那麼，既然是企業投資，既然要長相廝守，為何大部分股票很快就被售出？

對於這個問題，我們在本書多個章節有過深入的解讀。這裡，我們不妨再來看看巴菲特在1987年股東信中是怎麼說的：「當然有時市場也會高估一家企業的價值，在這種情況下，我們也會考慮將股份出售。另

外,雖然有些時候公司的股價合理或者甚至被略微低估,但如果我們發現了低估程度更深的投資標的或是我們覺得更加熟悉和了解的公司時,我們也會考慮出售股份。然而我們必須強調的是,我們不會因為被投資公司的股價上漲,或因為已經持有一段時間,從而把它們處理掉。」

在上面這段話裡,**巴菲特揭示了他出售股票的三個理由:一、價值被高估;二、發現了價格更低的股票;三、發現了綜合品質更好的股票**。不過,這三條出售理由仍然很容易被人們與大眾的操作習慣混為一談。其實,這些看似簡單的操作準則,是並不簡單的知識與經驗在長期積累後的舉重若輕。

而且,正如我們在「秤重作業」和「揮桿軸」兩節中所討論:在巴菲特後來的投資操作中,就其主要投資部位而言,因上述三條理由而售出或進行換股的操作已日漸減少。再者,大部分位於非主要投資部位的股票很快被售出,主要是因為巴菲特在買入股票時對公司前景的判斷有誤。

本節要點

1. 就巴菲特的大部分的短期操作而言,「獲利了結」不是其賣出股票的主要原因。

2. 大部分股票被售出,主要是因為當時買入時對企業的經濟前景判斷有誤。

3. 儘管基於市場估值過高的減倉操作,是巴菲特賣出股票的另一項理由,但這與人們常說的「獲利了結」並不相同。

第四部 價值投資,就是不打超過20個洞 215

誤讀 45 尾大不掉

主要誤讀：巴菲特長期持有的那幾檔股票，嚴格來說是不得已，而不是巴菲特的本意。

我方觀點：股票規模問題確實為巴菲特的後期操作帶來一些困擾，但如果將一套奉行了數十年的投資策略歸因於後期才逐步顯現的「規模」問題，至少在邏輯上是站不住腳的。

「尾大不掉」是一個組織學上的比喻，它說的是：當機構下強上弱、過於龐大時，往往容易出現組織渙散並導致指揮不靈、效率低下等狀況。之所以借用這個比喻，是因為有不少投資者將巴菲特長期持有上市公司的行為歸因於股票市值規模巨大而不容易賣出：「不是不想賣，而是賣不掉。巴菲特進行長期投資，嚴格地說是不得已，不是他的本意。」

確實，這類情況看起來是存在的：「巴菲特手裡持有的可口可樂公司的股票不在少數，如果他拋售的話，肯定會引起大規模恐慌。試想一下，巴菲特——這個『全世界最偉大的投資者』，和可口可樂董事會的多位董事開始拋售公司股票，這會是什麼樣的情景？可口可樂股票的價格必然會暴跌！」[5]

巴菲特本人也說過這樣的話：「在大泡沫期間，股價的漲幅遠遠超過企業的表現，至於泡沫破滅之後，其表現則恰恰相反。當然，要是我能夠掌握其間變動的訣竅，波克夏的績效應會更好。這種事後諸葛的話每個人都會說，只可惜投資人真正需要的是先見之明，無奈前方的景象昏暗不明，而我們龐大的投資規模更是大大提升了靈活進出的困難度。」（2004

---

[5] 摘自《雪球》。

年股東信）

如果僅簡單解讀上面兩段文字，那位網友的觀點似乎是正確的。畢竟，當手中持有的股票市值變得巨大時，自由進出的難度無疑會變得很大。正如我們在「關係投資」一節所談到的，由於持股規模開始變得越來越龐大，從而不能再像過去那樣隨意進出，不少機構投資者才被迫改變操作策略，由「用腳投票」改為「用手投票」。

但事實真的如此嗎？在過去的數十年裡，巴菲特一直宣稱波克夏的操作策略是長期持有優質上市公司的股票，其背後的基本原因是「尾大不掉」嗎？答案自然是否定的。關於此觀點，在前面章節中已陸陸續續談到一些。在這裡，我們再以可口可樂為例來做進一步的討論。以可口可樂這檔股票為例的原因有三：一、從1989年開始，可口可樂在波克夏的投資組合中一直占有重要位置；二、它也是公司持股市值最大的一檔股票，高峰時市值曾逾百億美元；三、近幾年跌幅最大的股票。

綜合整理巴菲特在不同場合下的表述，我們認為巴菲特之所以一直持有可口可樂不鬆手，主要原因是他一直看好公司的長期經營前景。

在1993年股東信中，巴菲特這樣描述可口可樂：「先前我曾提到，若是在1919年以40美元投資可口可樂會獲得怎樣的成果。1938年，在可樂問世滿50年，且早已成為美國的代表產品之後，《財富》做了一次詳盡的專訪，在文章的第二段作者寫道：每年都會有許多重量型的投資人看好可口可樂，並對於其過去的輝煌紀錄表示敬意，但也都做出自己太晚發現的結論，認為該公司已達顛峰，前方的道路充滿了競爭與挑戰。沒錯，1938年確實充滿了競爭，而1993年也是，不過值得注意的是：1938年可口可樂一年總共賣出兩億箱飲料，但是到了1993年，該公司一年賣出的飲料高達107億箱，這家當時就已經成為市場領導者的公司，在後來將近50年的時間內總共又成長了50倍，對於1938年加入的投資者來說，派對

根本還沒有結束,雖然在1919年投資40美元在可口可樂股票上的投資人（含股利再投資）,到了1938年可獲得3,277美元,但若是在1938年重新以40美元投資可口可樂的股票,到1993年年底還是照樣可以獲得25,000美元。」

在這裡大篇幅地引述巴菲特的發言,是想讓讀者更加清晰地解讀出他在可口可樂這家企業的心結所在。儘管公司規模已變得十分龐大,成長速率較從前大幅度降低,但就公司穩定的經營歷史和投資回報的相對收益率來說,如繼續以50年為一個週期,可口可樂仍是一個不錯的選擇。

在1996年股東信中,巴菲特再次談到可口可樂:「像可口可樂與吉列這類公司應該可以被歸類為『永恆的持股』。分析師對於這些公司在未來10～20年的市場前景預測可能會有些許不同。我們所說的永恆,並不意味這些公司可以不必延續他們在製造、配銷、包裝與產品創新上的努力,但即使是最普通的觀察家或是最主要的競爭對手,也不得不承認可口可樂與吉列在終其一生的投資生涯裡,仍將會在其各自的領域中獨領風騷,它們的優勢甚至還可能繼續增強。在過去10年中,兩家公司的市占率在原來已經較高的基礎上又提升許多,而所有跡象顯示,在未來10年,它們還會繼續以此態勢擴大業務版圖。當然,比起一些具有爆發性的高科技或新創事業來說,這些被永恆持股的公司的成長力略顯不足,但我寧願要確定的好結果,也不要不太確定的偉大結果。」

認真讀過這些段落後,讀者應能同意我們前文的觀點:巴菲特一直沒賣掉可口可樂股票的主要原因,是他仍持續看好該公司的長期經營前景。讓我們再來看看表4-17中的一組資料。

可以看到,1983～1994的11年間,可口可樂的每股盈餘呈現出穩定而快速的增長,這一財務表現加上優異的商業模式,使巴菲特有理由相信,可樂公司在接下來的10年也會呈現出穩定成長。我們再來看看表

4-18中的資料。

表4-17　每股盈餘及年度百分比變化
　　　（可口可樂：1983—1994年）

（單位：%）

年度	1983	1984	1985	1986	1987	1988	1989	1990	1991	1992	1993	1994
EPS	0.17	0.20	0.22	0.26	0.30	0.36	0.42	0.51	0.61	0.72	0.84	0.98
成長率	—	17.65	10.00	18.18	15.38	20.00	16.67	21.43	19.61	18.03	16.67	16.68

資料來源：《巴菲特原則》。

表4-18　可口可樂相關資料

（單位：%）

年度	1994	1995	1996	1997	1998	1999	2000	2001	2002	2003
ROE	48.8	55.4	56.7	56.5	42.0	25.6	23.4	35.0	33.7	30.9
淨利	2,554	2,986	3,492	4,129	3,533	2,431	2,177	3,979	3,976	4,347
成長率	—	16.91	16.94	18.24	-13.9	-31.2	-10.4	82.77	-0.07	9.33

資料來源：《學巴菲特做交易》（*Trade like Warren Buffett*）。

儘管1998～2000年間的業績波動，使截至2003年的10年稅後淨利複合成長率僅為6.09%，但由於公司一直保持較高的淨資產收益率，對極為看重資本報酬的巴菲特來說，公司的經營情況仍在可以接受的範圍內。

在2007年的股東信中，巴菲特這麼總結其長期持有的幾檔股票：「總的來說，我們所投資公司的表現讓我們欣慰。2007年，市值最大的三家公司：美國運通、可口可樂、寶潔公司的每股盈餘分別成長12%、14%

和14％，富國銀行的收益因房地產泡沫的破裂而稍有下降，不過我相信它的內在價值還是在增加，即使只增加了那麼一點點。我必須強調的是：在任何時候，我們不是透過投資品的市場價格來計算我們的進展。我們寧可用適用於旗下私人企業的測試標準，來衡量它們的成績：一、扣除整個行業平均增長後的超額收益增長；二、護城河在這一年裡是否變得更寬。四家大公司均通過測試。」

巴菲特的這段總結引出了我們的最後一個觀點，正像我們分別在「低級錯誤」、「價值投資」等多個章節所指出，由葛拉漢、費雪、蒙格和巴菲特用近100年的時間為我們打造的這座投資殿堂，其基石中的基石就是葛拉漢早在50年前奠定的那個核心理念——把股票當作一項生意去投資，是最聰明的投資。試想，一家企業的所有者怎麼可能時常被這樣的問題所困擾：我的企業經營得越成功、規模越大，由此就變得越來越不好出手。

本節要點

1. 長期投資是巴菲特從1970年代就開始實施的操作策略，將這一策略背後的原因解讀為「尾大不掉」，光是在邏輯上就站不住腳。
2. 即使以巴菲特在其投資中後期買入的可口可樂為例，買入和長期持有的基本原因均是看好企業的長期經濟前景，這是主因。即使有其他原因，也是次要的。
3. 「長期投資」策略是「企業投資」理念下的自然結果之一，非要把它和企業規模連接在一起，似乎有避重就輕之嫌。

誤讀 46 5分鐘

主要誤讀：看一家公司是否有投資價值，巴菲特的方法是先計算其現金流折現值，再比對其價格。

我方觀點：概念沒有錯，但說到巴菲特如何去計算這個「現金流折現值」，答案卻一直迷霧重重，需要我們做出更深入的探討。

海格斯壯在著作《巴菲特的長勝價值》中曾這樣描述巴菲特的選股流程：「對於巴菲特來說，只要你填入適當的變數：現金流量和適當的貼現率，決定公司的價值就很簡單。如果他對預估企業未來的現金流量沒有十足的把握，他就不會試著去評估一家公司的價值，這是他處理問題的特質。如果企業簡單且能被了解，並擁有穩定的盈餘，巴菲特就能夠以高度的確定性來決定未來的現金流量。」

由於對現金流的測算可以透過簡單預估和複雜程式兩種方式進行，因此，僅根據上面這段話，我們還看不出作者的確切觀點。不過，透過這段話以及該書附錄的相關內容，我們發現海格斯壯似乎認為，巴菲特對他買入的十幾支重點股票大都採用了複雜測算方式，如表4-19所示。

表4-19 「股東盈餘」測算模型

華盛頓郵報	蓋可保險	首都城市傳播公司／ABC	可口可樂	吉列	聯邦住屋
簡單模型	簡單模型	簡單模型	二階段模型	二階段模型	二階段模型
健力士（Guinness）	富國銀行	甘尼特（Gannett）	匹茲堡銀行	美國運通	迪士尼
二階段模型	簡單模型	二階段模型	簡單模型	二階段模型	二階段模型

資料來源：根據《巴菲特的長勝價值》附錄進行整理。

在中國,被公認對巴菲特研究較深的劉建位,似乎抱持著相同觀點:「價值評估是價值投資的前提、基礎和核心。巴菲特在波克夏1992年報中說:『內在價值是一個非常重要的概念,它為評估投資和企業的相對吸引力提供了唯一的邏輯手段。』可以說,沒有準確的價值評估,即使是股神巴菲特也無法確定應該以什麼價格買入股票才划算。那麼如何評估企業的內在價值呢?巴菲特認為唯一正確的內在價值評估模型是1942年由約翰・伯爾・威廉斯(John Burr Williams)提出的現金流量貼現模型。」

查看巴菲特歷年股東信,上述兩位作者的觀點與巴菲特關於公司內在價值的定義基本上一致。但在很多時候定義是一回事,在實際中如何進行操作則可能是另外一回事。就上市公司價值評估來說,巴菲特在買入那些「超級明星」時,是否真的會在大多數情況下都按照複雜程式測算現金流,我們從其他幾個同樣可信的管道,卻聽到了一些不同的聲音。

以下摘錄來自《雪球》一書:「預測一家公司在今後幾年的發展並不是一門精確的學科,巴菲特卻在他的預測中使用了安全邊際理論。在推算的整個過程中,他既沒有使用複雜的模型和公式,也沒有用電腦或試算表來計算,他的判斷只是建立在一些簡單的推理基礎上。」

瑪麗・巴菲特與大衛・克拉克在《巴菲特原則》中也寫道:「決定企業的實質價值是探究華倫投資哲學的關鍵。對華倫而言,實質價值就是投資所能創造的預期年均複合報酬率,華倫就是用這個預期年複合報酬率估算某項投資是否划算的。」「記住,推估企業50～100年的盈餘,並折回現值,可能只是一種妄想,因為這期間有太多的變數。理論上或許有可能,但實際上你是在排列不可能的數位組合,所謂的計算形同兒戲。」

不難看出,就企業價值評估的操作層面而言,來自《雪球》和《巴菲特原則》的觀點與來自《巴菲特的長勝價值》和《巴菲特股票投資策略》(劉建位著)的觀點似乎有著不小的差別。

在判斷究竟誰對誰錯之前，我們先來介紹一下巴菲特著名的「5分鐘宣言」：「我們希望能夠找到更多的像我們現在擁有的企業。我們的條件是：一、巨額交易；二、持續穩定的獲利；三、高股東權益報酬率；四、自備管理階層；五、簡單的企業；六、合理的價格。**我們不會進行敵意併購，並承諾完全保密且盡快答覆是否感興趣——通常不超過5分鐘。**」（1987年股東信）

對於這個5分鐘宣言，巴菲特可不是說一套而做一套。在我們的印象中，波克夏的許多收購行動都是在很短的時間內完成。不拖泥帶水、不做盡職調查、不看工廠、不查倉庫、不看帳本明細，甚至大多數情況下也不請任何仲介機構參與，往往是一次見面或一頓午餐就完成了一筆巨額交易。面對這不僅信誓旦旦而且言出必行的5分鐘宣言，請讀者思考一個問題，在這樣短的時間內，巴菲特如何有時間對投資標的進行複雜的現金流折現計算？

透過對5分鐘宣言的長期思考，以及對多項收購案例的深入觀察，結合上述作者們的觀點，我們最後得出了兩點結論：第一，巴菲特對企業內在價值的評估至少有兩種結果模式：絕對值與報酬率（5~10年）；第二，**無論是哪一種結果模式，巴菲特都不是透過複雜的公式進行計算，而是用一種簡單的方式快速做出大致評估。**

關於絕對值的評估方法，中國石油算是一個實例：「在2002年和2003年，波克夏用4.88億美元買入中國石油1.3%的股權。按照這個價格，中國石油總價值約為370億美元。查理和我感覺那個時候公司的內在價值應該為1,000億美元。到2007年，有兩個因素大大提升了公司的內在價值：油價的提升以及公司管理層在石油和天然氣儲備上所下的大工夫。到2007年下半年，公司的市值上升到2,750億美元，大約是我們與其他大型石油公司比較後認為它應該有的價值。所以，我們就以40億美元把它

賣了。」（2007年股東信）

而「報酬率」的評估方法的實例則可在巴菲特1990年致股東的信中找到：「如果你以實質價值10%的溢價買進波克夏的股份，假設後來公司的實質價值每年成長15%，而之後你同樣以實質價值10%的溢價賣出所持有的股份，則你的投資年報酬率應該也會是15%（假設期間公司並未發放任何股利），當然要是後來你以低於10%的溢價賣出股份的話，那麼你最後所得到的投資報酬率可能就會低於公司同期間15%的報酬率。」

那麼，為什麼說巴菲特通常會透過簡單計算來做出企業價值評估？除了5分鐘宣言隱含的簡單邏輯外，巴菲特在1991年股東信中的一段話也引起我們的注意：「讓我們來看一個相當簡化但卻不無貼切的數學算式。幾年以來人們都認為新聞、電視或是雜誌產業的獲利能力，可以永無止境地以每年6%左右的比率成長，而且完全不必依靠額外的資金，從而每年的折舊費用應該會與資本支出相當。由於所需的營運資金也相當小，所以報告中的盈餘幾乎等於可以自由分配的盈餘，也就是說擁有一家媒體事業，投資者每年都可以得到以6%比率穩定增加的純現金流入。如果我們以10%的折現率來計算其現值的話，等於是一次2,500萬美元的投資，每年可以貢獻100萬美元的稅後淨利。」

我們認為這段話可能透露出一個重要的事實：巴菲特在對其他產業的公司進行價值評估時，在產業特質相似的條件下，應也會借用這種簡單程式計算其內在價值。儘管最後計算出的結果有些粗糙和模糊，但只要對相關要素預估準確並且有充足的價格安全邊際，基本上應該可行。如果這個看法成立，這不僅與《雪球》的作者（可能正是來自巴菲特本人表述）的觀點基本一致，也讓我們在5分鐘宣言面前的所有疑問都迎刃而解。

上面說的是關於絕對值的評估方法的計算過程。至於報酬率的評估方法的計算過程就更加簡單了。投資者只要確定：一、公司每股盈餘的長

期成長率（5～10年）；二、買入本益比和評估期結束時可能的賣出本益比，就完成了一個完整的價值評估過程 。

1996年股東年會上曾發生了這樣一則趣事，在談到價值評估話題時，蒙格說道：「華倫只是談到這些折現的現金流，但我從不曾見他動手算過。」巴菲特隨即回覆：「這麼保密的東西，我會在別人看不見的地方進行偷偷計算。」這兩個人至少有一個人在開玩笑，我們認為還是巴菲特開玩笑的機率更大吧！

本節要點

1. 巴菲特在進行企業價值評估時，有兩個「結論模式」：絕對值、報酬率。實證顯示，巴菲特在具體的投資操作中，經常會交替使用這兩個「結論模式」。
2. 在進行絕對值的評估時，有兩種計算模式：一、複雜計算；二、簡單計算。實證研究與邏輯推理均顯示：巴菲特在進行企業價值評估時，主要乃至全部都採用了「簡單計算」的模式。
3. 至於對報酬率的評估，則只有「簡單計算」這一種計算模式。

誤讀 47 影響力

主要誤讀：巴菲特進行長期投資有一個大眾無法比擬的優勢：對所持上市公司的影響力。
我方觀點：他確實具有影響力，但這並不是巴菲特進行長期投資的必要前提之一。

市場上有很多人認為，巴菲特能成功實施長期投資，是因為他對其所投資的上市公司具有極大的影響力。瓦漢・詹吉江（Vahan Janjigian）

在《巴菲特也會犯的錯》中就表達了一個具有代表性的觀點:「只有當你在所投資公司能夠參與制訂公司的商業計畫,並對公司管理決定有一定影響力的時候,集中投資才會有利於控制風險。巴菲特堅信如果你不能投資足夠的錢,使你在公司中有權決定公司的資產部署的話,你最好還是進行分散投資。」

在論及巴菲特與其他人的不同時,該作者認為:「當巴菲特要購買企業時,他通常會以波克夏的名義收購整家公司。即使他只是購買一家公開上市公司的股票,他也會買入足夠多的股份,以使波克夏成為這家公司的最大股東……巴菲特和大部分投資者有一個最大的不同,那就是由於他往往是公司的最大股東,所以如果他願意,他完全可以左右企業的管理決策。如果巴菲特不喜歡該企業的經營方式,他可以進行干預並做出必要的調整。」

在這個問題上,海格斯壯則提出了不同看法:「**買下一家公司,再尋求大規模的轉變,這並不是巴菲特的做法。相反地,他盡量避免選擇需要做大幅度改變的公司**。此外,因為他只購買經營者重視股東權益的公司,所以透過股東與經營者對立去改善股東權益報酬率,這個主意令人無法想像。在大多數的情況中,巴菲特會把他的股票表決權指派給經營者。」[6]

我們同意海格斯壯的觀點。

在投資的早期階段,由於忠實執行葛拉漢的菸蒂式投資策略,巴菲特確實曾經試圖透過盡量多的持股而對所投資公司施加影響,以便使超低的股價能盡快有所反彈(或在私人股權市場上以高價售出)。但從1970年代開始,隨著巴菲特將菸蒂型投資標準逐漸改變為超級明星型後,他的

---

[6] 摘自《巴菲特的長勝價值》。

投資哲學也隨之發生改變。

在1989年股東信中，他對這一轉變做出了總結：「在經歷了25年的管理與經營各種不同事業的歲月之後，查理跟我還是沒能學會如何去解決企業的難題。不過我們倒是學會了如何去有效地避免它們。在這點上我們倒是做得相當成功。在跨越企業的柵欄時，我們專挑那種低於一英尺的欄杆，而盡量避免跨過那種高於七英尺的欄杆。」

事實上，無論從邏輯推理還是實證分析來看，我們都難以得出「影響力」是巴菲特實施長期投資策略的前提這個結論。從邏輯層面上來講，既然買入的是超級明星，標的本身就應具備了「超級管理」能力。如果再施加額外的影響力不僅沒有必要，而且可能適得其反。從實證層面上來講，**巴菲特對其許多重倉持有的股票，不僅不會施加自己的影響力，還經常做出一些其他大股東可能永遠都不會做出的舉動：將投票權交給公司管理層**，如華盛頓郵報和首都城市傳播公司／ABC。

在1970年代後期到1980年代初期的股東信裡，我們經常可以讀到巴菲特的這一思想：「對於一家優秀的上市公司來說，直接的擁有權對我們並沒有多大的好處。控制權雖然讓我們擁有機會，但同樣也帶來責任，而我們根本就沒有能力提供現有管理階層關於經營管理上的任何幫助。事實上，與其管還不如不管，因為它能讓我們得到更好的結果。」（1977年股東信）

「當然，僅有少數的股權，代表我們無權去指揮或影響上市公司的經營決策，但我們為什麼要那樣做？過去的紀錄顯示，他們營運管理的績效甚至比我們自己的公司經營還要好。雖然閒坐一旁看別人表現，難免有點無趣且傷自尊，但我們認為這本來就是被動參與某些優秀上市公司所必須犧牲的。就算有人有幸得以取得Safeco公司的控制權，最好的方式還是坐在一旁，讓現有的管理階層自由發揮。」（1978年股東信）

「我們發現可以輕易從市場買到，一些由有能力且正直的人經營的公司的部分股權，而事實上，我們也從未打算自己去經營這些公司，我們想要的只是能夠從這些公司身上長期獲利。」（1981年股東信）

由於巴菲特是不少上市公司的第一大股東（請注意，由於集中投資而自然成為第一大股東，與為了成為第一大股東而集中投資，是兩種完全不同的策略），因此在諸如華盛頓郵報、首都城市傳播公司／ABC、可口可樂等上市公司裡，巴菲特都是董事會的成員。但巴菲特認為：「作為公司董事，你根本不需要遠端操控公司運作的具體細節。你每天在報刊媒體上看到那些有關公司董事會運作策略的報導，全部都是胡說八道。其實董事根本不需要真的去做什麼，因為在他面前只有兩種可能：如果你足夠聰明，而且能得到大老闆的信任，那他可能會聽聽你的意見；但98%以上的情況，他們絕對會按照自己的意願處理出現的所有問題。聽好了，這也是我經營波克夏的方式。我想羅伯特（可口可樂的董事長）肯定也很欣賞我，但他不會想從我這裡聽取太多意見。」

如果說巴菲特對其持有的上市公司實施「交出權力」的管理哲學，是因為控制權有限，不得已而為之的話，巴菲特對自己具有控制權的私人企業採取的又是什麼策略呢？

《雪球》一書為這個問題做出了回答：「在這個腹地之外管理波克夏和藍籌印花公司子公司的那些經理們，可就太幸運了，因為巴菲特基本上讓他們獨立經營，他的管理技巧就是找到一些像他一樣不知疲倦地工作的完美主義者，然後就放任自流了，不過要對他們『卡內基化』——專心、讚揚以及戴爾·卡內基（Dale Carnegie）的其他方法——時不時地敲打一下。」

看來，對於這些私人企業，巴菲特同樣採用了「讓開道路」的經營管理策略。正如我們在「管理大師」一節中指出，如果巴菲特對私人企業

的成功收購與管理是建立在可以施加「影響力」上面，不僅不會有今天的波克夏，也不會有「每天都跳著舞步去西斯汀禮拜堂繪畫」的巴菲特。

當然，作為第一大股東和董事會成員乃至董事長的巴菲特，確實有著中小投資者所沒有的影響力。並且，也時不時會有在必要時出面干預的先例，但如果將此引申為這是他實施長期與集中投資策略的基本前提，恐怕有些言過其實。

本節要點

1. 透過自己大股東的「影響力」去改變或左右所投資公司的經營狀況，既不是巴菲特選擇集中投資的初衷，更不是他選擇長期投資的必要前提。
2.「繞過高於七英尺的欄桿」，是巴菲特投資哲學的一項重要內容。
3. 當巴菲特擇優買入一家公司時（多數或少數股權），大多情況下，他只是想獲得公司的長期財務回報，而不是總想著能對這家公司或管理層「做點什麼」。

誤讀 48 中國石油

主要誤讀：賣出中國石油充分顯示出，巴菲特的投資操作是價值投資，而不是長期投資。

我方觀點：由於買入和賣出中國石油並不屬於波克夏的典型操作，因此上述觀點有一葉蔽目之嫌。

過去中國投資人談論較多的話題之一，就是巴菲特對中國石油的操作。絕大部分投資者所持的觀點是：巴菲特選擇賣出中國石油，再次顯示了他的投資策略是價值投資，而不是長期投資。

一位自稱對巴菲特研究較深的投資人，發表了頗具代表性的看法：

「巴菲特的精髓是以長期投資的態度去選擇價值被低估、在下跌的股票，不求買在最低，安全就好；在價格上漲、不值得長期投資以後賣出，不求賣在最高，賺錢就好。如他最近賣出的中國石油。」

他對中國石油一例的解讀，和大多數散戶的觀點基本相同：巴菲特對中國石油的賣出，代表了巴菲特對股票投資的主要操作模式：價格上漲後獲利了結。

事情果真如此嗎？我們先來重溫一下巴菲特買賣中國石油的大致經過：巴菲特自2002年開始以波克夏名義買入中國石油，並於2003年建倉完畢。至此，其所持有的中國石油的股票共計23億股，大約占中國石油公開發行股份的1.3%，投資金額總計為4.88億美元。到2007年，巴菲特將中國石油的股票悉數賣出，交易金額大約為40億美元。

通常來說，波克夏對股票的投資分為三種類型：一、既便宜又優秀的公司，如華盛頓郵報、蓋可保險、富國銀行等；二、不便宜但優秀的公司，如首都城市傳播公司／ABC、可口可樂等；三、便宜但不算很優秀的公司（或者對巴菲特來說不具高確定性的公司），大部分的非主要投資部位以及套利型買入都是這種類型。

對於第三種類型，巴菲特的投資策略自然是短期持有。中國石油顯然屬於第三種。為什麼這麼說？先讓我們來看看下面的兩組數據，如表4-20和表4-21所示。

表4-20的資料顯示，在巴菲特開始買入中國石油的時候，公司的估值水準與國際石油公司（如埃克森和英國石油等）的整體估值水準相比，明顯有些偏低。巴菲特當時認為公司應該值1,000億美元，這一估值與公司市值的差距，恰好等於當時公司市場本益比與國際石油公司整體本益比間的差距。可以看出，正是極低的市場價格，使得巴菲特進行了這筆「套利型」交易。

安迪・基爾派翠克（Andrew Kilpatrick）在其著作《永恆的價值》中，曾為此做出如下描述：「巴菲特經常說，投資於美國國外的股票尤其要謹慎小心，中國也不例外。2003年10月10日，他在華頓商學院上課的時候對學生說：要在中國獲利，你在任何一方面都不能出現閃失。我們之所以購買中國石油，只是因為它便宜。」

從表4-21中我們可以發現，巴菲特對中國石油的買賣屬於一次漂亮的套利型操作，其所提供的年均複合報酬率高達52.30%！這次操作，甚至在巴菲特長達60年的投資歷史中，都能算得上是濃墨重彩的一筆。

當然，除了股價相當便宜之外，對中國石油的買入也可能包括了其對油價未來走勢的判斷，畢竟當時石油價格總體上處在相對低位，這更加大了股票的套利空間。

表4-20　巴菲特對中國石油股票的買入明細

買入成本	買入本益比	產業本益比	差距	公司市值	巴菲特估值	差距
4.88	6.3	17	2.70倍	370	1,000	2.70倍

表4-21　波克夏對中國石油股票的賣出明細

（單位：億美元）

買入成本	賣出收入	年均複合成長率（%）	買入時市值	賣出時市值	年均複合成長率（%）
4.88	40	52.30	370	2,750	49.35

至於巴菲特對石油價格的關注以及由此引發的一些套利交易，在那之前的幾年就已經有過先例：「截至去年年底，我們總共有三項異於往常的投資：首先是1,400萬桶的原油期貨合約，這是我們在1994～1995年間所建立4,570萬桶原油的剩餘部分，預計在1998～1999年陸續到期，目前未實現的獲利約有1,160萬美元。而已經平倉的3,170萬桶原油合約共獲利6,190萬美元。會計原則規定期貨合約必須依市場價格評價，因此這些合約的所有未實現損益均已反映在我們年度或每季的財務報表上。當初我們之所以會建立這些部分，主要考慮當時的石油期貨價位有些被低估。至於現在的市場狀況，我們沒有任何意見。」（1997年股東信）

　　再補充一點，關於巴菲特全數賣出中國石油的事件，坊間還有一個傳聞：來自股東的壓力。但我們認為，即便確實有這些壓力，也不應該是導致巴菲特賣出中國石油的主要原因。作為波克夏的絕對控股人，他的每一項重要投資決策，應該首先是出於商業上的考慮或依照自己的「內部計分卡」行事。

　　在這個基礎上，如果剛好能滿足股東的意願，又何樂而不為？正如《雪球》作者施洛德所說：「波克夏從中國石油的股票出售中獲得了幾十億美元的收入。有傳聞說，此次賣出是因為持有中國石油股份這件事在波克夏公司的股東之間產生了爭議……但是根據巴菲特所言，他賣出中國石油不是因為其他股東的抗議，他也不認為中國石油對蘇丹達佛事件（按：2003年爆發於蘇丹達佛地區的內戰與人道危機）負有責任，但是他希望股東之間和諧相處，不希望股東之間發生衝突，他希望其他股東對他是尊敬的，而且他在持有中國石油這麼長時間後，這檔股票已讓他賺了很多錢，因此為了保持股東之間的和諧，在那個時間把中國石油的股份賣出去也沒問題。」（引自媒體綜合報導）

本節要點

1. 巴菲特對中國石油的投資並不屬於其「主要投資部位」,更像是一次基於價格便宜的套利型操作。

2. 由於對巴菲特來說中國石油是一家外國公司,因此,對中國石油的買賣,在當時波克夏的股票投資中不具典型意義。

3. 基於上述理由,將巴菲特對中國石油的操作解讀為「價值投資不等於長期投資」,恐怕就有些言過其實。

第五部

美國夢,
不在美國也能做

誤讀 49 低風險操作

主要誤讀：巴菲特的那套東西，到了國外肯定水土不服。
我方觀點：當我們能透過現象看本質時，就會有不同的答案。

人們面對許多新事物，往往要經歷從抵制、懷疑到認可、接受，再到喜愛甚至欣賞的過程，這就像我們對起司、咖啡和啤酒的感覺一樣。常聽起人們說第一次喝咖啡的感覺就像是在喝中藥，喝啤酒就像喝馬尿（儘管他們從未喝過馬尿），而我們自己對起司的初次感覺是：世上怎會有如此難吃的東西？而到了今天，喝啤酒已經成了我們生活中常見的事情，喝咖啡更變成了一種時尚。至於起司，本書其中一位作者曾去法國旅行，在一次十分美味的法國大餐中，他不僅吃完了自己的那份起司，還把飯桌上所有未動過的起司全部一掃而空！

正如人們對起司、啤酒和咖啡的認識一樣，我們對巴菲特投資體系能否適用於他國市場這個問題，恐怕也需要一個較為漫長的認識過程。

儘管如此，我們還是想在這裡做出一番努力，嘗試以自己的理解與體會對這個問題做出詮釋和解答，看看能否帶來一些新的啟示。

我們覺得，在這個問題上之所以會出現許多抵制和懷疑，其中一個原因就在於人們沒能透過現象來看本質。我們相信，當人們能真正了解什麼才是巴菲特投資體系的本質，而不只是停留在諸如「只有美國行」這種表面上的認知時，就會有更多人改變他們的看法；就如同人們最終改變對起司、咖啡和啤酒的看法一樣。

那什麼才是巴菲特投資體系的本質呢？我們認為其中一項內容就是在特定的條件下，它能夠讓投資人在較低，甚至很低的風險下取得穩定的回報。這裡的特定條件並不包括股票市場的地理位置、市場屬性（新興或

成熟），更不包括投資人的國籍和膚色。沒錯，巴菲特曾經說過他為自己出生並成長在美國而感到幸運，但我們談的不是投資人最終能否變成另一個巴菲特，而是他的基本理念和操作策略是否有值得我們借鑑的內容。

我們先來看「巴菲特的那套東西」，如何帶領我們進入低風險的投資領域。眾所周知，無論哪個國家的股票市場，都有著與生俱來的三大風險：系統性風險（Systematic Risk，按：又稱市場風險，如天災人禍、金融海嘯，指廣泛的市場因素）、非系統性風險（Unsystematic Risk，按：如公司因素造成個股股價波動，指個別公司或行業的風險）和投資者非理性操作風險。

我們就從所謂系統風險談起。為何要稱其為「所謂系統性風險」？這是因為在以巴菲特為集大成者的企業內在價值投資體系中，系統性風險幾乎是一個偽命題。

我們先來看看這一投資體系的三個關鍵字：一、優秀企業；二、安全價格；三、長期投資。現在讓我們作一個假設：以20倍本益比（美國股市的本益比長期在10～20之間波動）買入一家每股盈餘為1美元，預期年成長率為15%、名為「價值公司」的股票，然後長期持有。表5-1是價值公司未來10年的增長及初始買入時的價格所對應的本益比資料。

資料顯示：即使買入後市場持續出現巨幅波動或長期步入熊市，那

表5-1 「價值公司」經營預期

（單位：美元）

時間	1年後	3年後	5年後	7年後	10年後
每股收益	1.15	1.52	2.01	2.66	4.05
本益比	17.39	13.16	9.95	7.52	4.94

麼就10年後的情形而言，只有當本益比跌至5倍以下時，才會出現「本金損傷」。但要注意兩點：第一，在我們買入的是一家優秀公司的前提下，市場持續給出較低本益比的可能性很小。第二，巴菲特對投資風險的定義是「本金永久損傷」，而對一家經營良好的公司而言，即使多年後因市場下跌而出現股價低於成本的情況，但造成「永久損傷」的機率也將微乎其微。

不過，人們投資股票可不光是為了規避風險，最終還是為了取得令自己滿意的回報。表5-2給出了在上述相同假設下投資這家價值公司，在不同本益比下的期末報酬。

表5-2　不同本益比下價值公司10年後的報酬率

（單位：%）

本益比	5倍	10倍	15倍	20倍	25倍
總報酬率	101.25	202.50	303.75	405.00	506.25
年化報酬率	0.12	7.32	11.75	15.01	17.61

如前所述，由於市場對於一家優秀公司的估值，很少跌至並長期停留在5～10倍以下（如果我們選錯或買貴了，那也主要是非系統性風險或者非理性操作風險方面的問題），因此，在10年後至少可以獲得7.32%的年均複合投資報酬。這一回報有很高的機率會高於同時期的無風險利率，也將有效抵禦通膨的影響。當然，若出現長期惡性通膨，這種報酬水準看起來就有些不盡人意了。但如果出現惡性通膨，股票市場的估值水準通常也將隨之提升，「價值公司」的經營與市場報酬也將更上一層樓。

有趣的是，即使我們把投資風險的衡量方法改為「標準差」（現代投

資理論衡量投資風險的指標），在長期持股的前提下，系統性風險最終仍是一個「偽命題」。柏頓‧墨基爾（Burton G. Malkiel）在暢銷書《漫步華爾街》（*The Random Walk Guide To Investing*）中考察了1950～1988年的股市變化情況並得出結論：**當投資期超過10年時，股票價格就只在「正值」之間波動**；而柏格在《柏格投資》中也提出了相同觀點：「**儘管股票在今天具有很高的短期風險，但是時間可以修正其風險的波動。**這種修正就像是一個魔幻圖，我們也把它稱為組合投資的修正圖。股票投資的風險（標準差）在一個特定的短時期內可以使資產縮水60%，但是在第一個10年以後，75%的風險都將消失。」

下面我們再來看巴菲特投資體系中的所謂非系統性風險。再一次使用「所謂」兩字，或許讓我們顯得有些輕浮，這可能是受巴菲特在敘述相關問題時所表現出的樂觀情緒感染吧！我們都知道，過去數十年來，巴菲特在選擇標的時，有一套持之以恆的標準，如四隻腳理論、護城河理論、儲蓄帳戶理論、反向悲喜理論等。根據對巴菲特六十多年操作的長期觀察，以及過去二十多年來，按照相同標準的長期投資實踐，我們認為在巴菲特的投資標準的框架下，同樣給非系統性風險一個「所謂」的稱呼，似乎也並不為過。

讀者不妨與我們一起回顧，巴菲特在幾次描述其實際投資操作和進行投資總結中所使用過的詞彙：一、1955年在投資聯合電車公司（Union Street Railway）時，由於考慮到公司的股票價格甚至低於當年計畫的現金分紅金額，巴菲特對此項投資的描述為「幾乎沒冒什麼風險」；二、在回顧1973年對華盛頓郵報的投資時，巴菲特認為「這筆資產可以說是絕對安全的，即使把我的全部身家投入其中也不會感到擔心」[1]；三、在1994年股東信中，在描繪了投資企業的「四隻腳標準」後，巴菲特指出：「依照這一標準，我們出錯的機率微乎其微。」而在2002年股東信

中談到同一個話題時,巴菲特又做出了「我們預期每一筆投資都會成功」和「在我們經營波克夏的38年當中,投資獲利的個案和投資虧損比例約為100：1」的表述。

當然,巴菲特說過、用過這些語句和資料是否與事實完全相符,倒沒有那麼重要。即使不是1%,而是2%、3%,甚至4%和5%又如何？它仍然改變不了一項事實：按照巴菲特給出的投資標準操作,我們就應該能把股票投資中的非系統性風險降至最低。

最後,來看看股市投資中的第三大風險：投資人非理性操作風險。多年來我們的一個基本看法是：從某種程度上來說,投資人蒙受的損失中,有相當部分、甚至絕大部分來自其非理性操作。

提出這樣的觀點,源自於一個可能較為苛刻的標準：只要能選對股票並能拿得住,就可以化解90%投資風險。否則,就容易讓自己陷入非理性操作。

有一則關於毛澤東的逸事：一位友人向他詢問打仗的祕訣,只見他坐在那裡晃著椅子答道：「打仗嘛,很簡單,就四個字：集中兵力。」如果同樣的場景出現在葛拉漢面前,他的回答一定是：「投資嘛,很簡單,就四個字：安全邊際。」而如果再把同樣的場景套用到巴菲特身上,相信他的回答一定會變成：「投資嘛,很簡單,就四個字：企業角度。」什麼是企業角度？簡單來說就是：選得好並拿得住。

下面我們來討論巴菲特的投資方法,如何能讓我們有效規避非理性操作風險。先來看看容易讓散戶陷入非理性操作的三個典型場景：一、亢奮中的牛市；二、絕望中的熊市；三、頻繁且巨幅的股價波動。在判斷依

---

1 摘自《永恆的價值》。

照巴菲特的方法能否有效迴避上述三個典型場景下的非理性操作前，我們先將構成巴菲特投資體系的五項基本策略描述如下：一、把股票當作生意一樣去投資；二、視股價波動為朋友而非敵人；三、安全邊際；四、集中投資優秀企業；五、選擇性逆向操作。不難看出，在有效規避投資中的第三大風險上，這五項操作策略可謂「刀刀見血」！

把股票當作生意一樣去投資，我們就可以避免因頻繁操作而造成的「非受迫性失誤」[2]；視股價波動為朋友而非敵人，我們就可以「利用市場先生的口袋而不是其腦袋賺錢」；對安全邊際的堅守，就可以讓我們躲開絕大部分的「成長率陷阱」；集中投資優秀企業，就可以避免「小蜜蜂飛到西又飛到東」的忙碌與低效；選擇性逆向操作不僅會把我們從「追漲殺跌」的泥沼中拯救出來，還會讓我們處在「聰明投資者」的位置上（上述引號內的詞彙分別摘自巴菲特歷年股東信、葛拉漢的《智慧型股票投資人》以及席格爾的《投資者的未來》）。

不難看出，上述分析並不是以股票市場在地球上的位置，而是以一種邏輯推理為前提。如果你能認可上述看法，接下來的問題就是：進行低風險操作且報酬穩定而長久的投資方法，為何不適用於他國股票市場？

本節要點

1. 許多投資人最為擔心的系統性風險，在一定條件下其實是個偽命題。
2. 由於能最大限度地降低股市中的三大風險，巴菲特投資方法的基本特質之一，就是在低風險基礎上取得穩定報酬。
3. 這一特質並不以國別、市場及人的膚色為前提。

---

[2] unforced error，在網球比賽中，選手自身主動失誤造成回球下網或出界，而與對手無關。

誤讀 50 發現的艱難

主要誤讀：美國有比較多具備長期投資價值的公司，這是巴菲特得以成功的基本原因。

我方觀點：巴菲特之所以選擇集中投資，其中一個原因就在於「發現的艱難」在美國同樣存在。

我們先來看看表5-3。

表5-3 波克夏歷年重倉股數目及市值占比（％）（1977～2008年）

1977年	1978年	1979年	1980年	1981年	1982年	1983年	1984年
7／70	6／66	8／85	8／75	6／74	7／88	4／85	5／84
1985年	1986年	1987年	1988年	1989年	1990年	1991年	1992年
5／90	3／93	3／100	4／97	4／97	5／97	4／86	5／85
1993年	1994年	1995年	1996年	1997年	1998年	1999年	2000年
6／91	7／92	7／97	7／97	6／91	5／79	5／79	4／71
2001年	2002年	2003年	2004年	2005年	2006年	2007年	2008年
4／71	4／69	4／69	6／76	7／87	6／64	7／67	4／46

資料來源：施得普匯資料庫（重倉股指當年淨值占比高於5%的股票）。

從表5-3可以看出：在這三十多年裡，巴菲特同時持有的重倉股數目從未超過8支，而且在相當多年分裡，重倉股數目少於5支，1987年的全部持股甚至只有3支。它意味著巴菲特在當年把大約二十多億美元的資產全部集中在3支股票上！

在不少人看來，巴菲特之所以在如此長的投資期間內，始終堅持將主要資產集中在5～8檔股票上，只是集中投資策略下的自然結果。至於為何要堅持集中投資策略，人們則習慣在巴菲特的那段著名言論中尋找答案：「著名經濟學家凱因斯的投資績效跟他的理論思想一樣傑出。他在1934年8月15日寫給生意夥伴斯史考特（F. C. Scott）的一封信中寫道：隨著時光流逝，我越來越相信正確的投資方式是將大部分的資金投入在自己了解且相信的事業之上，而不是將資金分散到自己不懂且沒有信心的一大堆公司上。一個人的知識與經驗絕對有限，因此在任何給定的時間裡，很少有超過2～3家的企業，我認為我有資格將全部的信心置於其中。」（1991年股東信）

儘管不能否認在巴菲特長期實施集中投資策略的背後，有凱因斯上述思想的影響，但如果就此認為這是巴菲特採取集中投資策略的主要甚至唯一原因，恐怕與事實不盡相符。讀者可能已經領會到了我們想表達的觀點：凱因斯與巴菲特等人一直堅持集中持股的策略，並非只是因為知識、經驗甚至精力等內因，除此之外另有其他因素。那麼，這個「他因」又會是什麼？我們再來看一下表5-4。

表5-4　一定時期各行業成長公司所占的比重（1950～2003年）

（單位：%）

時間	所有行業	科技	健康	家用紡織品	快速消費品	金融
3年	58	55	57	69	61	46
5年	37	36	28	48	44	24
10年	15	14	23	24	18	8
15年	7	7	13	16	7	4
20年	4	3	9	9	3	2

表5-4的資料來自紐約伯恩斯坦研究公司（Bernstein Research），是他們美國公司持續成長可能性做的一份調查。可以發現，即便是在百年老店比比皆是的美國，在過去半個世紀，如要挑選出可以持有20年的成長型股票，成功機率只有4%。可以持有10年的，也只有15%。即使是只想持有3年，做出正確選擇的機率也只略高於50%。

達摩德仁在《打破選股迷思的獲利心法》（Investment Fables）一書中指出：「過去的成長率是極度不穩定的資料，並不是未來增長的可靠指標。在一項對美國企業收益增長的檢測裡，約翰・利特爾（John Little）定義了『雜亂無章的成長』這一術語。因為他發現：幾乎沒有任何證據證明，在某一時期快速成長的企業，必定會持續在下一個時期繼續快速成長。在檢測不同長度的連續時間段之間收益成長率的相關聯繫時，他經常發現兩個不同時段的成長率之間存在著負相關性，而這兩個時段裡的平均相關係數接近零。」

另外，《投資者的未來》一書作者席格爾也曾做過一項針對標普500指數公司（原始指數公司及其派生公司）長期投資報酬的調查。調查結果顯示，在1957年3月1日至2003年12月31日，將近47年的時間中，年報酬率超過15%的僅有52家公司，占公司總數的10.4%；超過16%的僅16家，占總數的3.2%，超過18%的只有4家，占總數的0.8%。

最後，巴菲特本人這樣說：「如果一家大公司公開宣稱，每股盈餘成長率可以長期維持15%的話，那肯定會招致許多不必要的麻煩。其原因在於這種高標準只有極少數企業才有可能做到。讓我們做一個簡單的測試：1970年與1980年，在200家盈餘最高的公司當中，如果算算到底有幾家公司在此之後能夠繼續維持15%的盈餘年增率，你會發現，能夠達到這個目標的公司少之又少。我可以跟你打賭，在2000年盈餘最高的200家公司當中，平均年增率能夠在接下來20年裡達到15%的，絕對不

超過10家。」（2000年股東信）

　　上述資料顯示，即使在美國這樣的成熟市場，長線投資人同樣時常陷入「發現的艱難」這一尷尬處境。因此，我們有理由認為，無論是凱因斯還是巴菲特，「有限的知識與精力」僅僅是他們「有限持股」的原因之一。而「發現的艱難」則是導致他們長期以來堅持集中投資的另一個重要原因。

　　與此同時，我們也注意到，在巴菲特持有不超過3～4年便賣出的股票中，除了原本就是以套利為目的的投資外，對其他股票做出賣出決定的主要原因，是發現在最初買入時，對企業經濟前景的判斷有誤（並不是很多人認為的獲利了結）。這也從另外一個側面印證了巴菲特本人在1991年股東信中發出的那一句感慨：「發現偉大的公司和傑出的經理，是如此之難。」

本節要點

1. 就投資者可以長期持有的優秀上市公司而言，「發現的艱難」不僅存在於他國股市，同樣也存在於美國股市中，這也是導致巴菲特一直實施集中投資策略的重要原因之一。

2. 如果我們能像巴菲特那樣，把同時持有的重倉股限定在6～8支，股市就不應存在「沒有投資價值」的問題，問題的重心將轉變成你是否有識別優秀企業的能力。

3. 對於一家貨真價實的優秀企業而言，一般都需要從初步識別到最終確定的過程。因此，不應指望每次「押寶」都會成功，而應把「二次篩選」當作「買入－持有」策略的基本流程。

誤讀 51 美國夢

主要誤讀：巴菲特傳奇是一個在他國無法實現的美國夢。
我方觀點：從後照鏡往回看，似乎都是必然和註定的，在美國同樣如此。

巴菲特到底創造了怎樣的財富傳奇，其實滿多人不太清楚。記得有一次我們和一位企業界的朋友聊起這個話題，談到如果有人從1956年開始就一直跟隨巴菲特，至今會有什麼樣的財富回報時，她的反應可以用目瞪口呆來形容。

為了讓讀者對這個「美國夢」的理解更清晰，在展開本話題之前，我們先做一個簡單的描繪。我們在計算時使用了兩種口徑：按波克夏每股淨值計算的財富成長，以及按公司股票價格計算的財富成長。

需要事先說明，我們計算財富淨值成長的截止日期是2007年12月31日。做出這樣的安排有兩個相關原因：一、避免出現葛拉漢在《證券分析》中指出的「把孤立事件當作未來週期模式」的情況，而我們認為2008年發生的金融海嘯就是一個孤立事件；二、避免出現巴菲特曾指出的「在計算區間報酬時，期初或期末資料存在非常規性地過高或過低」的情況。

先來看看按波克夏每股淨值計算的結果。從1965年巴菲特入主該公司開始算起，一直到2007年年底，波克夏每股淨值的總成長是4,008.63倍，年均複合成長率是21.3%。也就是說，如果有人在1964年年底交給巴菲特1萬美元，到了2007年年底，這1萬美元就會變成4,008.63萬美元。

再來看按公司股價計算的結果。對於一名普通散戶來說，這或許比每股淨值更有參考價值。如有投資者從1956年巴菲特開始投資管理業務的第一天就跟隨他，並在1965年巴菲特入主波克夏時，按當時每股18美

元的市場價格買入波克夏股票,截至 2007 年 12 月 31 日,其財富總成長為 52,782.86 倍,年均複合成長率為 23.76%。也就是說,如果投資者當初交給巴菲特 1 萬美元,在 51 年後就變成了 5.28 億美元。

這是一個在大洋彼岸才能實現的美國式夢想嗎?我們的回答是:不一定。

讓我們一起回到 1956 年,假設你就是那個在當時交給巴菲特 1 萬美元的幸運兒,你真的能在長達 51 年的時間內毫不動搖,一直跟隨著巴菲特到今天嗎?也許這個問題顯得有點抽象,不好回答。接下來,我們列舉出在已過去的 51 年內,投資人會面對的四種情況,看一看你是否可以順利地撐下去。

1. 一支冷門股票

我們來看基爾派翠克在《永恆的價值》的兩段描述:「雖然波克夏成績卓著,巴菲特聲名遠揚,但華爾街仍不把波克夏的股票放在眼裡。幾乎沒有哪位證券分析師追蹤,股票經紀人幾乎從不向投資人推薦,也很少有哪家媒體把它當作一種股票投資品種,加以宣傳報導,甚至連那些重要的藍籌公司名單也不曾提及它。」

「1997 年 8 月 5 日,一則網路上的留言這樣寫:14 年來,我一直請教一些股票經紀人和投資顧問,買入波克夏的股票是否划算。無論男女,給我的答案始終都一樣:不,波克夏的股票的股價太高,股價超過了其內在價值,買波克夏的股票實在是荒謬之極、瘋狂之至。從來沒有人告訴我相反的結論,連一次都沒有。」

對這樣一支在市場上如此不受人待見的股票,你真的會一直拿著不放嗎?

2. 超長期投資

美國股票市場早期的週轉率約在25%～50%，現在大約在80%～100%左右。這就是說，即使是早期的美國股票市場，四年以上的持有週期也應算是長期投資了。然而我們已知的一項事實是，實現巴菲特財富夢想的一個基本前提是，你要持有它40年以上。你真的能做到嗎？

按照自己的思維習慣與行為偏好，持有某檔股票一年就已經算是長期投資了。如果到了美國，在那樣的環境下買股票，即使對自己的行為作出一些修正，恐怕也很難持有一檔股票長達數十年。

3. 不盡如人意的投資報酬

如果你在1965年以每股18美元的價格買入波克夏的股票，到1970年時，儘管你在這五年中的總回報是2.22倍，年均複合報酬率高達17.29%，但接下來五年，你在這檔股票上的投資回報酬將面臨一個慘況：零成長。就算你真的能熬過這個困難時期，那麼對於隨後接踵而至的其他不理想回報，你是否也能一一承受？（見表5-9）

表5-9　公司股價及標普500的年成長率

（單位：%）

年度／類別	1983～1984年	1986～1987年	1989～1990年	1995～1996年	1998～1999年	2004～2005年
公司股價	-2.67	4.61	-23.63	7.16	-16.89	0.82
標普500	6.1	5.1	-3.1	23.0	21.0	4.9

資料來源：施得普匯資料庫。

4. 股價暴跌

也許，在股價的大幅波動中最能看出一個人的投資取捨。在1965～

2008年間（不含金融危機時期），波克夏的股價一共經歷了四次暴跌。我們現在就把這些紀錄依次列出，看看在 1965 年買入波克夏股票的散戶，是否每次都能頂住巨大的壓力堅持下來。

第一次暴跌：從 1970 年代開始，美國股市出現整體性的大幅下跌，波克夏的股票自然也難以倖免。到 1975 年 10 月，股價從兩年前的每股九十多美元被斬至每股 40 美元。

第二次暴跌：1987 年發生全球性股災，波克夏的股價又一次受到較大的衝擊，股價從每股 4,000 美元迅速跌至每股 3,000 美元左右，短時間的跌幅達到 25% 左右。

第三次暴跌：1990 年海灣戰爭爆發，波克夏的市值再次受到重創，股票價格從每股 8,900 美元急劇跌至每股 5,500 美元，下跌幅度達到 38.20%。

第四次暴跌：1990 年代末，美國出現網際網路泡沫。由於市場熱捧具有新經濟概念的股票，那些非新經濟概念的公司的股票受到市場拋棄。巴菲特堅持不買網際網路相關股票，公司股價又一次暴跌，從最高的每股八萬多美元跌至四萬美元左右。1 萬美元變成 5.28 億美元的故事的確誘人，但前提是我們要堅持到最後。我們真的做得到嗎？

本節要點

巴菲特傳奇的背後，不僅是一個財富奇蹟，更是一個「行為奇蹟」。無論是哪裡的投資人，持有一檔股票 40 年不放手，都可說是不可能的任務。因此，即使你是美國人，甚至曾經就是波克夏的一名早期股東，還是有很高的機率會與這個財富奇蹟失之交臂。

第六部

模仿他，成為他，超越他

誤讀 52 大器晚成

主要誤讀：按照巴菲特的投資方法操作可能要等很久才能致富。
我方觀點：巴菲特絕非大器晚成之輩。

和圈內朋友聊到投資與巴菲特時，不少人都分享同一個的觀點：現在資金有限，還是要盡快賺一些錢，等財富積累到相當多的程度後，再學巴菲特也不遲。而在和圈外朋友聊到相同話題時，他們的反應則更為直接：學巴菲特？太慢了吧！

這也難怪，巴菲特的財富故事傳到我們身邊時，他已經近70歲。當許多三十多歲的年輕人聽著一個70歲老人的財富傳奇時，當通街叫賣的記錄著巴菲特傳奇故事書籍的封面上都印著一幅顯得有些飽經滄桑、風燭殘年的老人肖像時，人們很容易產生這樣的聯想：他是在年齡很大以後才變得富有的吧。

源於這樣的聯想，多數人在選擇投資方法時自然地將巴菲特的方法棄如敝屣，而各種媒體頻頻報導關於「○○迅速致富」的故事，更讓大家對盡快賺錢趨之若鶩。我們不否認在目前的股市，還是有一些人能夠快速賺取大筆財富。我們只是擔心這些人一旦失去之前的連連好運後，是否甘心轉入一條他們曾經嗤之以鼻、獲取「平庸回報」的投資路徑？同時，即便他們願意如此，我們也懷疑他們是否有能力在這條與自己之前的操作風格大相逕庭的路徑上，像以前一樣持續取得成功。

當然，這些問題本不在我們關注的範圍之內。下面還是讓我們集中話題，對巴菲特是否是一個大器晚成者做出討論。

首先給出我們的結論：絕非如此！實際上，巴菲特很早就變得非常富有。今天，人們把他的財富傳奇比喻為滾雪球，但這個巨大無比的雪球

是一路穩步滾下來的，絕非只是到了後期，雪突然變濕、變厚而使其快速變大。儘管與今天的「大雪球」相比，當初的「小雪球」顯得有些不值一提，但在當時，已經十分值得稱道。下面就讓我們在「未經授權」的情況下，將巴菲特的「財富履歷」簡要公布如下（美元數據主要根據《雪球》整理，通膨全部按年均4%修正）：

1. 青少年階段：11歲買入他人生中的第一檔股票；14歲已經完成了他最喜歡的一本書《複利的本質》（*One Thousand Ways to Make $1000*）中所提出的第一個目標：擁有1,000美元，按照4%的通膨修正，相當於現在的1.4萬美元；17歲時透過投遞報紙和做些小生意，使財富積累到了5,000美元，按4%的通膨修正，相當於今天的5.7萬美元。

2. 青年階段：1951年年底，在他21歲時，個人資產已經累積到1.97萬美元，經通膨修正，相當於今天的19.2萬美元；26歲時財富積累到17.4萬美元，經通膨修正後相當於現在的139萬美元；到了30歲的而立之年時，個人財富已積累到24.3萬美元，相當於今天的166萬美元。

3. 壯年階段：1965年年底，在他35歲時，由於投資美國運通的巨大成功，私人財富達到680萬美元（主要表現為波克夏的股權價值），相當於現在的3,820萬美元，也就是說，巴菲特在35歲已經成為千萬富翁；接下來的情況是：39歲，2,650萬美元；43歲，7,200萬美元，相當於今天的95億美元。

4. 中老年階段：53歲，6.8億美元；57歲，21億美元，個人財富在全美排第九位，經通膨修正，相當於現在的49.7億美元；1993年，巴菲特的身價達到了85億美元（相當於今天的159億美元），並被評選為當年的美國首富！2006年6月26日，巴菲特宣布在未來幾年逐步向基金會捐贈波克夏股票的85%——當時共計370億美元。

為使讀者一目了然，我們將上述巴菲特的財富履歷列表如下，請見表6-1。

年齡	11	14	17	21	26	30	35
財富（美元）	120	1,000	5,000	1.97萬	17.4萬	24.35萬	680萬
通膨調整（美元）	1,660	1.4萬	5.7萬	19.2萬	139萬	166萬	3,820萬
年齡	39	47	53	57	63	76	77
財富（美元）	2,650萬	7,200萬	6.8億	21億	85億	435億	600億
通膨調整（美元）	1.27億	2.95億	18.85億	49.7億	159億	489億	N/A

對一位在未成年時就擁有相當於今天5.7萬美元財富，在而立之年就成為百萬富翁，在35歲時又進一步成為千萬富翁，在不滿50歲時就已擁有2.95億財富，在63歲時獲得美國首富排名的人來說，他無論如何也不是一個大器晚成者。

以上是巴菲特個人財富積累的情況。下面讓我們換個角度，看看一直追隨著巴菲特的投資者，在過去這五十多年中能夠取得怎樣的回報。表6-2顯示的是在剔除上述財務槓桿後的財富積累情況（假設初始一次性投資1萬美元）。

我們可以看到，如果一名投資人在1956年交給巴菲特1萬美元，這個投資人在18年後，即可坐擁兩百萬美元；在24年後，可擁有八百萬美元的財富；在不到30年後，可成為一名千萬富翁。所有這些，都只是在初始一次性投資1萬美元基礎上的結果。如果每年追加投資或初始投資金額再擴大一些（當時投資最多的是10萬美元），達到上述財富水準的時

表6-2 年度百分比變化——每股投資

年度	1962年	1968年	1974年	1980年	1986年	1992年	1998年	2004年	2008年
淨值（萬美元）	3.99	27.09	50.70	260.70	1,347	5,035	24,586	36,304	36,429
調整（萬美元）	25.21	135.26	200.06	813.03	3,452.7	14,517	37,849	44,169	37,886

注：1. 為節省篇幅，以6年為一個檢驗週期。
2. 成長率資料摘自《巴菲特：從無名小子到美國大資本家之路》（*Buffett: The Making of an American Capitalist*）和巴菲特2008年股東信。
3. 淨值指截至各統計年度的資金淨值。
4. 調整指按年均4%所做的通膨調整。
5. 假設投資人一直跟隨巴菲特投資，並在1969年轉為波克夏股東。

間還會大幅度提前。

當然，我們不能忘記巴菲特是一名職業投資人，而且還是一個能以合夥人的資金和巨額保險浮存金作為槓桿來投資的人，在他的成功中，有著其他人可能難以或無法效仿的條件與因素。但即便如此，我們也相信：如果能嚴格按照巴菲特的投資方法與操作紀律去投資，我們也將有一個屬於自己的「財富履歷」。

本節要點

1. 由於投資方法得當，且懂得充分利用財務槓桿，巴菲特很早就非常富有了。
2. 堅持像巴菲特那樣去投資，即使排除財務槓桿的影響，你也一定不會是一個大器晚成者。
3. 越是急於求成，越是欲速而不達。

誤讀 53 股神巴菲特

主要誤讀：將巴菲特界定為一個股票投資者，一個「股神」。
我方觀點：縱觀巴菲特傳奇的職業生涯，股票投資只占其一（另外兩項內容是保險業經營和私人企業收購），「股神巴菲特」一稱，並不能如實地概括他的傳奇的一生。

由於巴菲特在股票投資上所取得的卓越不凡的成就，人們把他稱為「股神巴菲特」似乎是順理成章。但如果我們就此把巴菲特界定為股票投資人，不但不完整，更與事實相去甚遠。有趣的是，即便是在巴菲特的家鄉，這種誤讀也時常發生，而且偶爾還會出自與他相識或比較親近的人。

我們先來看巴菲特官方傳記《雪球》中的一段描述：1991年，在華盛頓郵報發行人凱瑟琳‧葛蘭姆（Katharine Graham）和主編梅格‧格林菲爾德（Meg Greenfield）的安排下，巴菲特前往華盛頓州班布里治島參加一個私人聚會。在這個聚會上，巴菲特的朋友們希望他能與比爾‧蓋茲（Bill Gates）見面。但是當比爾‧蓋茲被他的母親邀請參加這個在自己父母家中舉行的聚會，並與巴菲特見面時，他卻表示：「我對那個只會拿錢選股票的人一點都不了解，沒有什麼可以和他交流的，我們不是來自同一個世界的人！」

下面一番話來自巴菲特的前兒媳瑪麗‧巴菲特：「最近華倫的淨資產已經超過200億美元，而華倫是《富比士》美國前四百大億萬富翁排行榜中，唯一單純因為股票投資而上榜的富豪。在過去32年，他的投資組合創造了年化報酬率23.8%的佳績。」[1]（這裡的考察期是1964～1996年）

---

[1] 原話出自《巴菲特原則》一書。

無論是「只會拿錢選股票」還是「單純因為股票投資而上榜」，都對巴菲特有很深的誤讀。

縱觀巴菲特的傳奇經歷，我們認為至少可以將三個稱號「加冕」於他：股神巴菲特、CEO巴菲特、資本家巴菲特。最後一個稱號也可以被解讀為「控股人巴菲特」、「董事長巴菲特」或「商業大亨巴菲特」。相較之下哪一個更貼切？按照我們的長期觀察，應當非「資本家巴菲特」莫屬。下面我們嘗試從三個角度來闡述我們的觀點。

角度一：相較於股票投資，巴菲特對收購私人企業更感興趣。在巴菲特歷年股東信中我們可以清楚看到這一點：「雖然我們對於買進部分股權的方式感到滿意，但真正會令我們雀躍的，卻是能以合理的價格100%地買下一家優良企業。」（1982年股東信）「我們最希望能透過直接擁有會產生現金且具有穩定的高資本報酬率的各類公司，來達到長遠的經濟目標。否則就退而求其次，由我們的保險子公司在公開市場買進類似公司的部分股權。」（1983年股東信）「許多人以為股票是波克夏投資時的第一選擇，這樣的想法不太正確。自從1983年公開揭露經營準則後，我們就一再公開表示我們偏愛買下整家公司而非部分股權。」（2000年股東信）

在某些年度的股東信中，巴菲特指出了自己為何更青睞企業收購的三個原因：一、「我喜歡與經理人一起共事，他們是一群高水準、有才幹、忠誠的夥伴，而我必須坦言，他們的行為較一般上市公司的經理人要理性，更以公司股東的利益為重。」（2000年股東信）二、「當我們控制一家公司時，便有分配資金與資源的權力。相較之下，若是只擁有部分股權則完全沒有說話的餘地。這點對我們非常重要，因為大部分公司經營者並不擅長作資金分配。」（1987年股東信）三、稅收上的優惠。

所謂稅收上的優惠，指當波克夏全資擁有（控股80%或以上）一家

子公司時,這家子公司每年賺取的淨利無論是上繳母公司還是予以保留,波克夏都不需要為之繳納任何稅負。即使後來選擇將子公司賣掉,因為其「成本減項」同時包括收購價格和歷年的滾存利潤,在多數情況下也不需要繳納資本利得稅。但是,如果波克夏擁有的是一家上市公司的部分股權,其上繳母公司的利潤則必須繳納14%的股利稅。即使公司不分配利潤,在最終出售時,要獲得這部分保留下來的利潤,理論上也要繳納不低於35%的資本利得稅。也就是說,如果波克夏選擇很快出售該股票,就要立即補交其所欠稅負(以資本利得稅的形式);如果其選擇長期持有(這正是巴菲特的主要投資策略),等到最終出售的那一天,還是要按同等比例上繳這部分「遞延稅負」。

角度二:巴菲特一直在兩條「戰線」上經營著波克夏。

針對我們在角度一的觀點,你可能會問:個人興趣是一回事,實際情況會不會是另一回事?下面我們就來看一看巴菲特及波克夏的私人企業(或控股權)收購史。我們將其歸納為三階段。

1. 早期(1956年至1970年代末期):這是巴菲特私人企業收購的啟蒙與初期階段。第一次企業收購的對象是一家名叫登普斯特的公司,位於內布拉斯加州境內,主要生產風車和灌溉系統。坦白說,那不是一次成功的經歷。第二次收購始於1962年,這幾乎可說是一次失敗的收購(1985年巴菲特把收購的原主體事業——紡織工廠關閉),而這個被收購的企業,就是目前享譽全球的巴菲特旗艦公司——波克夏。在這之後,陸陸續續又出現了幾次收購。截至1970年代末期,巴菲特已透過波克夏成功收購了國家賠償公司(National Indemnity Insurance,旗下全資擁有五家保險公司)、國家火險與海上保險公司(National Fire & Marine)、伊利諾國民銀行(Illinois National Bank and Trust)、多元零售公司(Diversified

Retailing Company，聯合收購）、藍籌印花（聯合收購）、奧馬哈太陽報（Omaha Sun）等。然後又透過藍籌印花收購了時思糖果、水牛城新聞報、魏斯可金融（Wesco）等公司。

截至1978年年底，波克夏及其旗下公司已經擁有7,000名正職員工，年營業收入達到了5億美元。即使放在今天任何一個國家，7,000名員工都可以算得上一間大企業了。其5億美元的營業收入經通膨調整，則相當於今日17.5億美元。

2. 中期（1970年代末期至1990年代中後期）：這是巴菲特對私人企業收購的發力期。在這一階段，除了巴菲特津津樂道的「七聖徒」（其中時思糖果和水牛城新聞報分別在1972年和1977年收購）被相繼收歸麾下外，1989～1997年又先後收購了寶霞珠寶（Borsheims）、布朗鞋業（Caleres Inc）、德克斯特鞋業（Dexter Shoe）、赫茲伯格鑽石（Helzberg）、威利家居（RC WILLEY）、星晨家具（Star Furniture）、冰雪皇后（Dairy Queen）和國際飛安等公司。

截至1997年年底，波克夏旗下公司雇員已達38,000人，稅前盈餘也從1967年的100萬美元增至8.8億美元。每股稅前盈餘更從1965年巴菲特開始接管波克夏時的4美元增加到每股4,093美元。

3. 後期（1990年代中後期以後）：在這一階段，波克夏的業務重心已開始從股票投資向私人企業收購轉移，收購的步伐與力度也明顯加快和加大。從1998—2008年，巴菲特先後將NetJets（航空服務）、通用再保險（收購金額高達220億美元）、喬丹家具（Jordan's Furniture）、中美能源、科特家具（CORT Furniture）、Ben Bridge珠寶（Ben Bridge Jeweler）、賈斯丁工業（Justin Industries，磚塊製造）、蕭氏地毯（ShawContract）、班傑明摩爾油漆公司（Benjamin Moore）、佳斯邁威集團（Johns Manville，石棉製造）、MiTeK公司（MiTeK Inc.，建築材

料）、XTRA公司（Xtra Corp，貨櫃車租賃）、Albecca公司（Albecca Inc.，相框製品）、水果織布機（Fruit of the Loom，成衣製造）、克萊頓房屋（Clayton Homes）、麥克連物流（McLane）、森林河（Forest River RV，露營車製造）、太平洋公司（PacifiCorp，電力服務）、美國商業資訊（Business Wire）、伊斯卡（切割工具製造）以及馬蒙集團（Marmon Group），收於波克夏旗下（除通用再保險外，這一名單未含對保險公司的收購和透過波克夏子公司所做的附屬性收購）。

截至2008年年底，波克夏旗下僅非保險事業體就已達67個。經營範圍遍及金融、租賃、零售、建造、公用、航空以及其他服務業等多個行業。我們可以看到，相對於股票投資的輝煌戰史，私人企業收購似乎也毫不遜色。

角度三：巴菲特的首要角色，是波克夏這一保險業集團的掌舵者。1965年之前，作為職業投資人，巴菲特的投資運行平臺是專門從事投資管理的機構——有限合夥人公司。而自從1965年獲得波克夏的控股權開始，巴菲特逐漸把它打造成了一個至少有4種功能的運行平臺：投資平臺、收購平臺、控股平臺和保險業經營平臺。而保險業經營平臺是整個系統的核心與基礎。

從公司本身的經營屬性及巴菲特在歷年股東信中的相關表述中，我們都不難確認一點：波克夏公司首先是一個保險業集團，而股票投資及其他有價證券投資只是其保險業務鏈條中的一個環節，儘管它毋庸置疑是非常重要的環節。進一步說：如果過去數十年來沒有對保險業的成功經營，每年就不會有大量最終表現為「零成本」乃至「負成本」的保險浮存金源源不斷地流入，而如果沒有這些浮存金，波克夏就一定不是今天的波克夏，巴菲特也一定不是今天的巴菲特。

關於保險業的重要性，我們除了可以從過去五十多年來（從1967年波克夏收購第一家保險公司算起）保險浮存金的「總現金流量」中去解讀外，還可以在巴菲特包含著波克夏詳盡經營情況的股東信中感受到。巴菲特每年都會用接近一半、甚至超過一半的篇幅去談保險業的經營，而在2008年股東信中，巴菲特再一次清晰地告訴大家：「我們的保險業營運，是波克夏的核心業務（the core business），是經濟的發電站。」

自1967年3月收購國家賠償公司和國家火險與海上保險公司開始，波克夏身上的保險業色彩就隨著時光的流逝而越加濃厚。到1970年代末期，波克夏旗下參股或控股的31個事業體及其附屬事業體中，超過三分之一是經營保險業的公司。到1992年，波克夏成為全美國資產淨值第二大的產業意外險公司，而旗下的蓋可保險已是全美第七大汽車保險公司。截至2003年年底，波克夏旗下的通用再保險及其兄弟公司國家賠償，成為全世界主要再保險公司中僅有的具有3A最高信用等級的兩家公司。

至於保險業本身的經營成果，有這樣一組資料：截至2008年年底，波克夏共持有1,220億美元的有價證券和現金等價物，其中585億美元源於公司的保險浮存金。同時，「在截至2007年年底的25年內，我們的保險業平均報酬率為8.5%，相比財富500強的14%，我和查理做夢也沒有想到會有如此好的成績。」（2008年股東信）需要注意的是，對波克夏來說，由於保險業的主要價值是為其投資事業貢獻低成本、甚至負成本的保險浮存金，因此其自身實現的豐厚利潤就顯得更加彌足珍貴。

總的來說，波克夏發展至今，旗下已有76個企業事業體，一共二十多萬名雇員，是全球前50大私人雇主之一；公司對保險業的經營長期以來表現優異，而非保險事業貢獻的利潤也占波克夏淨值的50%以上。當我們面對這樣一個統治著強大保險業集團和控股集團的董事長兼CEO時，我們能僅僅用「股神巴菲特」來概括他嗎？

> **本節要點**
>
> 1. 縱觀巴菲特的一生，我們至少可以將三個稱號「加冕」於他：股神巴菲特、CEO 巴菲特和資本家巴菲特。
> 2. 儘管人們談論最多的是「股神」，但最為貼近巴菲特的傳奇經歷的稱號應當非「資本家」莫屬。
> 3. 將巴菲特單純或主要界定為「股神」，我們就會忽略他在私人企業收購和保險業經營上所取得的輝煌成就，在我們面前呈現的就不是一個完整、真實的巴菲特。

誤讀 54 管理大師

主要誤讀：人們讚揚巴菲特對投資學的貢獻時，往往忽略了他對管理學的貢獻。
我方觀點：巴菲特對後者的貢獻，甚至不亞於對前者的貢獻。

在 1991 年致股東的信中，巴菲特談到凱因斯的投資哲學時，曾讚揚他「作為一個職業投資人的才智，不亞於他在經濟思想方面的才智」。今天，當我們談起巴菲特在投資領域所做出的貢獻時，也不能忽視他在管理學領域所做出的貢獻。我們甚至認為，當人們理所當然地稱呼巴菲特為投資大師時，他其實還應有一個當之無愧的稱號：管理大師。

什麼是管理大師？這是比什麼是投資大師更難定義的問題。一個人是不是投資大師，有時僅憑他的操作理念與投資業績便可以給出評判。但判斷一個人是不是管理大師，恐怕難以找到一個統一的評估標準。那麼，我們今天又依據什麼來稱呼巴菲特為管理大師呢？簡而言之，我們依據的就是他在企業管理領域帶給我們的多項顛覆性思想，以及在這些思想指導下的成功實踐。

首先是管理邊界問題。儘管舊組織模型所提出的階層制已不符合現代經濟的需要，但即使新組織模型提出了網路化或將階層制扁平化的要求，它的目標仍是「使組織變成一個團隊取向、授權給下級的組織，但又處在一個強力型領袖自上而下的指揮之下。」[2]

那麼，今天的企業管理者也就不可避免地，要面對設計階層制時所要面對的同一個問題：管理的有效邊界在哪裡？儘管不同的企業對這個問題會因具體情況的差異而有不同的答案，但「一個強力型領袖」為了有效實施「自上而下的指揮」，總要給自己的管理邊界劃出一個大致的範圍。

其實不管怎樣界定這一範圍，一個人的精力有限，每個被劃出來的邊界都不可能是無限度的。那麼多大才合適呢？記得巴菲特在談到分散投資的弊端時，曾有過這樣一段調侃：當你有40名妻子時，你永遠不會知道她們此時此刻都在幹什麼。由於巴菲特一直以來都把股票投資看作企業投資，我們姑且把這個比喻延伸至企業管理，這樣便有了一個極限邊界：40名報告人。依我們的觀察，這個數目即使對於新組織模型中的「強力型領袖」來說，也應當足以構成極限了。

40名報告人真的是極限了嗎？至少在巴菲特那裡不是。截至2008年年末，波克夏旗下已有67個非保險事業體，如果再把其旗下的保險公司和波克夏處於第一大股東地位的上市公司計算在內，數目還會大幅增加。由於這些公司都是不需要透過任何中間層級，直接向巴菲特本人報告，參照傳統觀念中的極限管理邊界，我們可以想像巴菲特會有多麼忙碌！但事實卻是另一番情景：在幾乎所有公司都運轉良好的前提下，巴菲特的工作狀態卻是「每天跳著舞步去西斯汀禮拜堂繪畫」！

---

[2] 摘自《組織行為與過程》（*Managing for the Future*）。

為什麼會這樣？我們從巴菲特自己說過的話中尋找答案：「在我們又新增了旗下事業體的同時，我被問及一個人到底可以應付多少個經理人同時向我報告。我的回答相當簡單，要是我只管一個經理人，而他是一顆『酸檸檬』，那麼管一個人就已經太多；要是我面對的都是現在所擁有的那種經理人，那這個數目沒有任何限制。」（1995年股東信）

其次是管理文化問題。巴菲特在這個問題上有何貢獻？在提出我們的觀點之前，讓我們先來看一個堪稱罕見的現象：「在波克夏，所有的明星經理人都喜歡自己的工作——一份他們想要且期望能終生擁有的事業。因此，他們可以完全專注在極大化這份他們擁有且熱愛的事業的長期價值。如果這份事業成功了，也就等於他們自身成功了。他們將一直與我們同在。在波克夏過去的36年裡，我還沒有聽說過有任何一位經理人主動跳槽離開公司。」（2000年股東信）

每家企業都有自己的管理文化，但當我們面對一個長達數十年沒有一位經理人自動離開的公司時，可能就無法僅僅用些許文化差別來解釋這一現象。我們認為這一現象的背後原因或許是：入門時的千挑萬選，入門後的充分放權。對前者，人們可能較容易理解。而對後者，可能就理解得不是很透徹了。

羅伯·邁爾斯（Robert P. Miles）在其所著的暢銷書《巴菲特的繼承者們》（*The Warren Buffett CEO*）中有這樣一段描述：「他們能夠把精力完全集中在公司的內部事務上，沒有任何外部干擾。經理們可以經常向總部報告，也可以不經常向總部報告，這取決於他們自己。波克夏旗下一家公司的經理，在公司被收購後的20年內，從沒去過位於奧馬哈的波克夏總部。」一位子公司總經理20年沒有去過公司總部，按照絕大多數企業收購人與管理者的習慣性思維與行為模式，這是難以想像的。

能得出如此顛覆性的結果，背後的管理文化一定也是顛覆性的。為

了便於理解，我們不妨循著巴菲特的思維路徑，提出兩個從邏輯看來，極為簡單明瞭的問題：一、如果你能花鉅資把老虎伍茲（Tiger Woods）、費德勒（Roger Federer）、柯比（Kobe Bryant）、劉國梁（按：中國桌球運動員）、劉翔（按：中國田徑運動員）統統買入，你會試圖教他們如何打高爾夫、網球、籃球、乒乓球和跨欄嗎？二、如果你能將王石、任克雷、季克良、閆希軍、任正非收於麾下（按：以上皆為中國企業家），你會教他們如何經營房地產、主題公園、茅台酒、現代中藥和通訊設備製造業嗎？

再來是管理成本問題。每家公司都有自己的管理總部，不管是空殼公司還是跨國企業，都是如此。每家公司總部的規模與行政支出會因公司業務規模的大小而有所不同，小的可以只是一張桌子，大的可以占據一座或多座辦公室。下面是前富達基金經理彼得・林區關於波克夏總部的描述：「六個月後，我依照巴菲特的囑咐前去拜訪。他帶我參觀辦公室的每一個地方。那不需要花上很長的時間，因為他所有的工作空間就塞在小於半個網球場的地方。我跟所有的 11 名員工打招呼。在那裡看不到一臺電腦或股票行情終端機。」

彼得・林區大約是在 1989 年夏季拜訪波克夏位於奧馬哈的總部。儘管後來證實，半個網球場的比喻有些誇張，但辦公室的實際面積仍不會大到哪裡去。那麼這個面積可能不如一個網球場大，員工總計不超過 11 人的公司總部，管理著一個怎樣經營規模的事業體呢？下面是 1989 年年報所披露的幾項資料：公司資產淨值 49.27 億美元；稅後淨利約 3 億美元；股票市值 51.88 億美元。如果讀者對此印象還不夠深刻的話，我們把時間往後 19 年。截至 2008 年年底：公司資產淨值 1,198 億美元；只是來自於三個主要事業體的稅後淨利就達 67.79 億美元；有價證券市值 1,220 億美元。那麼，這個上交稅收差不多占整個美國企業總稅收至少 1/40 的公

司，其總部規模多大？面積：9,708平方英尺；員工：16名！

至於這16名員工和不到1,000平方公尺的辦公室，每年的行政支出有多少，可參考巴菲特原話：「我們的費用占稅後盈餘的比例不到1%，占年度透視盈餘的比例更是低於0.5%。在波克夏，我們沒有法律、人事、公關或營運企劃部門。這同時也代表我們不需要警衛、司機或跑腿的人。最後，除了維恩（Verne McKenzie）以外，我們也沒有任何顧問。帕金森教授（C. Northcote Parkinson，帕金森定律創建人）一定會喜歡我們的營運模式。」（1992年股東信）

最後是股東文化問題。關於這個問題，巴菲特曾經說過一句可能讓所有企業股東都高度認可的話：「站在股東的角度去考慮問題是我們對管理者的最高讚賞。」可是，讚賞是一回事，能否真正做到就是另一回事了。其實，巴菲特的這句話不過是表達了眾多公司股東的美好憧憬而已，公司治理問題在過去一百多年來就像一個魔咒，始終縈繞在企業投資人和市場監管者的上方，揮之不去。

然而，在巴菲特經營合夥公司和有限公司的這些年中，他的合夥人和公司股東卻是無比幸運的一群人，因為在他們的管理者身上，始終能表現出一種令人敬仰的股東意識。從道德水準來說，巴菲特無疑是高尚的。但這並不是問題的全部，一段出自巴菲特、具些許哲學意味的話，揭示了事情背後的原因：「**因為我是經營者，所以我成為了成功的投資人；因為我是投資人，所以我成為了成功的經營者。**」[3]不要低估從這段話中透露出來的管理思想，他本人在公司董事會的構成、獨立董事標準及其他治理方面所具有的眾多獨特觀點，或許都根源於此。

---

3 摘自《富比士》，1993年10月19日。

巴菲特在1983年股東信中談到了波克夏公司獨特的運行機制與股東文化：「儘管我們登記為有限公司，但是以合夥的心態來經營公司的。蒙格和我視波克夏的股東為合夥人，而我們兩個人則為執行合夥人或控股合夥人。我們從來不把公司視為企業資產的最終擁有人。實際上，公司只是股東擁有資產的一個媒介而已。對應前述所有權人的導向要求，我們所有董事都是波克夏的大股東，而五位董事中的四位董事，其家族財產有超過一半的比例是波克夏的持股。簡言之，我們煮的飯，我們自己也吃。」

我們認為，巴菲特絕不是在簡單向我們描述「家族資本主義」、「經理人資本主義」及「投資人資本主義」之間的區別，或者孰優孰劣的問題（這三種主義代表了美國不同發展階段的公司治理模式，依次為：家族主導、經理人主導和機構投資人主導）。

在看似熟悉的觀點背後，映照出來的是巴菲特作為公司控股人兼公司管理者，一種獨特的股東和經理人文化。而在他身上表現出的所有顛覆性的特質，便是這種文化的外在表現。

對於這種特質最終帶來的結果，施洛德在《雪球》中這樣總結：「歷史上還沒有哪家公司的股東對公司CEO的眷戀之情，勝過波克夏的股東對巴菲特的眷戀之情。沒有人像波克夏的股東那樣，認為公司的CEO就是自己的良師益友。富可敵國的他感動了無數人，許多人都覺得他是自己的故交，儘管彼此不曾謀面。」

當然，巴菲特對管理學的貢獻還遠不止於此，他對股票期權應當計入公司費用、應如何組建公司董事會、獨立董事應具備什麼條件，以及他對CEO的薪酬應如何管理的觀點等，都具有某種程度的顛覆性，並對市場產生了不小的影響。這裡就不再一一詳述了。

> **本節要點**
>
> 1. 巴菲特對管理學的貢獻不亞於他對投資學的貢獻。
> 2. 這些貢獻所涉及的領域包括：管理邊界、管理文化、管理成本和股東文化。
> 3. 由於他在管理學上先後提出並成功實踐了許多具有顛覆性的思想，所以我們今天在稱他為投資大師的同時，也可以稱他為一個管理大師。

誤讀 55 矛盾體

主要誤讀：在許多方面巴菲特自身就是一個矛盾體，對此市場似乎沒有給予足夠的關注。
我方觀點：一個不純粹的人，才可能是一個真實的人。

自1950年代初到今天，相對於投資大眾，作為專業投資人的巴菲特在投資哲學、市場邏輯、核心理念、基本方法、選股標準、操作策略、行為準則及風險防範等方面，均表現出較高的延續性和一致性。這是巴菲特取得持久成功、為股東及自身締造財富神話的基本前提所在。

然而，任何事物都不可能永遠堅若磐石。即使是一顆晶瑩剔透的玉石，也難免會有一些瑕疵在其中。一個殿堂、一座大廈或一棵參天大樹，在長久的風吹、雨淋和日曬中，必然會出現一些耗損，留下斑駁印跡。記得有一次在佛羅里達大學的座談會上，巴菲特被問及投資歷程中所犯過的錯誤時，他風趣地回答道：「那要看你有多長的時間能聽我說了。」這不完全是自謙和幽默的表白。在一路走來的投資歷程中，巴菲特所犯的錯誤儘管比你我都少，但仍多得數不勝數。除此之外，在這座投資殿堂裡頭倘

祥久了,我們也發現了不少值得回味和把玩之處。

我們把這種值得進一步研究的地方稱為「矛盾體」。雖然從哲學的角度來說,世間萬物大多都是矛盾的統一體,但當這種情況出現在一直被光環籠罩的人物身上時,便會引起人們的注意。下面,我們將說明一些我們認為比較重要的矛盾體。

1. 情人與妻子

在本書中我們曾多次提到,巴菲特通常將其對股票的投資分成兩個部分:非主要部位的投資和主要部位的投資。前者一般是輕倉和短期,後者大多是重倉和長期。我們暫且把處於非主要部位的股票稱為「情人」,而把經過二次或多次篩選後進入主要投資部位的股票稱為「妻子」。由於兩者本來就是各司其職,因此她們之間通常不會出現矛盾體的問題。然而,如果在妻子陣營裡出現了情人(情人轉變為妻子則屬於原本的策略設計),事情可能就會有些不尋常,特別是當「情變」的理由讓人感覺有些朦朧時。近十幾年來,我們發現波克夏的投資組合經常出現一些對長期持股的減持甚至清倉操作(其中還有曾被巴菲特確定為「永恆持有」的公司股票)。儘管每次操作背後可能都有充足理由,但在這種妻子向情人身分的轉變中,我們似乎感受到巴菲特身上存在的些許矛盾心態。

2. 船與船長

在過去數十年裡,巴菲特在選擇投資對象時,一個不變的理念就是:船比船長重要(參見「划船」一節)。對這些理念的確立與堅守,除了受到費雪和蒙格等人的影響外,也與他早期失敗的菸蒂型投資與成功的「大生意」投資有關。但我們發現,在巴菲特中後期的投資中,特別是在對一些私人企業的收購上,其採取行動的依據往往是「船長」,而不是「船」

本身。

從早期的七聖徒到後來一系列種類繁多的公司，我們看到和聽到的也常常是「優異的管理」，而不是「消費獨占」、「美麗的城堡」、「寬廣的護城河」等。在這些企業身上，特別是在一些主要靠管理支撐的普通生意上，我們看到的是船與船長這對矛盾的統一，並不存在誰先誰後的問題。

3. 經營報酬與市場報酬

以一個確定的價格買入股票後，投資者在這檔股票上就會面臨兩種報酬：經營報酬和市場報酬。企業每股盈餘的變化直接影響經營報酬，而其股票價格的變化直接影響市場報酬（資本溢價）。

那麼，在經營報酬理想，但市場報酬看起來有些泡沫化時，是否應適度減倉？我們認為，這個問題給巴菲特造成了一定的困擾。早期的「秤重作業」（參見相關章節）曾讓巴菲特後悔不已，後期對一些價格泡沫化股票的一味持有卻又讓他嚐到苦果。在近幾年的股東信中，我們似乎就看到了兩種面孔的巴菲特：面對經營報酬露出微笑的他，與面對資本報酬露出些許迷茫的他。

4. 占道與讓道

從整體上來看，無論是對自己處在第一大股東地位的上市公司，還是處在控股地位的非上市公司，巴菲特在經營管理上基本都是放權的。堅持這樣做的原因，源於一個簡單的邏輯：不要嘗試教老虎伍茲打高爾夫。但當我們做了一番深入的觀察後，發現在某些投資案例上，事情似乎沒有這麼簡單。無論是早期對時思糖果什麼都管，還是中期對蓋可保險體察入微，抑或是後期對可口可樂多次主動干預，我們所看到的並不是一個在所有時候都「讓開道路，為其鼓掌」的巴菲特。儘管局部的複雜不會影響整

體的簡單，但不時出現的「占道」式介入，多少體現出其在管理哲學上多元的一面。

5. 避稅的「狡猾」與繳稅的「慷慨」

在 2003 年股東信中，巴菲特就波克夏的納稅問題，反駁某位財政部官員的觀點。該官員曾在一次針對巴菲特的評論中，將他稱為「某位擅長玩弄稅法的中西部聖人」，暗指他在納稅問題上一直絞盡腦汁，盡量避稅。而巴菲特則辯稱自己一直是誠實納稅的好公民。儘管我們更傾向站在巴菲特這邊，但那位官員的觀點並非空穴來風。我們都知道，巴菲特在選擇投資方法（短期還是長期）與投資模式（股票投資還是企業收購）時，考慮的重點之一就是如何能最大限度地減少稅負（可參考「遞延稅負」和「股神巴菲特」兩節）。但如果就此把巴菲特視為「玩弄稅法的中西部聖人」，並不客觀。畢竟，一個玩弄稅法的傢伙，不太可能允許自己公司的年度繳稅額進入全美企業的前 10 名。或許，正如某些人解讀的那樣，巴菲特只是想透過合理的避稅去累積更多財富，然後再以更大的財富規模回饋給社會。

6. 對「大規模殺傷性武器」的愛與恨

巴菲特曾在多個場合把衍生性金融商品，比喻成大規模殺傷性武器。但我們發現除了在對一些衍生品遺留問題的處理上，顯得有些步調緩慢並有諸多猶豫外，巴菲特自己也曾經多次主動使用過衍生品。當然，他自稱是在風險可控的前提下才會使用。據我們觀察，在很多巴菲特使用衍生品進行商業交易的案例中，確實帶有著較深的「巴菲特痕跡」。例如，他在 1993 年買入的可口可樂看跌期權，以及在金融海嘯時對某些衍生品的運用，似乎都是以小風險去博取大回報，這與巴菲特在投資股票時的操作幾

乎如出一轍。儘管如此，巴菲特自己也承認在某些操作上仍存在一些不可控的風險。因此，我們認為他在這個問題上已構建了一個新的矛盾體。

> **本節要點**
>
> 1. 儘管在長期的投資歷程中，巴菲特在理念與策略上展現了同樣的高度，但在不少問題上也存在看起來自相矛盾的地方。
> 2. 這些問題涉及操作策略、投資標準、業績評估、管理模式、避稅與繳稅以及如何對待「大規模殺傷性武器」等。
> 3. 我們認為，這些矛盾的出現，包括巴菲特在投資中曾犯過的不少錯誤，是不足為怪的。否則，巴菲特就不是一個真實的人，而變成一尊神了。

誤讀 56 內部記分卡

主要誤讀：內部記分卡在巴菲特投資體系中的重要地位，與其知名度不相匹配。
我方觀點：從某種程度上來說，沒有內部記分卡就沒有今天的巴菲特。

　　生活中，當我們的某些行為被家人、朋友或同事誤解時，我們經常說的一句話是「問心無愧」。這說明大多數人都有一張自我評估的內部記分卡。這張內部記分卡讓我們在看待和處理各類事物時，能夠按照自己的基本價值觀去做。反過來，如果沒有自己的主見，事事都要看他人的眼色行事，是非常可悲的。

　　生活如此，投資也是如此。不同的是，在生活中，人們大多已經建立起內部記分卡，並自然地據此行事。但在投資市場中，人們並不總是如此，他們判斷自己的成敗得失，通常基於「外部記分卡」，如外界評價、他人的投資回報及股價短期的漲跌水準等。人們在投資中經常表現出的輕

率、盲從、猶豫、困惑、焦慮及多變等，也大多源自於此。

內部記分卡對投資成功的重要性，無論怎樣強調都不過分。當人們仰慕巴菲特的投資傳奇時，關注的大多是他的投資哲學、邏輯、理念、方法、策略和準則等。這些當然都很重要，只是內部記分卡，作為輔助巴菲特成功走到今天的不可或缺的要素，卻往往容易被忽略。

關於內部記分卡，巴菲特這樣定義：「**人們行事的一大問題在於，他們擁有的是內部還是外部記分卡**。如果內部記分卡能令你感到滿意，它將非常有用。我想說的是：『聽著，你想做世界上最偉大的人，卻讓大家認為你是世界上最差勁的人。或者，你想做世界上最差勁的人，卻讓大家認為你是世界上最偉大的人。這兩者之間，你想做什麼選擇？』」這是個有趣的問題。

「還有一件有趣的事。如果全世界的人都無視你的成果，那麼，你想被當作世上最偉大、但實際投資紀錄最糟糕的投資人，還是願意被當作全世界最無能、實際上卻最優秀的投資人？我認為，這取決於人們年幼時父母的關注重點。如果父母忽視或抹殺你真實的行為，重視的是全世界怎麼看你，那麼，你最終將會使用外部記分卡。而我的父親，是百分之百的內部記分卡使用者。」[4]

儘管在今天，巴菲特被公認為過去100年來全球最偉大的投資人，但別忘了，人們可是在最近這十幾年，才開始給予他這項榮譽。在這之前，巴菲特一直飽受著人們的質疑、否定甚至嘲諷。

即使是在最近十幾年，人們還是沒有停止對他的猜疑。姑且不說網際網路泡沫時期對他鋪天蓋地的攻擊，在金融海嘯期間，關於巴菲特「不

---

[4] 摘自《雪球》。

行了」的言論也常常出現。試想，如果沒有內部記分卡的支撐，巴菲特怎能在蜚短流長中成功走到今天？

既然是「記分」卡，那它的主要作用就是用來擔任行為基準。這個行為基準，比我們在「尺規」一節中討論的內容還要寬廣和深入許多。下面我們從三個方面討論。

首先，內部記分卡包含著科學、理性的目標報酬基準。這一項基準不僅影響著人們的業績評估結果，更會影響投資行為模式。一位將投資報酬定在年均複合成長率15%的散戶，與一名定在30%或更高的人，很難有相同的行為模式。那些總是在股市頻繁進出的人，其行為偏好的背後，是因為他們相信透過「勤奮而聰明」的買與賣，可以獲取遠高於企業經營性收益的回報。

然而，巴菲特卻把自己的投資報酬設定在15%這個水準上，並相信這一水準的複利效應足以讓他實現年輕時的財富夢想。基於這樣的內部記分卡來操作，不但為他帶來平和的心態，也讓他把市場上絕大多數投資人遠遠甩在後頭。

其次，內部記分卡包含著科學、理性的評估基準。透過長期觀察，巴菲特發現股市中一直存在三個主要矛盾：一、企業內在價值與市場價格的矛盾；二、多數人看法與少數人觀點的矛盾；三、長期投資績效與短期業績表現的矛盾。基於對這三大矛盾的充分認識，巴菲特建立了自己獨特的投資評估對象基準。

既然股價不總是與其內在價值一致，又總是圍繞著內在價值波動，企業投資人應把目光聚焦在企業的內在價值發展趨勢，而不是股票的短期價格變化上；受到專業知識、操作技能、心理素質及遊戲規則的影響，真理往往掌握在市場少數人手裡，那麼，想取得持久的成功，就不能總是和大多數人站在一起；既然短暫的輝煌並不代表最終的成功，那麼對短期投

資表現的淡漠和對長期投資表現的關注，就是最自然的邏輯選擇。

最後，內部記分卡也包括了理性的時間基準。在巴菲特眼中，股票更像是一艘駛向彼岸的航船，而不是衝浪板；投資就像一場財富人生的馬拉松，而非短跑比賽。因此，巴菲特在規劃自己的投資目標時，通常以5～10年為週期，而不是像市場上大多人那樣，以年、季、月、甚至是週來規劃投資。

在本書的相關章節，我們借用龜兔賽跑的故事來提醒散戶，對於巴菲特看似已經失敗的行動，不要太快下結論。因為，巴菲特本人採取行動的著眼點大多是「5～10年後我在哪裡」，但我們卻習慣去想「1年後我在哪裡」，這是兩個完全不同的規劃週期。**用短期表現去評價一個基於長期規劃的行動，龜兔賽跑的情景將一再上演。**

真正的投資大師，都有一張內部記分卡。無論是葛拉漢的「總是做一些顯而易見的事，你就賺不到錢」，或是費雪的「跟在別人背後，事後往往證明是錯的」，還是蒙格的「逆向，一直逆向」，抑或巴菲特的「在別人貪婪時恐懼，在別人恐懼時貪婪」，講的都是一個道理：選擇性逆向操作。而這正是他們走向成功的必要前提。試想，如果行為軌跡都是逆向的，那麼用於評估行為軌跡的記分卡，怎麼可能不是「內部」的呢？

本節要點

1. 生活中的人們大多都有一張承載個人價值觀的內部記分卡，投資中的人們則大多缺乏這樣一張內部記分卡。
2. 凡是投資大師，都有自己的內部記分卡。
3. 投資人若想在股票市場中取得持久的成功，應盡快建立一張屬於自己的內部記分卡。

誤讀 57 內在超越

主要誤讀：人們在解析巴菲特的投資體系時，忽略了背後那些更加無形的東西。
我方觀點：想成功仿效巴菲特的投資操作，內在超越是外在模仿的必要前提。

　　巴菲特投資體系的建立旨在解決三個基本問題：買什麼、買入價格以及怎樣買賣。如果對其進行進一步解析的話，大致可分為八個部分：一、基本哲學；二、市場邏輯；三、核心理念；四、投資方法；五、選股標準；六、價值評估；七、操作策略；八、行為準則。在這八個部分中，前四個構成了其投資體系的基本框架，後四個則解決了具體操作的問題。想成功模仿巴菲特，顯然需要先深入、完整地了解這個體系。

　　然而，在這一投資體系的背後，我們認為還隱藏著一些更加無形、重要的東西。如果我們把對巴菲特投資體系的學習與掌握，看作一個外在超越過程，那麼對這些「背後事物」的學習與掌握就是內在超越的過程。沒有後面這個過程，外在超越終將難以實現。

　　「內在超越」一詞源於儒家思想，意指唯有那些能不斷自我超越的人，才最有可能實現自己的理想和追求。在同樣是由人主導的股票投資領域，何嘗不是如此？巴菲特的成功，正是建立在兩種超越的基礎上。如果僅有外在超越，巴菲特也難以成功走到今天。那麼，巴菲特究竟實現了哪些內在超越？隱藏在其投資體系背後的無形東西究竟是什麼？下面選出最重要的五點。

1. 專注

　　1991年7月，巴菲特參加了由其朋友安排、在比爾·蓋茨父母家舉行的一次小型私人聚會。在事後一次與朋友的談話中，巴菲特談到那次聚會

的一個小片段:「吃晚餐時,比爾‧蓋茨的父親問了大家一個問題:人一生中最重要的是什麼?我的答案是『專注』,而比爾的答案和我一樣!」[5]

「專注」正是巴菲特最為真實、準確的寫照。許多年來,每當我們想起巴菲特,腦海中總是不免浮現出這些影像:一個年輕時就奔波於美國各地,尋找每一個絕佳投資機會的巴菲特;一個在家時除了吃飯和睡覺,其餘大部分時間都在閱讀的巴菲特;一個沒有什麼個人嗜好,滿腦子都是如何賺錢與如何投資的巴菲特;一個從11歲開始一直到今天的高齡,一直活躍在資本市場上的巴菲特。

與巴菲特相比,葛拉漢絕不缺少智慧與學識;論智商與博學,蒙格甚至遠在巴菲特之上。但為何這兩個人無論是在投資的建樹上還是個人財富的積累(包括為其客戶所創造的財富)上都遠不及巴菲特?不夠專注恐怕就是其中的一個主要原因。當然,葛拉漢與蒙格的不夠專注,是因為他們志不在此。但對於一個已立志於學習和模仿巴菲特的投資者來說,「專注」則是你走向成功的一個基本前提。

2. 理性

翻開字典,對「理性」的注解是:從理智上控制行為的能力。而對「理智」的釋義則是:辨別是非、利害關係以及控制自己行為的能力。可以看出,理性的關鍵字有兩個:辨別與控制。與此相對,那些未經過人們大腦辨別與控制的輕舉妄動與感情用事等,應當不屬於理性範疇。那麼,人們在股票投資領域中的理性行為是如何形成的呢?是先天就有還是經後天磨煉而成的?對於後面這個問題,我們思考了很久,卻一直沒有找到滿

---

[5] 摘自《雪球》。

意的答案。後來是巴菲特的一句話讓我們豁然開朗。在一個談論葛拉漢的場合，巴菲特這樣概括他的老師：「當適當的氣質與適當的智力結構相結合時，你就會得到理性的行為。」[6]這句話給予我們的啟示十分清晰：投資中的理性行為，同時來自於先天的賜予與後天的培養，缺一不可。所謂先天的賜予，指一個人與生俱來的秉性、性情、脾氣以及神經系統的強弱等；所謂後天的培養是指人們對投資知識的學習、實踐、認識與再認識，直至最終的掌握。

巴菲特與蒙格都曾在多個場合強調一個基本觀點：**投資與其說是一場智力競賽，不如說是一場看誰的行為更理性的比拚**。透過對巴菲特的深入了解，我們十分認同這一點。我們常說，巴菲特之所以成功走到今天，源於他很早就把自己定位於一名企業持有者，而不是股票投資人，更不是市場交易者。這種角色定位上的理性，又衍生了後來他在「不急於求成」上的理性、在「目標報酬」上的理性、在「有所不為」上的理性，以及在其他各類投資事物上的理性。正是這些大大小小的理性行為，才導致了他今日的成功。

3. 獨立

當大多數的投資者在股票市場上總是表現出猶豫、疑慮、困惑、輕率、盲從及多變的一面時，巴菲特不止一次地勸誡人們：獨立思考是致使投資人走向成功的基本要素。那些投資中的「旅鼠」習性，那些在操作中總是不時浮現出的「偏離軌道的恐懼」，還有那些總是想跟在別人後面搭便車的行為，都不可能讓散戶走向最後的成功。巴菲特傳奇的投資生涯，

---

[6] 摘自《華倫‧巴菲特說的話》。

就為這個觀點下了最好的注腳:他在確立投資方法(主流還是非主流)、選擇投資模式(投資企業還是投資股票)、如何看待價格波動(視價格波動為敵人還是朋友)、短期還是長期乃至超長期投資,以及如何進行投資成果評估上的獨立等,正是他成功走到今天的重要前提。

4. 堅守

做正確的事是一回事,堅持一直做正確的事則完全是另一回事。這就像人們常說,做一點好事並不難,難的是一輩子都做好事。巴菲特的偉大,不僅在於他為我們建立了一套完整而科學性的投資體系,更在於他一直去維護與堅守它們。

彼得・塔諾斯(Peter Tanous)在其著作《投資大師》(*Investment Gurus*)中,總結他所採訪過的投資大師:「投資大師們的一個共同特質,就是遵守準則。每一位大師都有自己的準則,沒有的是那些缺乏決斷力、隨時或隨市場狀況而經常變化的投資方法。**大師們的投資哲學可能是在長期實踐中逐漸形成的,但他們絕不搖擺不定。**」這句話同樣準確地概括了巴菲特所具有的特質。

巴菲特自己也常說,他所遵循的投資方法簡單而不容易。按照我們的觀察與理解,這種不容易更多是源於在各種市場情況下,堅守原有投資理念、方法、策略與準則的寂寞與艱難。

5. 深諳風險

我們用巴菲特的一段話來闡述最後一項內容的重要性:「從長期來說,市場將出現非比尋常甚至詭異至極的情況。只要犯了大錯,無論你過去有多少成功紀錄,都將被一筆抹殺。所以,波克夏需要那種與生俱來就能辨認及規避重大風險──甚至是從未見識過的風險──的人。而目前許

多金融機構普遍採用的規則，運用在投資策略上，都有一些特定、重大的危機隱藏其中。情緒控制也十分重要。獨立思考、心智穩定及對人性及組織行為的敏銳洞察力，這些都是在投資上取得長期成功不可缺少的要件。我見過很多聰明絕頂的人，但他們都缺乏這些特質。」（2006年股東信）

當然，對我們自身而言，離實現內在超越可能還有很長的距離。但在正確思想的薰陶下、在經歷了股市的輪番洗禮後，儘管仍有些步履蹣跚，我們始終在努力前行。

> **本節要點**
>
> 1. 成功學習巴菲特的投資方法，「內在超越」比「外在模仿」更加重要。
> 2. 內在超越要求投資者至少要做到以下幾點：專注、理性、獨立、堅守與深諳風險。
> 3. 與「外在模仿」一樣，「內在超越」也並非一日之功。對此，投資者要有一個清醒的認識。

誤讀 58 青出於藍

主要誤讀：無論在哪裡，巴菲特都不具有可模仿性。
我方觀點：當人們提出要「模仿」巴菲特的投資操作時，其實只是對「模仿者」的模仿而已。

儘管巴菲特的方法可能永遠不會成為股市的主流操作（我們或許有些悲觀），但由於其方法的簡單、策略的有效及回報的確定，還是漸漸有越來越多人開始學習與模仿其投資方法。面對這些投資者，市場上有不少人發出了「你永遠成不了巴菲特」的勸導。

事實上，我們不曾發現有誰聲稱要「成為」巴菲特。我們看到和聽到的，只是有些人想要「模仿」他而已。模仿與複製是兩個完全不同的概念，模仿的背後只是學習與借鑑，如果說模仿也不可行的話，恐怕就過於武斷了。殊不知，巴菲特的許多操作，也正是源自他對自己敬仰的人的「模仿」，而那些後來的投資者所做的，只不過是對模仿者的模仿而已。

我們在「內在超越」一節，將巴菲特的投資體系解析為八個部分，在這裡，我們就按照這個口徑，進一步解析巴菲特的思想體系，與其所敬仰之人的思想體系是如何「一脈相承」（我們用財務要點替換了價值評估），如表6-3至表6-10所示。

表6-3　基本哲學

葛拉漢	蒙格
在華爾街，如果總是做一些顯而易見或大家都在做的事，你就賺不到錢。	我和巴菲特總是不由自主地對人們趨之若鶩的事情表示懷疑。
費雪	巴菲特
預測股價會達到什麼水準，往往比預測多久才會達到那種水準要容易。	我們不知道事情發生的時間，也不會去猜想。我們考慮的是事情會不會發生。

表6-4　市場邏輯

葛拉漢	巴菲特
市場不是根據證券的內在品質而精確地、客觀地記錄其價值的秤重器，而是彙集了無數人部分出於理性、部分出於感性的選擇的投票機。	短期內，市場或許會忽略一家經營成功的企業，但最後，這些企業終將獲得市場的肯定。
強而有力的事實證明，股票發表的證券市場預測，比擲硬幣還缺乏可靠性。	對於民間一般投資者與商業人士相當迷信的政治與經濟預測，我們仍將持有視而不見的態度。

表6-5　核心理念

葛拉漢	巴菲特
追根究柢，投資不是一門精確的科學。	雖然伊索寓言的公式與第三個變數簡單易懂，但要明確地算出另外兩個變數根本不可能。
市場價值注定要波動，如果這個事實使得投資有風險，那麼它將不得不在同時被稱為有風險和安全的。	對於企業的所有人來說，學術界對於風險的定義實在是有些離譜，甚至有點荒謬。

表6-6　投資方法

葛拉漢	巴菲特
把有價證券當作一項生意去投資，是最聰明的投資。	每當查理和我為波克夏旗下的保險公司買進股票時，我們採取的態度就好像我們買下的是一家私人企業。
如果你是一個自信的投資者和明智的商人，你會讓「市場先生」每天的意見決定你對自己的1,000美元股份的看法嗎？	以我個人的經驗來說，要想抵制市場的誘惑，最好的方法就是將葛拉漢的「市場先生」理論銘記在心。

表 6-7　選股標準

費雪	巴菲特
這類大型成長股的長期增長潛力遠低於小型成長股。但整體而言，這類大型成長股是非常值得投資的對象。	我們始終在尋找可以理解、具有持續性且事業讓人垂涎三尺的大型公司。
管理階層必備的兩種特質中，企業經營能力只是其一，另一種特質是誠信正直。	站在老闆的角度看事情，這是我們對企業經理人最上等的恭維。

表 6-8　財務要點

費雪	巴菲特
盈餘不以股利的形式發放，而用在建造新廠房、推出新產品線……管理階層為股東創造的利益，有可能遠高於從盈餘中提取的股利。	旗下百分之百控股的子公司將所賺取的盈餘繼續保留在帳上，我們並不反對，只要它們可以利用這些資金，創造更好的投資報酬就好。
通貨膨脹期間，利潤率高的公司，利潤受損的程度顯然遠遠低於高成本的公司，因為高成本的公司更易受到通膨的傷害。	通膨肆虐時，不良的企業需要被迫保留它所掙得的每一分錢，才能勉強維持它過去擁有的生產能力。

表 6-9　操作策略

費雪	巴菲特
買進一家公司的股票時，如果對那家公司沒有充分的了解，可能比分散投資做得不夠充分還要危險。	如果你是稍具常識的投資人，且了解產業經濟……分散風險的理論對你來說就毫無意義。
優秀公司會遇到一些偶發的問題。投資人如果確信這些問題都屬於暫時性，就應當在股價因這些問題而大幅下挫時買入它們的股票。	我們是在1990年，銀行股一片混亂時買進富國銀行的股份。

表 6-10　行為準則

葛拉漢	巴菲特
虧損的投機者比獲利的投機者多，這幾乎是一個數學定律。	投機不但不違法，也並非不道德，但同時，投機絕非查理跟我願意玩的遊戲。
依我看，市場價格信號誤導投資者的次數不比有用的次數少。	投資就像打棒球，想要得分，大家必須將注意力集中到比賽場上，而不是緊盯著記分牌。

當我們抬頭仰望今天的巴菲特時，會發現其實他之所以高大，是因為他成功站在巨人的肩膀上。有不少人想學習與模仿巴菲特的投資操作，也正是為了站在他的肩膀上，讓自己的投資少走一些彎路。他們真的沒有任何機會嗎？

> **本節要點**
>
> 　　1. 巴菲特的思想與操作體系中的絕大部分內容來源於三個人：葛拉漢、費雪和蒙格。
> 　　2. 顯然，巴菲特的成功，其中一個原因就是他站在了巨人的肩膀上。
> 　　3. 基於此，當後人立志同樣站在巨人的肩膀上時，不僅無可厚非，而且邏輯合理、操作可行。

誤讀 59 三面佛

主要誤讀：市場對「一面佛」巴菲特了解得較多，對「兩面佛」巴菲特了解得較少，對「三面佛」巴菲特就了解得更少了。
我方觀點：身分的獨特性是巴菲特得以成功的重要前提之一。

　　本節的脈絡是：巴菲特之所以能在財富的積累上取得巨大的成功，是因為他有一套與眾不同的操作策略與行為準則；這些策略與準則的背後是一套與眾不同的基本哲學與核心理念；這些哲學與理念之所以能被巴菲特堅守數十年而不動搖，是因為在它們的背後有一張與眾不同的內部記分卡；而在風雨飄搖、跌宕起伏的資本市場中，這張內部記分卡能始終被巴菲特握在手中，並對他的行動一直施加著重要影響，源於一個其他人很少具備的條件：他獨特的身分。

這個獨特身分指的是巴菲特從很早期就同時身兼的三種角色：投資者、經營者與所有者。下面，我們先對這三種身分做一下簡要的回顧，然後再談它們的融合究竟如何成就了今天的巴菲特。

首先是投資者。這個身分不需要我們解釋太多。不過，即使是作為投資者的巴菲特，與市場上的絕大多數投資者相比，仍有很大的不同。除了我們多次提到的一些內容外，作為一個資產管理人，他的工作平臺與大多數職業投資者的選擇也有著很大的差別，從一開始他就放棄了會被納入美國投資公司法管轄的所有機構模式，先後只在兩個平臺上運行：早期的有限合夥公司和後期的有限責任公司。

其次是經營者的身分。正如我們在「股神巴菲特」一節中所描述的那樣，在人們應當給予巴菲特的稱謂中，除了投資者巴菲特外，還有一個稱謂也高度符合他的實際身分：CEO巴菲特或經營者巴菲特。這一身分已經把他與絕大多數證券投資人區分開來了。

最後是所有者的身分。巴菲特的所有者身分主要體現在兩個方面：一、由於一直處於控股地位，因此從1965年入主公司開始，巴菲特就始終是波克夏的所有者。據綜合資料披露，儘管經過了數十年的多次換股併購，但到了2008年年底，巴菲特家族對波克夏的投票權仍保持在30%以上的控股水準。二、由於波克夏對私人企業的收購大多採取控股權收購或全資收購的模式，因此巴菲特實際上也是波克夏旗下那些非保險事業體的所有者。

下面來談談這三者的融合如何影響和造就了巴菲特。先來看經營者巴菲特對投資者巴菲特的影響。巴菲特曾講過一段令人記憶深刻的話：「因為我是經營者，所以我成了成功的投資人。」經營者的身分究竟為巴菲特的投資帶來了怎樣的影響？

事實上，巴菲特在股票投資上的許多深刻思想與獨特建樹，都直接源

自於他的CEO身分與長期從商的經歷。這些思想有：一、關於「股東利潤」的理念；二、關於限制與非限制盈餘的理念；三、關於小資本而大商譽的理念；四、關於資產模式與通膨曝險的理念；五、關於「船」與「船長」的理念；六、關於消費獨占的理念；七、關於護城河的理念；八、關於內在價值評估的理念等。我們可以說，沒有巴菲特長期作為經營者的經歷，幾乎無法讓他最終具有這些思想與建樹。

我們再來看看投資者巴菲特對經營者巴菲特的影響。上面引述的那段談話，其實只是原話的前半內容。巴菲特這段話的全文是：「因為我是經營者，所以我成了成功的投資人；因為我是投資人，所以我成了成功的經營者。」

那麼，作為投資人的巴菲特又如何影響了作為經營者的巴菲特？我們在「管理大師」一節曾引述過巴菲特筆下的經理人標準：「站在股東的角度去考慮問題，是我們對管理者的最高讚賞。」儘管我們認為這只是大多數企業投資人的美好憧憬，但它仍道出了一家上市公司實施價值管理的精髓所在。

即使在美國這樣的成熟市場，能堅持站在股東的角度去考慮問題的經營者恐怕也只是少數。而當我們說波克夏的董事長兼CEO巴菲特，是一個始終將股東利益放在第一位的價值管理人時，一個不可忽略的要點是：作為經營者的巴菲特之所以會取得成功，是因為他首先是一個投資者。

巴菲特長期以來在經營波克夏的業務時所表現出的對機會成本的「計較」、對經營成本的「摳門」、對管理成本的「苛刻」以及其他許多「站在股東的角度去考慮問題」下的經營舉措，都直接與他的投資人身分緊密相關。

最後讓我們看看所有者巴菲特對投資者巴菲特的影響。在這之前，你可以先思考一個問題：同樣是職業投資者，為何絕大多數機構投資者採

取了與巴菲特相去甚遠的投資方法與操作模式？論學識，這些投資機構中大多數人均畢業於頂尖學府；論經驗，他們中的不少人已在這個圈子裡打拚很多年；論才智，這些專業機構的基金經理、資產管理人、信託管理人以及投資總監，有誰不是高智商人士？但為何他們之間竟有如此不同的行為偏好和追求？

這背後當然有著較為複雜的原因，我們在其他章節中也有討論過，但還有一點可能是最核心、最基礎的原因，沒有引起人們足夠的重視：巴菲特是其運行平臺的「所有者」，而大多數的職業投資者只是其運行平臺的「打工者」。

兩者之間的基本差別就是，前者可以堅守自己認為是對的東西，甚至還可以大膽地實踐一些帶有顛覆性的操作策略，而後者即使有與巴菲特相同的思想和理念，恐怕也不敢隨意為之，因為他們沒有能力忍受失敗，哪怕有多短暫。

我們常說，「偏離軌道的恐懼」束縛並修正了機構投資者的腳步，而一直以「內部記分卡」行事的巴菲特，不僅沒有任何偏離軌道的恐懼，而且在大多數情況下還能大膽且義無反顧地逆向行動！

本節要點

1. 作為一名職業投資人，巴菲特與其他人最大的差異之一，在於其身分的獨特性：集投資者、經營者和所有者於一身。
2. 老師的教誨加上三種身分的相互影響，才使巴菲特最終確立了與市場主流完全不同的投資理念與操作策略。
3. 業餘投資者和職業投資者難以完全模仿巴菲特的操作的基本障礙，在於巴菲特有一個幾乎難以複製的「三面佛」身分。

誤讀 ⓺⓪ 沉思者

主要誤讀：人們談得較多的是投資者巴菲特，談得較少的是經營者巴菲特，談得更少的是所有者巴菲特，而談得最少、或幾乎不怎麼談起的，是沉思者巴菲特。

我方觀點：我們從前面和側面會看到「三面佛」巴菲特；我們從後面看到的則是沉思者巴菲特。

一百多年前，在法國著名雕塑家奧古斯特・羅丹（Auguste Rodin）的精心雕琢下，現代雕塑藝術史上最偉大的作品之一——《沉思者》（Le Penseur）誕生了。這部作品取材於但丁（Dante）的《神曲》（Divina Commedia）中的地獄之門一節，一名強而有力的男子，彎腰屈膝坐著，右手托著下頜，默視著人間的悲劇，陷入了痛苦與永恆的思考之中。本書其中一位作者曾多次見過這座雕像，每次站在它面前，都會有一種莫名的感動。每當我們研讀巴菲特的投資思想時，腦海中偶爾會湧現出羅丹的這尊雕像。尤其是在看到他對大家苦苦勸導卻不被接受時，我們會覺得他就像是股市中的沉思者，無能為力、默默凝視著人們在市場中重蹈覆轍。巴菲特的成功來自其在資本市場中的無數個正確行動，正確行動的背後是他早已確立的一套正確投資方法、操作策略與行為準則，而在這些方法、策略與準則的背後，是一套正確的市場哲學、基本邏輯與核心理念。這條無比珍貴的思想與行動鏈，之所以能連接起來並被實踐數十年，還源於一個在本書前文中未曾提起的要素：對股票市場內在運行規律的觀察與把握。

讓我們在這裡更新一下巴菲特的投資鏈條，如圖 6-1 所示。作為沉思者的巴菲特，很早便發現了股票市場的內在運行規律，從而修正自己原有的投資腳步，最終成為一名極成功的投資者。下面，讓我們一起學習巴菲特先後在不同場合，為我們揭示出的股市八大內在運行規律。

圖6-1　更新過的巴菲特投資鏈條

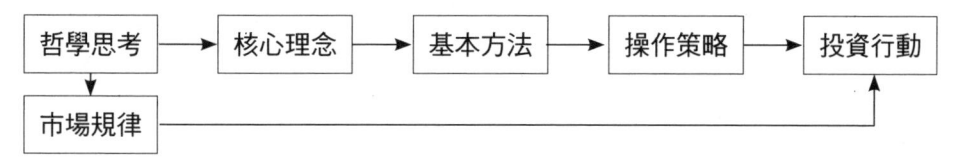

哲學思考 → 核心理念 → 基本方法 → 操作策略 → 投資行動
市場規律 ────────────────────────────────↗

1. 股票市場並不總是有效

　　這是一個基礎性的結論。如果市場總是有效的，股市中的人們就沒有必要進行任何形式的主動操作，買入某個指數基金即可；而在市場無效或不總是有效的前提下，主動投資才有存在的意義及戰勝市場的可能。巴菲特在1988年股東信中曾明確指出：「市場有效與不總是有效，對投資人來說，其差別如同白天與黑夜。而葛拉漢—紐曼公司、巴菲特合夥企業及波克夏連續63年的成功經驗，足以說明有效市場理論是多麼荒唐透頂。」

2. 股票市場短期是投票機，長期是體重計

　　這項發現源自其老師葛拉漢，繼而被巴菲特發揚光大：「事實在於，人們充滿了貪婪、恐懼或者愚蠢的念頭，這一點是可以預測的。而這些念頭導致的結果卻是不可預測的。」[7]「短期內，市場或許會忽略一家經營成功的企業，但最後這些企業終將獲得市場的肯定，就像葛拉漢所說：短期而言，股市是一個投票機，但長期來看，它是一個體重計。」（1987年股東信）巴菲特的許多基本理念與操作策略，如確定性偏好、長期投資及盯住比賽而不是記分牌等，都源於對這項市場規律的認識。

3. 短期市場走勢與宏觀經濟形勢不可測

　　對這一市場運行規律的不同看法，使得股票市場中一直存在兩項基本對立的操作策略──擇時交易與買入持有。前者認為投資者完全可以透

過聰明的買賣獲取超額收益；後者則認為由於影響市場短期走勢的要素過於龐雜、隨機並難以捉摸，因此任何關於短期的預測都不可作為決策的依據。巴菲特顯然屬於後者陣營，他在1984年股東信中指出：「對於民間一般投資人與商業人士相當迷信的政治與經濟預測，我們仍將抱持視而不見的態度。30年來，沒有人能夠正確地預測到越戰會持續擴大、工資與價格管制、兩次石油危機、總統的下臺及蘇聯的解體、道瓊指數在一天之內大跌508點，或國庫券的收益率在2.8%～17.4%之間的巨幅波動。」

4. 真理往往不站在多數人那邊

人們常說要敬畏市場、市場永遠是對的。這句話的潛臺詞是，真理往往在多數人的一邊，因為市場本身是由大多數人組成的。然而經過長期的觀察與思考，巴菲特卻以行動給出相反的回答：他不但置「市場先生」的「權威」於不顧，更提出投資者應當逆向行動，並學會利用其飽飽的口袋而不是愚笨的腦袋賺錢。

5. 運動有害投資健康

關於這個話題，我們在「牛頓第四定律」一節中已有深入討論。有興趣的讀者可以重溫這一節，這裡就不再詳述。

6. 價格波動不等於投資風險

什麼是股票投資風險？由美國學術界創立的現代投資理論，選擇以股票價格的相對與絕對波動幅度，來度量投資風險的大小，而以巴菲特為

---

7 摘自《華倫・巴菲特說的話》。

代表的企業投資者們，則認為學術界的觀點荒謬至極。巴菲特在1993年股東信中指出：「對於企業所有人來說，學術界對於風險的定義實在是有點離譜，甚至有些荒謬。舉例來說，根據Beta理論，若有一種股票的價格相對於大盤下跌的幅度更高，就像是我們在1973年買進華盛頓郵報的股份時一樣，那麼其投資風險就比原來股價較高時還要更高。但是，如果哪天有人願意以更低的價格把整家公司賣給你，你是否也會認為這樣的風險太高而選擇拒絕？」

7. 風險與收益並不成正比

　　風險與收益成正比是市場中流行已久的觀點，甚至它已經成為一種普遍的觀點。正是在這一觀點的指導下，不少投資人由於懼怕風險而選擇遠離股市，將自己辛苦所得的資金放在銀行或債權類金融工具上。幸運的巴菲特在老師葛拉漢的教導下，很快便認識到股市中的投資收益，並不與其所承擔的風險成正比。只要投資方法得當，你完全可以在較低的風險水準下取得滿意的回報：「在投資股票時，我們預期每一次行動都會成功，因為我們已將資金鎖定在少數幾家財務穩健、具備持久競爭優勢，並由才幹與誠信兼具的經理人所經營的公司上。如果我們以合理的價格買進這類公司的股票，損失發生的機率通常非常小。在我們經營波克夏的38年當中，投資獲利個案與虧損個案的比例約為100：1。」（2002年股東信）

8. 股票市場是財富分流器

　　巴菲特在11歲將120美元投入股市，到78歲時，個人資產高達六百多億美元（其中大部分是在股票市場上掙得的），這樣的財富傳奇再次證實了一個巴菲特曾多次提及的事實：股市永遠照顧那些有耐力的投資者。在1991年股東信中，巴菲特指出：「我們以不變應萬變的做法，反映了

我們把股市當作財富分配的中心，錢通常從活躍的投資人流到有耐力的投資人手中。」

本節要點

　　1. 在行動層面，我們可以把巴菲特比喻成一尊「三面佛」（集投資者、經營者與所有者於一身）；在精神層面，我們則可以把巴菲特比喻成羅丹塑造的「沉思者」，正如比爾·蓋茲描繪的那樣：他總是在思考。
　　2. 正是由於「總是在思考」，才使巴菲特最終確立了一套與眾不同的投資思想體系。
　　3. 這個思想體系的一項重要內容，就是在觀察股市運行規律上所具有的獨特視角與獨到見解。

誤讀 61 資本家

主要誤讀：對於作為資本家的巴菲特，人們的了解與領會可能還有很大的空間。
我方觀點：巴菲特的傳奇經歷，為我們詮釋了一個幾乎是全新概念的資本家。

　　我們在「股神巴菲特」一節曾指出：縱觀巴菲特的傳奇經歷，我們認為至少可以將三個稱號「加冕」於他：股神巴菲特、CEO巴菲特、資本家巴菲特。最後一個稱號也可以被解讀為「控股人巴菲特」、「董事長巴菲特」或「商業大亨巴菲特」。

　　相較之下，哪一個更貼近巴菲特的傳奇經歷？按照我們的長期觀察，應當非「資本家巴菲特」莫屬。當時我們的解讀從三條線展開：一、巴菲特的主要興趣是對私人企業的收購而非股票投資；二、巴菲特一直在兩條「戰線」上經營著波克夏公司；三、波克夏主要是一家保險業集團，而巴菲特就是它的掌舵人。

在本節中，我們將循著一條新的路徑展開這個話題，並希望這條路徑對每一個關注巴菲特的人都能有所啟發。

關於什麼是資本家，不同派系的學者給出了不同的定義。綜合各種觀點後，我們在這裡暫且將資本家分成兩種類別：只投資而不參與經營管理，以及既投資又參與經營管理。我們可以稱前者為食利階層（按：資產階級中完全脫離了生產過程，靠持有有價證券與取得利息或股息為生）的資本家，稱後者為兼具企業家身分的資本家。巴菲特屬於哪一類？

如果巴菲特屬於上述兩類資本家的任何一種，可能就不值得我們在這裡單列一節討論了。畢竟，無論是作為食利階層還是作為企業家的資本家，過去一、兩百年來人們已經看得太多。事實上，**巴菲特創造了一個新類型的資本家：作為企業監督者或激勵者的資本家**。他既不是完全的食利階層的資本家，也不是完全的作為企業家的資本家，而是介於兩者之間。

我們先來看看作為典型意義資本家的投資者巴菲特。儘管他在兩條「戰線」上同時投資，儘管他的投資方法那麼與眾不同，回報又如此神奇，但作為投資者的巴菲特，他還是具有典型意義的：一個掌握資本的人，只是他賺的錢比我們多而已。

我們再來看看作為非典型意義資本家的監督者或激勵者巴菲特。當我們稱巴菲特為一個監督者或激勵者，而不是一般意義上的企業經營者時，他身上所具有的不同於傳統概念劃分的特質，就已經躍然紙上：巴菲特如果是一個傳統意義上的經營者，那麼一個管理著七十多家經營事業體和數十萬名員工的經營者，怎麼可能讓自己的工作像「每天跳著舞步去西斯汀禮拜堂繪畫」一樣輕鬆又愜意？同時，我們又如何解釋一家資產淨值高達1,198億美元、持有股票市值高達1,220億美元、上繳稅收占全美稅收1/40的巨無霸企業，其總部員工只有區區16名，「世界總部」辦公室面積只有區區9,708平方英尺（約900平方公尺）呢？

這其中的奧妙在於，巴菲特並不是一個傳統意義上的經營者，而是一個殫精竭慮讓全美最優秀的人為他工作、創造價值的監督者或激勵者。他把自己的主要工作形容為：讓開道路，為其鼓掌。

我們下面就來一起「檢閱」波克夏旗下經營團隊的全明星陣容：東尼‧奈西利（Tony Nicely，蓋可保險總裁——巴菲特曾建議波克夏的股東，將剛出生的小孩取名為東尼）、盧‧辛普森（Lou Simpson，蓋可保險首席投資官——被巴菲特形容為投資業績比自己還優秀的人）、布魯姆金（著名的B夫人——九十多歲高齡還每週工作6.5天，每天工作12個小時）、葛蘭姆（華盛頓郵報發行人——巴菲特的摯友，曾獲頒普立茲獎）、湯姆‧墨菲（Thomas Murphy，首都城市傳播公司／ABC總裁——一個優秀到巴菲特想把女兒嫁給他的人）、查理‧哈吉斯（Chuck Huggins，時思糖果執行長——為巴菲特創造了「最佳儲蓄帳戶」的人）、古茲維塔（可口可樂CEO——被巴菲特譽為有著充足股東意識的人）、卡爾‧理查（Carl Reichardt，富國銀行董事長——被巴菲特形容為有著很強成本意識的人）……在波克夏最新的投資名單中，我們又看到了高盛、通用電氣、沃爾瑪及箭牌口香糖等。

為什麼說是「殫精竭慮」呢？因為這一切從一開始就是一個早已計畫好的行為：「查理和我都知道，**只要找到好的球員，任何球隊的經理人都可以做得不錯**。就像奧美廣告的創辦人大衛‧奧美曾說：如果雇用比我們矮的人，那我們就會變成一群侏儒；相反，如果能找到一群比我們更高大的人，我們就是一群巨人。」（1986年股東信）「波克夏的副主席，同時也是我的主要合夥人——查理‧蒙格及我本人一直致力於建立一個擁有絕佳競爭優勢並且由傑出的經理人領導的企業集團。」（1995年股東信）「我很認同前美國總統雷根（Ronald Reagan）說的話：繁重的工作也許壓不死人，但又何苦冒這個險呢？因此，我決定讓人生過得輕鬆一些，完

全放手讓集團中的優秀經理人表現。而我的任務只是激勵、塑造及加強企業文化，以及資本分配。」（2006年股東信）

在本書「快樂投資」一節中我們提過，巴菲特為我們創造了一個快樂投資的範例：回報是滿意的，過程是輕鬆的。說到輕鬆的過程，還有比「每天跳著舞步去西斯汀禮拜堂繪畫」更輕鬆的嗎？說到滿意的回報，我們來算一筆帳：以巴菲特在11歲買入人生第一檔股票時，所擁有的120美元為財富起點，以2007年年底個人財富約600億美元為財富終點，在這66年裡，巴菲特取得了怎樣的資本報酬？答案是：年均複合報酬率34.25%！總報酬率5億倍！

在2002年股東信中，巴菲特對自己的投資生涯做出了一個看起來十分有趣、卻不失恰當的總結：「提到管理模式，我個人的偶像是一位叫做艾迪‧班尼特（Eddie Bennett）的棒球隊球僮。1919年，年僅19歲的班尼特開始了他在芝加哥白襪隊的職業生涯，在他加入當年，白襪隊打進了世界大賽。一年後，班尼特跳槽到布魯克林道奇隊，在他加入當年，道奇隊贏得了世界大賽冠軍。不久後，這位傳奇人物發現了一些苗頭，接著就轉到紐約洋基隊，他的加入使得洋基隊在1921年贏得本隊史上第一個聯盟冠軍。自此，班尼特彷彿預知接下來會發生什麼事一樣，決定安頓下來。果不其然，洋基隊在七年間五度贏得了美國聯賽的聯盟冠軍。

或許有人會問，這跟管理模式有什麼關係？其實道理很簡單，就是想要成為一個贏家，一定要與其他贏家一起共事。班尼特很清楚地知道，他如何拎球棒並不重要，重要的是他是否能為球場上最當紅的明星拎球棒。我從班尼特身上學到了很多，所以在波克夏，我經常為美國商業大聯盟的超級強打者拎球棒。」

回顧巴菲特接管波克夏的這些年，今日人們應如何審視這家公司？我們經常聽到是：在巴菲特的手中，波克夏從一家日薄西山甚至瀕臨倒閉

的公司,發展為一家全球聞名、橫跨多個產業的控股公司。然而,我們認為更能顯示其傳奇經歷的應該是:這是一個由巴菲特擔任多年隊長的超級球隊,隊員包括:打高爾夫球的尼克勞斯(Jack Nicklaus)和老虎伍茲、打網球的山普拉斯(Pete Sampras)和費德勒、打籃球的喬丹(Michael Jordan)和科比、踢足球的比利(Pelé)和梅西(Lionel Messi)、打乒乓球的蔡振華和馬琳……巴菲特曾在股東信中將波克夏的股東年會稱為「一個資本家版的胡士托音樂節(The Woodstock Festival,按:眾星雲集的傳奇音樂節)」。這個比喻對這家公司的董事長和所有長期股東,做出了恰如其分的描繪:一個讓全美最優秀的經理人為自己打工的超級資本家,和一群有幸讓這個超級資本家為自己打工的小資本家。

本節要點

1. 巴菲特是一個資本家,卻不是傳統意義上的資本家,而是游離於「食利者」和「經營者」之外的全新類型資本家。
2. 這種全新類型的資本家,並不表現為一個在多項行動綜合作用下產生的意外結果,而是從一開始就是「有預謀、有組織」的行動。
3. 「讓全美乃至全世界最優秀的人才為我打工」或「讓開道路,為其鼓掌」,就是這個全新類型資本家所具備的基本特質之一。

誤讀 62 查理・蒙格

主要誤讀:談起波克夏和巴菲特,人們經常忽略蒙格對巴菲特的影響。
我方觀點:從某種程度上來說,沒有蒙格,就沒有今天的巴菲特。

蒙格,波克夏的副董事長兼巴菲特的長期合夥人,於 1924 年 1 月 1

日——早巴菲特近七年——出生於巴菲特的故鄉奧馬哈市，他在35歲才首次與巴菲特見面，從此開始了兩人超過半世紀、傳奇般的朋友加合夥人關係。

當時蒙格是一位畢業於哈佛大學、前程似錦的律師。在與巴菲特相識後，蒙格在其勸說與影響下，逐漸放棄了父親與祖父為之奮鬥一生的法律事業，於1962年與一位朋友開辦了一家從事股票投資業務的合夥公司，並取得矚目的成績（1962～1975年間，取得高達19.8%的稅前年化報酬率）。

在很長的一段時間裡，蒙格與巴菲特之間僅僅是朋友關係。自1960年代末期開始，在蒙格與巴菲特分別以自己旗下公司的名義，共同投資了藍籌印花公司後，兩人便由朋友關係逐漸轉變為合夥人。我們認為，蒙格與巴菲特之間獨特而親密的關係鏈，可以分解為以下三個方面。

首先是情感鏈：了解蒙格和巴菲特的人都知道，兩人在許多方面不同，例如前者性格直率而後者委婉溫和、前者涉獵廣泛而後者興趣專一、前者在投資時喜歡買入優秀的大公司，後者則在「撿菸蒂」上樂此不疲（兩人相識後前10年的情況）。但即便如此，他們卻能在首次碰面後維持數十年的友情，我們認為，這主要源於彼此的相互欣賞。

第一次遇見巴菲特時，蒙格便覺得「這不是一個普通人」[8] 43年後，在魏斯可金融年會上，蒙格用一段話形容初次見到對方的印象：「沒有葛拉漢的影響，華倫同樣能成為一名偉大的投資者，而且比葛拉漢更偉大。如果他從沒有遇到過其他人（我們認為這是蒙格在淡化自己對巴菲特的影響），他也會一樣的偉大。他會在任何一個需要高智商、多才能及冒風險

---

[8] 摘自《雪球》。

的領域取得傑出的成就。」

在與蒙格相識後的數十年裡，巴菲特也曾多次在不同場合讚許這位合夥人，令人最印象深刻的是他在蒙格傳記《投資哲人查理蒙格傳》（*Damn Right!*）一書序言中的一段話：「41年來，我從沒有看過查理試圖利用哪個人，也沒有看到過他將其他人做的事情歸功於自己。實際上，我所看到的查理恰恰與此相反：他總是有意把功勞讓給我和其他人。失敗時他承擔的責任重於他應承擔的，而成功時他領受的功勞又輕於他應領受的。從最深層的意義上來說，他是高尚而寬容的，從來不會因為顧及自我而忽略了理性。」

其次是資金鏈：蒙格與巴菲特在資金鏈上建立關係是從1960年代末期共同投資藍籌印花後開始的。當時巴菲特剛取得波克夏的控制權不久。由於藍籌印花擁有與巴菲特較早前收購的保險公司一樣的「浮存金」，巴菲特和蒙格就分別以波克夏和旗下合夥公司的名義買入了藍籌印花的股票。此後，兩人又透過藍籌印花，分別在1972年買入時思糖果、1973年買入魏斯可金融、1977年買入水牛城晚報等公司的股票。

1983年，藍籌印花被全額併入波克夏，蒙格被巴菲特選為公司的副董事長，兩人公開的合夥關係便從此開始。

最後是思想鏈：談到巴菲特的投資思想基礎，被市場廣泛傳播的一句話應來自海格斯壯所著的《巴菲特的長勝價值》中，巴菲特的一段自我敘述：「我有15%像費雪，85%像葛拉漢。」由於我們掌握的文字資料有限，一直無法查到這段話出自何處。不過在我們看來，此話至少漏掉了一個非常重要的人物：蒙格。毫不誇張地說，巴菲特作為職業投資人，其前20年的成就屬於葛拉漢，而後30年的成就，則有相當大的比例應當屬於蒙格。

在談及蒙格對自己投資思想的影響時，巴菲特從來不吝於給出客觀的

高度評價:「**世界上對我影響最大的三個人是我的父親、葛拉漢和蒙格。**我父親教育我要麼不做,要做就做值得登上報紙頭版的事情;葛拉漢教會了我投資的理性框架和正確的模式,使我具備這樣的能力:能冷靜退後觀察,不受眾人的影響,股價下跌時不會恐慌;查理使我認識到,投資一家獲利能力持續增長的優秀企業所具備的種種優點,但前提是你必須對它有所把握。」[9]

其實,僅從智商上來看,葛拉漢、巴菲特和蒙格這三個人似乎誰也不輸誰。但為何三個人的早期投資思想脈絡竟如此不同呢?我們認為這可能與他們不同的閱歷有關。葛拉漢工作與生活的年代,正好處於美國股市大起大落和長期大蕭條的階段,這在他的思想中深深地刻下了對風險的恐懼。他之所以在《智慧型股票投資人》中,將安全邊際視為成功投資的祕訣和座右銘,恐怕與他的這段經歷有直接聯繫。而蒙格幾乎沒有經歷過葛拉漢那樣的「悲慘世界」,在1962年組建自己的合夥公司時,美國股市正處於一場波瀾壯闊的牛市浪潮之初,這與葛拉漢合夥公司所處的境遇幾乎是天壤之別。

而早期巴菲特與蒙格的思想差異,則源於其「撿菸蒂」的成功經歷。儘管他很快就顯現出與葛拉漢在某些問題上的不同做法(如集中投資),但安全邊際的思想對他的影響實在太深,需要較長的時間去轉變。

然而,如果將巴菲特投資思想在1970年代後期的轉變完全歸功於蒙格,似乎也過於簡單。我們的觀點是:那段時間巴菲特繼續按照「撿菸蒂」的策略而實施多項收購的慘痛經歷,以及與「撿菸蒂」策略形成鮮明對照的幾項成功投資,再加上蒙格的影響,共同促成了巴菲特投資思想的

---

[9] 來自巴菲特接受《富比士》的採訪,1993年10月18日。

轉變。前者包括對波克夏、登普斯特（製造風車與灌溉系統）、桑伯恩地圖及三流百貨公司的收購；後者包括對美國運通、時思糖果和威斯科金融的投資等。在這些失敗案例與成功案例的強烈對比中，巴菲特才深刻地體會到了蒙格投資優秀企業和「偉大生意」的思想的重要意義所在。

　　光陰飛逝，五十多年一晃就過去了。關於巴菲特與蒙格近期的關係，由於我們掌握的資料有限，不知有否已發生了變化。隱約看到有新聞報導提及，兩人的工作往來已經不像以前那樣密切了，例如，巴菲特在 1998 年對通用再保險的鉅資收購以及後來的多項重大收購，似乎都沒再事先認真徵求蒙格的意見。但不管怎樣，蒙格還是一如既往地出現在波克夏的公司年會上，與巴菲特一起回答股東們提出的各式各樣的問題。他還是像往常一樣坦誠、直率，對他認為愚蠢的事情，還是那樣不留情面地予以批評和訓斥。最近幾年，在波克夏年會的「書蟲精品」攤位上，一直熱賣著一本記錄蒙格智慧的書——《窮查理的普通常識》（*Poor Charlie's Almanack*），有興趣的讀者可以買來一讀（按：蒙格於 2023 年 11 月逝世）。

本節要點

　　1. 投資者在談到葛拉漢和費雪對巴菲特的影響時，不要忘了還有一個人對巴菲特的重要影響：蒙格。
　　2. 按照巴菲特自己的敘述，蒙格給予他的影響和幫助甚至在費雪之上。
　　3. 如有可能，我們建議投資人把所有關於蒙格的書都買來一讀，它們對你的啟發性可能不亞於那些關於巴菲特的書籍。

第七部

雨後的33個新「霧」

誤讀 63 巴菲特難以複製

討論：為何要複製呢？

先看一段話：「我甚至會認為，如果巴菲特和他的保險公司都能重回年輕的歲月，他本人也依舊如此聰明，恐怕也難再創造出如今的輝煌業績。」（蒙格，2014年股東信）

我們認為蒙格的這段話描述的假設確實很有可能發生。那麼試想：如果巴菲特本人都「難以複製」自己，我們為何要苛求自己「複製」他？此外，如果你讓巴菲特重回年輕的歲月，同樣去讀葛拉漢與費雪的書，他會因為「難以複製」原來的自己而走出一條完全不同的軌跡嗎？至少我們認為不會。

以本書兩位作者為例，我們對巴菲特著迷，只是對他的投資方法入迷，其他的我們並不打算有樣學樣。一是沒這個能力，二是沒這個條件，三是也不想這樣做（其中一位作者一直以懶惰著稱）。儘管如此，這並不影響過去十幾年我們在股市獲得一些令自己滿意的成績。

我們能做到的事，你也同樣可以做到，這與複製不複製完全無關。

誤讀 64 巴菲特說價值投資很簡單似有誤導之嫌

討論：他的本意應當是簡單但不容易。

為什麼說簡單？以下是我們的解讀。

1. 概念的簡化

「價值投資的思想看起來如此簡單與平常。它好比一個智力平平的人走進大學課堂，並輕易地拿到了一個博士學位；它也有點像你在神學院苦讀了八年後，突然有人告訴你：你需要了解的其實只是『十誡』那點東西。」（巴菲特，紐約證券分析師協會演講，1996年12月）

2. 思想的簡化

「在商界和科學界，有條往往非常有用的古老守則，分成兩步：第一步，找到一個簡單、基本的道理；第二步，非常嚴格地按照這個道理去行事。」（蒙格，哈佛法學院，1998年）

3. 內容的簡化

「投資要成功，你不需要明白什麼是Beta值、有效市場、現代投資組合、期權定價及新興市場等知識。事實上大家不懂這些反而會更好⋯⋯以我個人的觀點，研讀投資的學生只需要學好兩門課程即可：一、如何去評估一項生意的價值；二、如何看待市場價格的波動。」（巴菲特，1996年股東信）

4. 操作的簡化

「現在越來越多基金採用高成本的複雜投資方法⋯⋯我並不推薦使用這些方法，而是建議基金採用一種更有成效的辦法，就是對少數幾家廣受讚譽且名副其實的國內公司，進行長期的集中投資。」（蒙格，基金會財務總監聯合會演講）

簡單，不代表這樣做很容易。評估一項生意的價值容易嗎？當然不

容易。正確看待市場價格波動容易嗎？答案也是否定的。正因為簡單但不容易，才使市場內不少（或者說大多數）投資人熱衷於炒股，而不是進行「簡單」的價值投資。

買入並持有聽起來很簡單，但市場上又有多少投資人（含機構）能按照蒙格所說的，「對少數幾家廣受讚譽且名副其實的國內公司，進行長期的集中投資」？很少吧？其實可以說是非常少。如此就可以理解，為何說價值投資是「簡單而不容易」的了。

誤讀 65 巴菲特成功是因為他有著極高的智商

討論：高智商並不是投資成功的先決條件。

本書作者對下面幾段話（按時間先後排序）持肯定態度：

- 「想在一生中獲得投資的成功，並不需要頂級的智商、超凡的商業頭腦或祕密的資訊，而是需要一個穩妥的知識體系作為決策基礎，且有能力控制自己的情緒，不對這種體系造成侵蝕。」（巴菲特為《智慧型股票投資人》第4版寫的序）

- 「投資人最重要的特質不是智力而是個性。你不需要很高的智商，用不著會同時下三盤西洋棋，或者同時打兩副牌。你需要一種性情，不管是群居還是獨處，都能做到從容自若、寵辱不驚。你知道自己是正確的，別人的態度對你不會產生影響，你只是基於事實和自己的判斷做出決定。」（巴菲特，1988年6月）

- 「在金融方面取得成就，並不取決於你的天賦高低，而是取決於是否有良好的習慣。」（巴菲特，《奧馬哈世界先驅報》〔*Omaha World-*

Herald》,1997年10月)

● 「如果你的智商超過150,那不妨把其中的30賣給別人,因為你並不需要過高的智商,只需要有足夠的智商,而過高的智商某些時候會對你造成傷害。不過,你同時需要有足夠的情商和判斷力,因為你會聽到各種不同建議,需要從中篩選,最終做出自己的決定。」(巴菲特,波克夏股東大會,2009年)

透過讀投資史,我們有機會傾聽不少大師的心聲。當談到成功的條件時,我們記得有人說過知識(富蘭克林〔Benjamin Franklin〕)、理性(蒙格)、專注(巴菲特)、邏輯與耐心(林區)、個性(費雪)、獨立(坦伯頓〔John Templeton,共同基金先驅人物〕)、紀律(卡拉曼〔Seth Klarman,年複合成長率20%的傳奇投資人〕),以及綜合上述各要素後的智慧(葛拉漢),但就是不記得曾有人提過,要有異於常人的智商。當然我們知道,前輩都是謙虛和低調的,不會承認自己智商高。不過我們寧願選擇相信這些前輩們的話,因為這符合我們十幾年的細心觀察。

誤讀 66 巴菲特其實是85%的費雪

討論:不能簡單下此定論。

巴菲特是價值投資的集大成者。如果非要說出誰對他影響較大的話,我們覺得非葛拉漢、費雪和蒙格莫屬。

費雪對巴菲特的影響毋庸置疑。關於這一點,不僅巴菲特自己承認,我們也親自做過實證研究:在費雪所著的《非常潛力股》一書中,我們發現至少有56處與後來巴菲特投資策略的改變有關聯。但如果說巴菲特是

85%的費雪,恐怕還是有些牽強。我們看看巴菲特自己怎麼說。

- 「1950年年初,我閱讀了本書的第1版,那年我19歲。當時,我認為這是有史以來最傑出的一本投資論著。時至今日,我仍然如此認為。」(巴菲特為《智慧型股票投資人》第4版寫的序)

- 「看過波克夏股票組合的人或許以為這些股票是根據線形圖、經紀人的建議或公司近期的獲利預估來進行買賣。其實查理跟我本人從來都不曾理會這些,而是以企業所有權人的角度看事情。這是一個非常大的區別。事實上,這正是我幾十年來投資行為的精髓所在。打從我19歲讀到葛拉漢的《智慧型股票投資人》之後,我便茅塞頓開。」(2004年股東信)

- 「世界上對我影響最大的三個人是我的父親、葛拉漢和蒙格。我的父親教育我要麼不做,要做就去做值得登上報紙頭版的事情。葛拉漢教了我投資的理性框架和正確模式,使我具備這樣的能力:能冷靜地退後觀察,不受眾人影響,股價下跌時不會恐慌。蒙格使我認識到投資一家獲利能力持續增長的優秀企業所具備的種種優點,但前提是,你必須對它有所把握。」(《富比士》採訪,1993年10月18日)

- 「上天派了蒙格來打破我的菸蒂投資模式,並引入一種既可以照顧我們的投資規模、又可以讓投資報酬大放光彩的新投資方法。」

- 「在我看來,蒙格最重要的建築成就是設計了今天的波克夏。他給我的設計藍圖很簡單:忘記你所熟悉的投資方式——以出色的價格買入普通的生意;取而代之的是以普通的價格買入出色的生意……聽蒙格的話,我們獲得了豐厚回報。」(2014年股東信)

從以上敘述可以看出,認為巴菲特是85%的費雪,這個結論似乎過於簡單。說這些話的人我們猜在「價值與成長」這個話題上可能存在盲區,不過我們就不在這裡展開討論了。無論如何,巴菲特是價值投資的集

大成者，至於前輩或同輩在他的投資思想中各占多少比例，這個似乎已不那麼重要了吧？

誤讀 67 巴菲特成功是因為他生在美國

討論：不全對。

由於中了「卵巢彩票」（ovarian lottery）這件事早已被巴菲特昭告天下，我們就不贅言了。但是否非美國價值投資就不能成功，則有必要聊一聊。先看一個表格（見表7-1）。

表7-1　股票的名目報酬率與實質報酬率（1900～2000年）

	瑞典	澳洲	美國	加拿大	荷蘭	英國
名目報酬率	12.2%	11.9%	10.3%	9.7%	9.1%	10.2%
實質報酬率	8.2%	7.6%	6.9%	6.4%	6.0%	5.9%
	丹麥	瑞士	德國	日本	法國	義大利
名目報酬率	10.4%	7.6%	9.9%	13.1%	12.3%	12.1%
實質報酬率	5.4%	5.0%	4.5%	4.3%	4.0%	2.7%

資料來源：《樂觀主義者的勝利》（*Triumph of the Optimists*）。

在這100年內，無論是股票的名目報酬率還是實質報酬收率，美國都不是最高的，這是否意味著「非美國不能成功」的說法還欠那麼一點說服力？退一步說，即使巴菲特在其他國家達不到美國一樣的成就，是否就意味著他會一敗塗地？我們認為，應當不會。

再看看香港股市過去半世紀的報酬率（見表7-2）。

表7-2　恒生指數年均複合報酬率（滾動10年：1964～2015年）

年分	1964～1674年	1965～1975年	1966～1976年	1967～1977年	1968～1978年	1969～1979年	1970～1980年
恒生指數	5.37%	15.60%	18.61%	19.80%	16.50%	18.92%	21.42%
年分	1971～1981年	1972～1982年	1973～1983年	1974～1984年	1975～1985年	1976～1986年	1977～1987年
恒生指數	15.20%	−0.73%	7.27%	21.57%	17.48%	19.09%	19.01%
年分	1978～1988年	1979～1989年	1980～1990年	1981～1991年	1982～1992年	1983～1993年	1984～1994年
恒生指數	18.42%	12.42%	7.45%	11.82%	21.53%	29.81%	21.17%
年分	1985～1995年	1986～1996年	1987～1997年	1988～1998年	1989～1999年	1990～2000年	1991～2001年
恒生指數	19.11%	18.01%	16.63%	14.10%	19.58%	17.44%	10.25%
年分	1992～2002年	1993～2003年	1994～2004年	1995～2005年	1996～2006年	1997～2007年	1998～2008年
恒生指數	5.39%	0.56%	5.68%	3.98%	4.03%	10.00%	3.65%
年分	1999～2009年	2000～2010年	2001～2011年	2002～2012年	2003～2013年	2004～2014年	2005～2015年
恒生指數	2.57%	4.32%	4.53%	9.35%	5.75%	5.57%	3.34%

在42個滾動10年中，只有1次達到負報酬（1972～1982年），其餘41個觀察期全部獲得了正報酬，其中有20個觀察期達到15%以上的年均複合成長。儘管最後幾個滾動期報酬大幅下滑，但同期的銀行存款利率也同時出現大幅下滑。

最後看看中國股市的報酬（見表7-3）。

表7-3　上深股指年複合收益率
　　　（滾動10年：1990年至2018年9月30日）

分類			2008～2018年	2007～2017年	2006～2016年	2005～2015年	2004～2014年
上證綜指	N/A	N/A	4.48%	−4.67%	1.49%	11.79%	9.83%
深圳成指	N/A	N/A	2.62%	−5.47%	4.34%	15.63%	13.63%
分類	2003～2013年	2002～2012年	2001～2011年	2000～2010年	1999～2009年	1998～2008年	1997～2007年
上證綜指	3.50%	5.36%	2.94%	3.08%	9.14%	4.73%	15.97%
深圳成指	9.39%	12.68%	10.37%	10.11%	16.63%	8.20%	15.51%
分類	1996～2006年	1995～2005年	1994～2004年	1993～2003年	1992～2002年	1991～2001年	1990～2000年
上證綜指	11.30%	7.65%	6.93%	6.02%	5.69%	18.84%	32.15%
深圳成指	7.53%	11.23%	9.19%	4.57%	1.79%	13.18%	18.34%

註：1. 上證綜指：上海證券交易所綜合股價指數；深圳成指：深圳證券交易所成份股價指數。所有計算以年終收盤價為準。
　　2. 深證成指1990～2000年的計算基期按1991年4月30日該指數的收盤價計算。

這麼看，也沒那麼差嘛！況且，這還只是大盤的報酬。如果統計中國優秀個股的報酬（巴菲特畢竟是一個主動選股者），將是另一番風景。這方面的統計其實很多，有興趣的讀者可以自行上網查詢。

誤讀 68 巴菲特對宏觀經濟真的不關心嗎？

討論：不盡然。

先看看巴菲特自己怎麼說（按時間順序）：

● 「我不對股市總體情況和商業週期進行預測，如果你認為我能勝任這項工作，或認為宏觀經濟預測對於投資非常重要，那你就不應該參與本合夥公司。」（1966年致合夥人的信）

● 「我不看經濟預測，有關經濟預測的文章對我來說是廢紙。」（《商業週刊》，1999年7月）

● 「關注宏觀經濟形勢或者聆聽其他人有關宏觀經濟或市場走向的預測，都是在浪費時間。實際上這樣做甚至很危險，因為可能會模糊你的雙眼，讓你看不清正在發生的事情。」（2013年股東信）

至於巴菲特為何不做、不聽、不信宏觀經濟（短期）預測，我們認為至少有三個原因：

一、測不準（具體可參見費雪的書）。

二、巴菲特是一個長期投資人，不管是否能測準，都不會改變他既定的投資策略。

三、美國宏觀經濟的以往波動，對既定操作策略下的長期成果沒有形成任何實質影響。

但為何我們又說「不盡然」呢？這是因為當巴菲特因資金規模不斷擴充，而將投資觸角逐步延伸至原油、外匯、白銀、公用事業甚至衍生品

時,他就需要去了解、甚至熟悉宏觀經濟。後期巴菲特的不少發言都涉及宏觀經濟研究,原因恐怕就在於此。

巴菲特不做宏觀經濟短期預測,不代表他不做長期研究。其實,正是因為他長期看好美國經濟的發展,才會在歷次股災中都能果斷重倉「買入美國」。

誤讀 69 如何正確把握「能力圈」

討論:能力圈不能簡單與專業知識劃上等號。

為什麼說「不能簡單與專業知識劃上等號」呢?我們用兩件與巴菲特有關的事情簡單描述。下面這段話摘自巴菲特2013年股東信中,「關於投資的一些思考」的小節:

「1986年,我買下了位於奧馬哈北部,距聯邦保險公司約50英里處,一個占地400英畝的農場。買下這個農場一共花費了28萬美元,比幾年前原農場主借款買地時的價格低了很多。我對經營農場一竅不通,但我有一個兒子很喜歡農場,我從他那裡了解到一些有關玉米和大豆產量以及相應營運成本的知識。根據當時的估算,我得出農場在正常情況下的投資報酬率大約是10%。不過我當時還考慮到了今後農場的產量還會逐步提高,農作物的售價也會上漲。這兩個預期後來都被證明是對的。我並不需要特別的知識和智慧就可以得出結論:這次的投資不僅虧損的概率很小,而且還有很大的盈利空間。當然,偶爾會出現較壞的年景及令人失望的農作物價格。但這又怎麼樣呢?同樣也會有些好的年景和令人欣喜的價格。除此之外,也沒有任何壓力可以逼迫我把農場轉手出去。28年過去了,農場現在的利潤已經翻了三倍,市場價值大約是我們當初投資成本的五倍之

多。我依然對經營農場一竅不通，最近才第二次到訪那片農場。」

第二件事涉及波克夏旗下的眾多子公司。它們不僅為數眾多，而且業務領域跨度很大，大到「出售從棒棒糖到飛機等多種商品」（參見巴菲特後期的股東信）。試想：這些不同行業的子公司都在巴菲特的「能力圈」內嗎？

當然，巴菲特可以「借力」。事實上，他的借力相當成功。不過，作為公司的CEO，如果對公司營運不甚了解，簡直讓人難以想像。

總結上述兩件事，我們的看法是：一、可以「對經營農場一竅不通」，但如果內含的商業邏輯比較簡單，就可以買入；二、不必對旗下諸多子公司的營運樣樣精通，但同樣需要熟知其內在的商業邏輯。對過於複雜的生意（比如非成熟期的科技類公司或運行紀錄飄忽不定的公司），我們相信巴菲特不會深度介入。

誤讀 70 如何理解巴菲特筆下的「合理價格」

討論：可以從《證券分析》中尋找其源頭。

先來看巴菲特的原話怎麼說：「我們的目標是以合理的價格買到優秀的企業，而不是以便宜的價格買進平庸的企業。」（1987年股東信）

那麼，什麼是合理價格？我們再摘錄兩段話，對比一下，看能否從中發現一些端倪。

「蒙格和我目前對於股票有所牴觸的態度，並非天生如此。我們喜歡投資股票——但前提是能夠以一個較具吸引力的價格買入。在我61年的投資生涯中，大約有50個年頭都能找到這樣的機會，我想以後也會如此。不過除非我們發現有很高的機率可以獲得至少稅前10%（也可視為公司稅後

6.5%～7%）的回報，否則我們寧可坐在一旁觀望。」（2002年股東信）

「對於任何股票，對於所採用的乘數必須設置一個適當的上限，使估價保持在謹慎的範圍內。我們建議，大約16倍於平均收益，是投資性購買普通股可以支付的最高價格。」（葛拉漢，《證券分析》）

16倍的本益比，就是6.25%的盈餘殖利率（E/P）。這恐怕不只是一種巧合吧？也許，這兩者的關係沒有這麼簡單，當巴菲特的後期操作與之前的操作出現較大背離後尤其如此。但不管怎樣，在堅守價格安全邊際這個問題上，巴菲特並沒有出現實質性的改變。因此，當我們說這個問題可以從《證券分析》中去找答案時，也許並不為過。

誤讀 71 聽說巴菲特多次推薦買指數基金

討論：的確如此。

縱覽巴菲特歷年股東信，我們發現他分別在1993年、1996年、2003年、2004年、2013年、2014年股東信，及2007年接受記者採訪和2008年股東大會上，向那些不具足夠投資素養（注意這個界定）的業餘散戶推薦購買指數基金。

由於他的發言有些重複，我們只摘取一段具代表性的論述：

「另外一種需要多元化投資的情況，是當投資人並不熟悉某個特定產業的運行，但又對美國經濟的整體有信心、希望能分享它的成長時，可以透過分散持有多家屬於不同產業的公司而實現他的目標。例如，透過定期投資指數基金，一個什麼都不懂的投資人通常能打敗大部分的基金經理。市場上有這樣一個悖論：當『笨錢』了解自己的局限之後，就不會再笨下去了。」（1993年股東信）

但話說回來，投資指數有時更需要耐心，它能讓你很快獲得大的收穫，也能讓你在等上很多年後，帳上依舊顆粒無收。為了應對股價指數的這種牛市效應，投資者不妨考慮進行定額投資，以避免在牛市時重倉殺入，在熊市時則口袋空空。不過這種策略多少帶有一些「加強指數」的色彩，我們還需依據自己的能力大小而謹慎為之。

誤讀 72 巴菲特計算現金流嗎？

討論：我們認為他只是按公式粗算而已。

這個疑問源於1996年波克夏股東大會，當時有報導引用蒙格的一句調侃：「我從未見過巴菲特計算現金流⋯⋯。」

果真如此嗎？我們的看法是：理論上是要計算的，但實際操作時只要簡單估算即可。先來看理論上的：「約翰‧布林‧威廉姆斯（John Burr Williams，經濟學家）在50年前所寫的《投資價值理論》（*The Theory of Investment Value*）中，已提出計算價值的公式，我把它濃縮如下：任何股票、債券或企業的價值，都將取決於將資產剩餘年限的現金流入與流出，以一個適當的利率加以折現後所得到的數值。」（1992年股東信）

從這段敘述看來，巴菲特是會計算現金流的。但實際操作時，我們認為巴菲特只會進行一些簡單估算。當年在估算華盛頓郵報、其他美國媒體和中國石油的內在價值時，可以看出巴菲特使用的都是簡單估算。

還有一點需要指出，估值公式有時並不能解決所有問題：「蒙格和我用來衡量波克夏表現及評估其內在價值的方法有很多種，其中沒有任何一個標準能獨自完成這項工作。有時即使是使用大量的統計資料，也難以對一些關鍵要素做出準確描述。比如，波克夏迫切需要比我年輕得多、且

能夠超越我的經理人就是一例。我們從未在這方面做出改觀，但我卻沒有辦法單純用數字來證明這一點。」（2006年股東信）

誤讀 73 估值時需要注意什麼問題

討論：務必記住六個要點。

波克夏如此，其他業務較為多元的公司恐怕也會如此。

既然巴菲特沒有告訴我們他如何具體計算一家公司的內在價值，接下來的問題自然是：我們究竟應該怎麼做？其實我們也沒有什麼具體答案，連巴菲特都迴避的問題，我們就不自告奮勇替他回答。不過，以下六個要點可以提出來供大家參考。這些都是從巴菲特的股東信中整理出來的。

要點一：選擇普通價格的出色生意，而不是出色價格的普通生意。（參見1979年、1985年、1987年、1994年和2000年股東信）

要點二：估值時，你是企業分析師，不是總體經濟分析師，也不是證券分析師。（參見1984年股東信）

要點三：內在價值是一個大致的估算值，不是精確值。（參見1990年和2000年股東信）

要點四：估值的兩個基本前提，是堅守自己的能力範圍和留有足夠的安全邊際。（參見1992年和1999年股東信）

要點五：注意估值因數的變化，比如利率。（參見1994年股東信）

要點六：定量分析＋定性分析。（參見2005年和2006年股東信）

還有一點需要提出來供大家參考。巴菲特曾說過（潤飾大意）：沒有任何數學公式可以救你，你必須要懂企業。其實我們也一直有相同的看

法。公式擺在那裡，填入數字，估值就出來了。但填入什麼數字，則是需要仔細斟酌的問題。你如果不懂「企業」，最後計算出來的「數值」恐怕只是海市蜃樓。

誤讀 74 巴菲特很看重公司歷史，但歷史可以代表未來嗎？

討論：不能，但有關聯。

巴菲特看重一家公司的歷史，部分源自老師的教導。我們下面摘錄的兩段話來自《證券分析》。

「分析師最應重視的質性因素就是穩定性。穩定性的概念是指抗變動性，或更進一步，過去結果的可靠性。穩定性如同趨勢一樣，可以用數量的形式表達，例如：通用烘焙公司（General Baking Company，現已更名為General Host）1923～1932年間的收入從未低於1932年利息支出的10倍，或伍爾沃斯公司（F.W. Woolworth Company）1924～1933年間的營業利潤一直在2.12～3.66美元之間浮動。但我們的觀點是穩定性實際上應該是一種質性因素，因為決定穩定性的根源是企業的業務性質而不是其統計資料。一份比較穩定的紀錄可以顯示該企業的業務具有內在的穩定性，但這個結論也會由於其他條件而發生變化。」

「在某些公司興衰無常和缺乏穩定性的表象之下，一個依然存在的事實是，總的說來，良好的歷史紀錄能夠為公司前景提供比不良紀錄更為充分的保證。形成這一判斷的基本理由是，**未來收益不完全是由運氣和有效的管理技能決定的。資本、經驗、聲譽、貿易合約，以及其他所有的構成過去盈利能力的因素，必定會對企業的未來形成相當大的影響。**」

的確，歷史不能代表未來，但從歷史中人們可以找到未來的影子。

正是因為遵循了老師的教導及自己長期的投資實踐，巴菲特才得出一個結論：「在波克夏，我們從不妄想從一堆不成氣候的公司中挑出幸運兒。」（2000年股東信）

需要提醒的是，公司歷史的穩定性儘管是「質性」的表現，但未來會因為各種條件變化而發生改變。因此在判斷公司未來前景時，歷史表現只是其中一個參考要素，投資人需要持續關注公司的商業模式、競爭優勢以及進入壁壘這些公司的「基本故事」，是否會因環境的改變而出現巨大的、根本性的變化。

還是那句話：幾乎沒有什麼公司可以長期放入箱底後不予理會，定期體檢對每家優秀公司而言都是一項必要的行動。

誤讀 75 高收益必伴隨高風險嗎？

討論：報酬與風險並不成正比。

我們按設定的三個小標題，從前輩的論述中尋找答案。

1. 風險高低與「努力的精明程度」有關

「這是一個古老的原理。從這點出發已經形成了一個概念：投資人所預期的報酬率或多或少與他準備承擔的風險成正比。我的觀點不同。更確切地說，投資人所追求的報酬率，依賴投資人願意和能夠達到目標的努力，以及努力時的精明程度。」（《智慧型股票投資人》）

2. 低風險才能高回報

「寫本書有兩個初衷：其一是闡明諸多投資者面臨的陷阱，透過凸

出許多投資者的錯誤，我希望能夠學會避免損失。其二我推薦投資人遵循一個特定的價值投資哲學。價值投資是以客觀的折扣買入內在價值被低估之證券的交易策略，以最小的風險獲得較好的長期投資回報。」（卡拉曼，《安全邊際》〔*Margin of Safety*〕）

3. 追求具有高確定性的報酬

「在投資股票時，我們預期每一次行動都會成功，因為我們已將資金集中在那些具有穩健財務、較強競爭優勢，由才幹與誠實兼具的經理人所管理的公司上。如果我們再能以合理的價格買進，出現投資損失的概率通常就會非常小。 事實上，在我們經營波克夏的38年裡（不含由通用再保險與蓋可保險自行做出的投資），我們從股權市場獲取的投資收益與虧損比，大約是100∶1。」（2002年股東信）

透過以上論述及我們自己的觀察與投資實踐，我們認為所謂高風險才能有高收益（或倒過來說──現代投資理論這樣認為──高收益必將伴隨高風險）的觀點不僅不成立，事實上有時還正好相反。

一個好東西本來賣100元，由於市場犯錯（這經常發生），價格跌至70元甚至更低，就出現了價值投資人所形容的「天上掉金子」的情景。當然，不同的視角下，有人會認為這反而加大了投資風險，但一個合格的價值投資人，並不會這樣認為。

誤讀 76 為什麼市場長期是「體重計」

討論：這個問題沒有看起來那麼簡單。

有不少網友曾指出：既然股價每時每刻都是市場競價後的結果（投票的結果），那麼市場短期是投票機，在長期的任何時點上它也應當是投票機，不可能隨著時間的推移就突然變成了「體重計」。

其實，在約 100 年前，就有人回答了這個問題。在艾德加·史密斯所著的《長線投資獲利金律》（Common Stocks as Long Term Investments）一書中有張曲線圖，顯示了 1837～1923 年美國股市中普通股市值的變動狀況。和其他的股價圖一樣，雖然不斷震盪起伏，但總體是向上的。針對這張圖，史密斯在書中這樣總結：「當我們把目光投向低股價區域時就不難發現，它們向上的趨勢是連續的，從 1857 年的低谷到 1878 年、1885 年、1896 年、1908 年、1914 年和 1917 年的低谷……將這些點連接起來，就得到一個逐漸上升的曲線。」

我們自己也可以做這個實驗：隨便找一家過去十年（時間越長越好）業績出色的公司，調出它的 K 線圖，然後自己做三條連線：最高價連線、中間價連線、最低價連線。

再看看它們的走勢，你就會理解為何葛拉漢和巴菲特說「市場短期是投票機，長期是體重計」了。

的確，在股市運行的每一個時點上，市場都是投票機。但把這些所有時點的「投票」結果連接起來後，你就會發現，長期來看市場其實就是一個體重計。

最後要強調的是，人們的投票行為很多時候會受到情緒（樂觀與悲觀）左右。因此，股價的短期變化很難預測，而市場在一段時間後行使它

的秤重功能時，這種情緒的影響就會隨著企業業績逐步明朗而趨於弱化。

誤讀 77 巴菲特的持股到底是集中還是分散

討論：所謂「集中」應僅限於波克夏持有的上市公司股票。

先來看看巴菲特公司的「持股」集中度（見表7-4）。

表7-4　波克夏持倉集中度（前五檔股票的市值占比）

1977年	1982年	1987年	1992年	1997年	2002年	2007年	2012年
59.29%	77.73%	100%	85.52%	75.94%	73.38%	55.78%	63.42%

注：1987年只有三檔股票。

總體上看，排在前五名的股票在波克夏經營前期的資產占比會較高一些，加上巴菲特不止一次在股東信裡聲明自己是一個集中投資者，我們基本上可以說：在管理波克夏經營的前期，巴菲特無疑是一個集中投資者。

不過到了後期，問題變得稍顯複雜一些。由於從1990年代中後期開始，波克夏的經營重心開始向私人企業收購偏移，公司整體的投資結構隨之慢慢出現了一些變化，無論是資產構成還是利潤構成，來自私人企業的貢獻都在逐年增大。儘管有了這些變化，巴菲特在股票投資上仍可被視為一名集中投資人，這是因為他所信奉的集中投資，其背後邏輯並沒有發生什麼改變。

不過有一點需要指出，波克夏的綜合實力能保障他們即使這樣做也不會出大錯：

1. 他們有來自非股票投資,且分布於多個領域數以億計、源源不斷的利潤流。

2. 巨額且不斷增加的保險浮存金。

3. 公司極為保守的財務策略等。

如上面所述,今天,當我們問巴菲特是不是一名集中投資人時,恐怕視角只能以股票投資為限。否則,面對一家下轄七、八十家私人企業的上市公司,再簡單說他們仍然在進行集中投資,恐怕就與事實不符了。

誤讀 78 巴菲特的財富都是在很老以後賺到的

討論:一起算算看吧。

1. 巴菲特 1965 年的資產淨值為 680 萬美元。

2. 之後 50 年的淨值成長率(年複合)為 20%(這兩個數字都與事實相差不遠)。

那麼在其 45 歲、55 歲、65 歲、75 歲、85 歲時,財富淨值這樣分布:0.42 億、2.60 億、16.14 億、99.9 億、618.8 億。

可以看出,巴菲特絕大部分財富都是在 75 歲以後賺到的,但這個簡單的數字遊戲卻忽略了以下事實給:巴菲特在而立之年已是千萬富翁(經過貨幣和通膨調整);35 歲時已是億萬富翁(經過貨幣和通膨調整);五十多歲時擁有 20 億美元的財富;63 歲時曾經一度成為美國首富。

這不禁讓人想起一個故事⋯⋯十幾年前,本書其中一位作者在街頭的書攤前遇到一對情侶,當他們看到有一本書是寫巴菲特時,產出了這段

對話：

女：巴菲特好像很有錢哦？
男：我才不會學他呢！聽說他的錢都是在很老以後才賺到的。

你會是那個小夥子嗎？

誤讀 79 巴菲特拋棄菸蒂投資，只是因為其資金規模變大

討論：並非簡單如此。

波克夏持有的股票市值越變越大，的確是一個不爭的事實，見表7-5。

表7-5　波克夏持倉市值

（單位：億美元）

1977年	1982年	1987年	1992年	1997年	2002年	2007年	2012年	2017年
1.8	9.4	21.1	114.4	362.4	283.6	750.00	876.6	1,705.4

資料來源：波克夏年報。

市值越變越大，自然不只是源於所持股票價格的增長，還有公司資金規模（主要是保險浮存金）的貢獻。但操作投資的「進化」（巴菲特原話）是否只是因為資金規模變大了？我們不太認同這個看法。

其實在早期的股東信裡，巴菲特就曾經指出過菸蒂法的弊端：「除非你是一個清算專家，否則買下這類公司實屬不智。首先，原來看起來划算的價格到最後可能並沒有給你帶來任何收益。在經營艱難的企業中，

通常一個問題剛被解決，另一個問題就又浮出水面——廚房裡的蟑螂絕不會只有你看到的那一隻。其次，先前的低價優勢可能很快就被企業不佳的經營績效所侵蝕。例如你用 800 萬美元買入一家公司，然後能夠盡快以 1,000 萬美元的價格將其出售或清算，你的投資報酬可能還算不錯。但如果賣掉這家公司需要花上你 10 年的時間，而在這之前你只能拿回一點可憐的股利的話，那麼這項投資就會十分令人失望。時間是優秀公司的朋友，卻是平庸公司的敵人。」（1989 年致股東的信）

循著歷年巴菲特致股東的信搜索，你將不難發現：巴菲特的操作策略從菸蒂進化到對優秀企業的集中持股，儘管確實有資金規模變大的原因，但這不是變化的唯一原因，甚至不是主因。巴菲特對時思糖果投資案例的總結，也許可以說明這一點：「蒙格和我有許多地方要感謝哈吉斯和時思糖果，其中最明顯的一個理由就是，他們不僅幫我們創造了非凡利潤，而且過程也如此令人愉快。同樣重要的是，擁有了時思糖果，讓我們對於應如何評估一項特許事業的價值有了更多認識。我們靠著在時思糖果身上所學的東西，在別項股票投資上又賺了很多錢。」（1991 年股東信）

我們可以說，費雪、蒙格及時思糖果等公司投資案例的成功，對巴菲特後期操作策略的改變有著很大的影響。資金規模變大是一個原因，但絕不是唯一的原因。

最後，我們再用巴菲特 1987 年的一段話來結束這段討論：「需要特別注意的是，你們的董事長雖然以反應快速著稱，我卻用了 20 年的時間才明白買下好生意的重要性。在那段時間裡，我一直在努力尋找便宜的貨色，不幸的是，真的就被我找到了。我在這些諸如農具機械公司、三流百貨公司與新英格蘭地區的紡織工廠身上，確確實實地上了一課。」（1987 年股東信）

誤讀 80 巴菲特的投資理念全部來自前輩，沒有獨創的東西

討論：有點言過其實。

說這番話的人，我們猜他應該沒有完整讀過巴菲特歷年的股東信，否則不會出現如此武斷的結論。

儘管我們自己也常說：巴菲特是價值投資最成功的集大成者，但這並不意味著在他所涉足的這一領域，完全沒有他自己的個人建樹。試想，一個沒有個人思想建樹的人，又如何經常被美國媒體稱為最偉大的投資人？僅僅是因為他賺的錢最多？

巴菲特與前輩們最大的不同也許在於，他不僅是成功的投資人，還是成功的管理者和資本家。而一個在多個領域都聲名卓著的人，一個如此成功的「三面佛」，如果沒有屬於個人的思想建樹，是難以想像的。

由於篇幅所限，我們僅列舉幾個關鍵字，在每一個關鍵詞的背後，都有著精彩的故事。它們包括但不限於：對保險浮存金的理解與成功運用、先行一步的關係投資、幾乎獨樹一幟的公司治理、超小的公司總部、寬廣得令人咋舌卻十分成功的管理邊界、對衍生工具及其危害的深刻認知、馬與騎師理論、商業模式視角、企業文化、護城河、一個純粹的股權持有者、2.0的安全邊際理論、超級集中投資者（曾經將二十多億美元的資產，全部「押」在三檔股票上）……。

誤讀 81 如何為一家公司做質性研究

討論：先從四個關鍵要素開始。

老實說，這不是寥寥幾句就可以完整回答的問題。最穩妥的辦法就是去讀巴菲特歷年的股東信，裡面有大量關於如何為企業做質性研究的敘述。儘管如此，我們還是決定在這裡為那些想偷懶的讀者，提供幾個觀察企業的重要視角（全部源自巴菲特）。

如能準確把握，質性研究至少能成功一半。

1. 商業模式

這個角度是要我們去分析，在下面給出的三種商業模式中，你的目標企業屬於哪一種：

一、一般競爭型（企業只能生產大眾化且同質的產品與服務）。
二、市場特許型（企業能生產品質獨特且難以替代的產品與服務）。
三、兩者之間型（比如強勢的一般競爭型或弱勢的市場特許型）。

2. 競爭優勢（護城河）

不管哪一個產業，都有其特定的競爭變數。一般來講，競爭變量越多的產業，競爭性就會越強，處於這個產業的企業，其發展前景也就越發具有不確定性。股票投資，理應迴避處於這類產業中的企業。

除此之外，就要對具體的競爭變數進行評估。典型的變數有成本的高低、品質的優劣、服務的好壞、技術的強弱等。比如蓋可保險的優勢是成本、時思糖果的優勢是品質、華盛頓郵報的優勢是內容、可口可樂的優

勢是口碑與品牌等。特別需要注意的是，當企業的某項競爭優勢變得難以複製或超越時，就構成了企業的護城河。

3. 資本模式

關於這一條，巴菲特至少有四個提問：

一、企業賺錢靠的是有形資產還是無形資產？

二、事業的維持與擴展是輕資本投入還是重資本投入？

三、企業每年賺的錢是股東利潤還是海市蜃樓？

四、企業歷年的資本支出是低效還是高效（投入一塊錢是否能帶來至少一塊錢的市值提升）？

4. 管理團隊

對管理團隊的評價，一是「德」，二是「才」。所謂「德」，主要是看企業管理者能否事事都以股東價值的最大化為行動目標。所謂「才」則涉及多個方面，其中的重點就是看他們的領導力究竟如何。至於何為領導力，市面上有關這方面的研究著作很多，我們就不贅言了。

綜上所述，如果一家公司有一個好的商業模式、一種高效的資本模式、一條寬廣的護城河、一支優秀的管理團隊，就理應是一家優秀的上市公司。

誤讀 82 巴菲特也會逃頂嗎？

討論：不會。

關於巴菲特也會逃頂（按：成功在市場或個股價格達到高點時賣出，以避開後續的下跌風險）的說法，應當與 1969 年的合夥人解散和巴菲特在 1987 年股市大跌中的表現有關。我們認為，之所以有不少人把這兩次事件解讀為巴菲特成功逃頂，是因為他們並沒有看到事情的全貌，只是根據一些表象做出推斷。

先談談 1969 年。

從《雪球》及當年巴菲特股東信中可以看出，導致 1969 年合夥公司解散的原因是複雜且多元的。比如，巴菲特想購買更多「整體生意」、想成為「全國範圍內的出版商」、想「慢下來」以便不再讓自己「完全沉迷於與投資的兔子賽跑」等，不只是想高點賣出甚至逃頂這麼簡單——儘管當時的股市確實比較熱。

再看 1987 年。有不少讀者或許看過當時的有關報導，說巴菲特一直在指示其股票經紀人賣股票，從而給人一種倉促出逃的假象。但真實情況又如何呢？我們一起來看兩張表（見表 7-6 和表 7-7）。

從這兩張表中可以看出：

1. 1986 年的五支主要股中，有三支在 1987 年繼續持倉。
2. 這三隻繼續持倉的股票在 1986 年的總持倉市值中占比 93.16%。
3. 1986 年股票市值為 18.74 億美元，1987 年為 21.15 億美元。

下面這段摘錄來自《雪球》：「在股災發生後，人們耳邊不斷聽到股

市崩盤的消息,不斷被累加的損失轟炸。但是巴菲特、蒙格、魯安(Bill Ruane)等人卻在考察股票價格,不斷打著電話。股災之後,他們沒有選擇拋售股票,而是不斷買進!對,他們在不斷買進!」

表7-6　巴菲特1986年的持倉明細

持股數量	公司名稱	持有成本(千美元)	市場價格(千美元)
2,990,000	首都城市傳播公司／ABC	515,775	801,694
6,850,000	蓋可保險	45,713	674,725
2,379,200	Handy & Harman	27,318	46,989
489,300	Lear Siegler	44,064	44,587
1,727,765	華盛頓郵報	9,731	269,531
合計		642,601	1,837,526
其他持倉		12,763	36,507
總持倉		655,364	1,874,033

表7-7　巴菲特1987年的持倉明細

持股數量	公司名稱	持有成本(千美元)	市場價格(千美元)
3,000,000	首都城市傳播公司／ABC	517,500	1,035,000
6,850,000	蓋可保險	45,713	756,925
1,727,765	華盛頓郵報	9,731	323,092

誤讀 83 巴菲特賣出的股票好像不會再買回

討論：這樣做的邏輯並不複雜，且這個觀察也不全對。

在巴菲特掌管波克夏的五十多年裡，確實曾賣出過很多股票，數目遠遠多於他長期持有的那幾支，絕大部分確實沒有再買回來。為何如此？我們可以很簡單地做出三個層面的推論：

1. 賣對了，自然不會再買回

比如首都城市傳播公司／ABC：1996年被迪士尼收購，1997年後巴菲特開始減持迪士尼股票，1999年後再也沒有看到大都會的身影。比如通用食品：從1979年持有到1984年，後來公司被菲利普莫里斯高價收購，在1985年的持倉中已看不到它的身影。這樣的「賣出」，自然也不能再買回來了。再比如中國石油：原來的買入就有點低價套利的意味（對外國股票，巴菲特的投資一向很謹慎），也就是說，當時之所以買入，主要是因為股價太便宜，後來股價不便宜了就賣出。

2. 買錯了，更加不會再買回

在巴菲特已賣出的股票中，絕大部分是因為買錯了。這樣的股票，自然不可能再把它們買回來。巴菲特買入的股票中能被他長期（10年以上）持有的並不多，就那麼幾支，大多數後來都被他賣掉了。賣掉的原因有很多，但最主要的原因是他「看錯了」，出現了「評估上的失算」（巴菲特原話）。

3. 賣錯了，有時也會買回

如果我們把目光局限在 1977～2015 年，則除了首都城市傳播公司／ABC 這支股票之外（1980 年賣出，1984 年又買了回來），其他股票基本沒有出現賣出再買回的情況。但如果我們把目光放寬至巴菲特的整個投資生涯，情況就有些許不同，而重新買回一些股票的原因也很簡單：賣錯了。這些股票包括 1952 年賣出的蓋可保險，1967 年賣出的迪士尼，以及早期賣出的美國運通等。這些被賣出的股票經過幾年甚至幾十年後，又被巴菲特買了回來。由於早年的巴菲特還沒有實施長期持股的策略，因此這些股票就被過早地賣出。

誤讀 84 既然股價波動頻繁，為何不高賣低買呢

討論：這樣做反而會增加投資風險。

我們分四個角度，用四段摘錄來說明為何巴菲特從不高賣低買。

1. 股價短期走勢難以預測

「每年我都和一千多家的公司負責人談話，而我免不了會聽到各種挖金人、利率論者、聯邦儲備觀察者及財務神祕主義者的論調，大都引自報上的文字。數以千計的專家研究超賣指標、超買指標、頭肩曲線、看跌期權、提早贖回率、政府的貨幣供應政策、國外投資，甚至看星相、看橡樹上飛蛾的痕跡等，但他們還是無法有效地預測市場，就像羅馬帝國皇帝身邊的智士，絞盡腦汁也算不出敵人何時來襲。」（林區，《彼得林區選股戰略》〔*One Up On Wall Street*〕）

彼得‧林區的話，與巴菲特的一貫看法高度一致。

2. 不要用確定換取不確定

「如果能次次做到高拋低吸，顯然沒有理由不這樣做，因為除了獲取股息收入、利潤增長收入和市場收入外（可稱之為三項收入），你還可以額外不斷獲取交易性收入。只是要面對一個問題：當你低價買入一家優秀上市公司時，你的三項未來收入基本上屬於可確定的收入，你付出的無非是時間而已。但如果你還想進一步獲取交易性收入，那麼由於後者是不確定的，你等於是用確定的收入去換取不確定的收入。」（費雪，《非常潛力股》）

巴菲特一向的做法是：追求報酬的確定性。

3. 沒有理由賣出優秀的股票

「我關於何時賣出的總體觀點，可以歸納為一句話：如果當初買進普通股時，事情做得很正確，則賣出的時機——幾乎永遠不會到來。」（費雪，《非常潛力股》）也有人把這句話翻譯成：「沒有任何時間適合將最優秀的企業脫手。」

這段話和蒙格的看法如出一轍。

4. 投資滑向投機

「投資者想從市場水準的變化中獲利——當然是透過所持有證券的價值隨著時間的推移而上漲，但也有可能是透過依有利的價格購買和出售。他的這種興趣是必然的，也合情合理。但這涉及一個非常真實的危險：有可能導致他採取投機的態度和行為。」（葛拉漢，《智慧型股票投資人》）

葛拉漢對巴菲特的影響就無須贅言了。

誤讀 85 巴菲特的高複利報酬是否以抑制消費為代價

討論：不盡然。

　　我們先談一個前面聊過的話題：將一個厚 1 公分的紙板對折 20 次，最後的高度是一萬多公尺。但如果每次對折後都將其削薄 0.3 公分，那最後的高度就變成了 406 公尺。不起眼的 0.3 公分竟會產生如此懸殊的差距，這就是複利的神奇。

　　假設有一位投資素養較高的散戶，本金 100 萬元，未來 40 年可獲得年均 15% 的報酬，那麼 40 年後他的淨資產就是 2.68 億。但如果他每年都將 5%（即 1/3）的報酬用於個人消費（或減持股票，或消費股息），那麼最後的淨資產就會變成 4,526 萬元，只有上一數據的 17% 左右。

　　這兩個事例告訴我們，濕雪與長坡都很重要！

　　但人活在世上不只是為了積累財富，否則大家都變成葛朗台（按：小說《歐葉妮·葛朗台》〔Eugénie Grandet〕中的守財奴主角）就沒有什麼意思了。我們就以巴菲特為例，儘管他經常以複利思維思考眼下消費對未來財富的影響，但這與他本人的性情有關，其他人不一定也需要這樣做——況且到了中後期，巴菲特的消費水準可一點都不低。

　　如何平衡消費與投資，恐怕還要看個人有一個怎樣的生活追求，沒有標準答案。如果你想生活得奢華一些，滾雪球的厚度就需要削薄一些；如果你對奢侈沒有什麼追求，就可以適當加大滾雪球的厚度。

　　明白自己在做什麼，才是最重要的。

誤讀 86 巴菲特會做股債平衡操作嗎？

討論：基本上不做。

針對這個疑問，我們簡要回答如下：

一、巴菲特一生買過不少國債和企業債，原因之一是買入時，巴菲特認為它們的報酬不低於當時的股票（巴菲特認為現金流貼現同樣適用於債券）。從這個角度來看，如果要說這就是股債平衡，似乎也無可厚非。

二、不過，巴菲特持有巨額的國債，主要目的是要保持波克夏的流動性，以便在保險公司有巨額賠付要求時，公司始終有足夠的現金。從這個角度看，說巴菲特搞股債平衡，似乎又有些牽強。

三、大家已知道巴菲特是一個長期投資人，這一操作策略與股債平衡背後的思考似乎有點矛盾。波克夏股價過高時，也會賣掉一些股票，但都不會是波克夏重倉持有的股票。即使有到帳的保險浮存金，他可能也會因股價不合適而暫緩買入股票，但這算不算搞股債平衡，則見仁見智。

四、查看過去數十年波克夏的股票持倉市值，似乎也難以得出巴菲特一直進行股債平衡操作的結論。

誤讀 87 巴菲特如何看一家公司未來 5～10 年的經濟前景

討論：他通常會用幾把尺度量。

1. 是否為自己看得懂的生意？

這裡的重點不在於你是否為相關行業的業內人士或專業人士，即使

答案為否定,只要你能讀懂生意背後的商業邏輯,也應當視為你是「懂」這門生意的。關於這一點,我們在前面的「能力圈」小節中已經談過。

2. 公司是否有穩定的經營史?

這裡面至少包含兩個含義,一個是產業,另一個是財務。一家總是在不同行業中跳來跳去的公司,在巴菲特看來就像是在流沙中建設城堡,其前景自然不易讓人放心。除此之外,一家上市公司,如果財務資料的歷史表現不太穩定(比如ROE或EPS不停上躥下跳),未來也會讓人堪憂。

3. 公司是否有好的商業模式?

這一條其實與第二把尺有關聯。在巴菲特的老師葛拉漢看來,公司財務雖然是一個定量指標,卻是公司定性指標的外在表現。如果公司有好的商業模式,財務表現通常不會太差。至於什麼是好的商業模式,請參考誤讀81的問答:如何為一家公司做質性研究。

4. 公司是否有好的管理者?

儘管巴菲特經常說,馬比騎師重要,船比船長重要,但在評價一家公司的未來前景時,是否有好的管理者,一直都是巴菲特眼中的重要指標之一。怎樣的管理者才能獲得巴菲特的青睞?這裡列舉幾個關鍵字:忠誠(股東利益相關)、誠實(資訊披露相關)、經驗(企業經營相關)、能力(個人素養相關)、獻身精神(個人品質相關)。

當然,你自己也可以舉一反三,設置屬於自己的「尺」。比如本書作者之一在投資股票時,都會選擇那些有長期消費體驗的上市公司。

誤讀 88 如何把握合適的進場時機

討論：以估值為基礎。

以估值為基礎，轉化為以下三個操作要點：

一、投資決策絕不會受到市場上任何有關宏觀經濟或大盤短期走勢預測的影響。這裡的關鍵字是「短期走勢預測」因為巴菲特始終看好美國經濟或股票指數的長期走勢，但對其短期走勢從來不理會。他只關注一點：某檔股票是否有長期投資價值？

二、當估值不樂觀時，就等待市場犯錯。市場犯錯可分成大盤層面、行業層面，還有公司層面。波克夏在1970年代的大舉建倉，得益於市場在大盤層面出錯，買入媒體和航空股得益於市場在產業層面出錯，而買入美國運通和蓋可保險則得益於市場估值在公司層面出錯（所謂出錯，一般都是指市場過度反應）。

三、需要具備獨特、能夠看透事情本質的長遠目光。不管市場在哪個層面出錯，你都需要有不同於大多數人、且大多正確的眼光。人人都說天上掉金子時要用桶子去接，但如果投資者的目光不具備穿透性，恐怕每次都會落得一個葉公好龍的結局（按：古人葉公以喜歡龍聞名，但真龍下凡到他家，他卻被嚇得面無人色。指所好似是而非，以致表裡不一）。

誤讀 89 波克夏的淨值成長逐漸放緩是投資體系改變的結果嗎？

討論：當然不是。

多年來，市場上類似這樣的疑問似乎一直不絕於耳。我們的看法很簡單，主要原因就是資金規模的拖累。如果將現今的波克夏比作一架裝滿旅客的空中巴士A380，那麼早期的巴菲特合夥就相當於一架戰鬥機。你讓這兩架飛機比速度，顯然對前者不公平。

市場上之所以一直會有這樣的疑問，可能與人們的一個固有看法有關：股票應該是用來炒的，只有不斷地高賣低買，才有望取得超額報酬。買入一檔股票後拿著不動，很難取得輝煌戰果。萬一選錯了，結果就更加不堪設想。

從巴菲特歷年股東信中可以看出，巴菲特從早期的格式操作轉變為後期的買入持有，除了因為資金規模變得越來越大以外，主要原因還在於舊有的操作模式在後來的投資實踐中越來越「難以為繼」。有關這方面的論述，讀者可看看2014年股東信，在對過去50年的總結中，巴菲特對此有清晰的描述。

誤讀 90 安全邊際是量化指標還是質性指標

討論：應當兩者都有。

先看巴菲特的兩段話：

「來自葛拉漢－陶德鎮的超級投資者所具備的共同智力架構，幫他

們探索企業的內在價值與該企業市場價格之間的差異。」（1984年在哥倫比亞大學演講）

「我們在買股票時，必須堅守安全邊際。如果計算出來的價值只比其市場價格高一點，我們就不會考慮買進。我們相信，葛拉漢十分強調的安全邊際原則，是投資人走向成功的基石所在。」（1992年股東信）

由於內在價值和市場價格都是可以量化的，因此安全邊際理應是一個量化指標。其實無論是葛拉漢的原始敘述，還是巴菲特早期對安全邊際的詮釋，都偏重於認為它只是一個量化指標。

不過，當蒙格的思想開始逐漸深入影響巴菲特時，問題似乎就變得不那麼理所當然，至少不那麼純粹了。巴菲特在股東信中曾多次引用來自蒙格的那句名言：「以出色的價格買入一家普通的企業，不如以普通的價格買入一家出色的企業。」這裡面所包含的資訊，不僅僅是操作思路的改變，還囊括了另一個重要改變：安全邊際不再僅僅是一個量化指標。

什麼意思呢？我們的理解是：即使經保守計算的某家企業內在價值，僅僅比其市場價格高了一點點（所謂「普通」或「合理」價格），但只要這是一家信得過的傑出企業，也可以放心買入。換句話說就是：除了股票價格的高低外，企業的「傑出」程度，也能決定安全邊際的大小。

誤讀 91　特許經營權與護城河是同一回事嗎？

討論：有了護城河，才有特許經營權。

根據巴菲特過去的相關發言，我們可以得出，特許經營權的三個要件是：產品被需要、難以替代、有定價權。

產品被需要是基本前提，無須解釋。難以替代這個要件應當至關重要，因為沒有這一條，就不會有後面的「定價權」。

什麼情況下，公司的產品可以做到難以替代？我們覺得至少要做到兩點：

1. 產品具有明顯的差異性。
2. 這種差異性背後有強大的競爭優勢或核心能力作為支撐。

B夫人的家具店有定價權嗎？有，因為它們有難以置信的成本優勢。貴州茅台有定價權嗎？有，因為他們的酒不僅好喝，而且背後的競爭優勢難以逾越。

被巴菲特經常掛在嘴邊的，是他認為一家優異的上市公司必須有護城河，而且這個護城河越寬越好。什麼是護城河？我們認為就是公司的競爭優勢。這個競爭優勢越是強大，其護城河就越寬廣。

綜上所述，特許經營權中最難能可貴的就是「難以替代」。為什麼難以替代？因為公司有強大的競爭優勢，從而建構起難以跨越的護城河。

誤讀 92 核心競爭力與護城河是同一回事嗎？

討論：可以這麼說。

我們先來看核心競爭力（也可描述為核心能力）的三個基本要件，根據普哈拉（C.K. Prahalad）的相關定義所列出：一、能為公司創造價值；二、屬於公司（而不是某個人）所有；三、難以模仿。

能為公司創造價值是基本前提，無須解釋。屬於公司所有，是指這

項能力並不會因某個關鍵人物的離職而不復存在。而難以模仿這條最為關鍵，沒有這一條，其他兩條就都沒有什麼意義了。如何理解難以模仿呢？

這樣的例子其實不少。巴菲特為何買入蓋可保險？因為它的綜合優勢難以模仿。一些股票為何能被波克夏持有數十年？也是因為它們有著難以模仿的核心能力。

總而言之，當競爭優勢難以模仿時，就構成了企業的核心能力；當一家公司有著自己的核心競爭力時，企業的周圍就會形成一道難以逾越的護城河。

誤讀 93 一般散戶能透過股票投資實現財務自由嗎？

討論：一看你的具體標準；二看你的初始本金；三看你的盈利模式。

先談標準。儘管我們先提到了標準，但我們不準備在這裡給出具體的資料，因為每個人（比如消費水準）及每座城市（比如房價）的情況不一樣，我們無法給出統一答案。不過這不妨礙你自己預先定出一個標準，然後再進行下一步的計算。

再看本金。為了易於說明問題，我們將年化報酬率統一定為四個檔次（假設你已有一定的投資素養）：

1. 保守：10%左右。
2. 穩健：12%左右。
3. 進取：15%左右。
4. 樂觀（較難達到）：18%左右。

這樣子，你就可以按照自己選定的報酬率來倒推初始本金的要求。當然，如果你有源源不斷的新資金加入，就會得出不一樣的初始本金要求（有些計算器可以幫到你）。

最後看盈利模式。說實話，如果沒有足夠的初始本金以及源源不斷的新增資金，僅靠自己的那一點工資，想早日實現財務自由是比較難的。巴菲特為何可以？除了他具有極高的投資素養外，還有兩個要素不可或缺：一是早期投資合夥公司有利潤分成；二是後期的保險公司有源源不斷的巨額浮存金流入（為盈利提供了強有力的財務槓桿）。

最後囉唆一句：我們不提倡一開始就想盡快將證券投資職業化（除非你的專業讓你一畢業就成了職業投資人）。年輕人最好先做好自己的本職工作，在努力賺錢的同時，把證券投資當作私人財富保值增值的工具。很早就想著要透過投資實現財務自由，恐怕會欲速則不達。

誤讀 94 如何按照巴菲特理念進行資產配置

討論：產權重於債權。

關於這個問題，巴菲特在 2011 年股東信中給過很好的意見，我們摘錄三段如下。

1. 關於債券

當然，獲取固定收益回報的投資人所面對的通膨風險，可以透過高利率得到補償。事實上，1980 年代早期的利率表現就很好。然而，今天的利率水準已無法彌補投資人所承擔的購買力風險。如今的債券應該被貼上一個警示標識⋯⋯對於現在的情形，華爾街人士雪拜‧戴維斯（Shelby

Davis）在很久以前，有一句帶有嘲諷意味的評論倒是很適用：「昨天的債券可提供無風險收益，今天的債券僅提供無收益風險。」

2. 關於黃金

對於那些幾乎對所有資產都有恐懼感——特別是紙面資產（正如我們曾提醒過的：這種擔心倒是有幾分道理）——的人來說，黃金無疑是最好的持有對象。然而，黃金有兩個顯著的缺點：它既沒有什麼實際用途，也不具任何的生產性。確實，黃金有一些工業和裝飾上的用途，但此類用途不僅需求有限，也遠不足以吸收新的黃金產量。還有，你手中如果有一盎司黃金，100年後它仍然還是一盎司黃金。

3. 關於股票（或生意）

我自己最喜歡的是第三類資產：那些有生產能力的資產，包括生意、農場、房地產等。在理想情況下，這些資產能在通貨膨脹時期，透過產出保持自身的購買力，同時只需要較少的資本再投資。農場、房地產和其他生意，如可口可樂、IBM以及我們的時思糖果，都能滿足這種雙重測試……我相信，在任何一段較長的時間內，事實都會證明：這一類投資，相對於我們已經檢驗過的其他兩類資產，將是遙遙領先的贏家。更重要的是，它也最安全。

其實早期（1920年代）的艾德加·史密斯及後來的葛拉漢和費雪等人，對此都有過精彩論證，正是聽了這些大師級投資者的勸告，本書作者的（金融）資產配置中，股票一直占有很高的比重。

誤讀 95 巴菲特與現代投資理論有交集嗎？

討論：我們的個人看法——基本沒有。

現代投資理論催生了多位諾貝爾獎獲獎者，因此我們恐怕沒有資格在這裡妄加評論。不過，這是一個繞不開的話題，就連巴菲特自己也曾經多次提到這個問題。

由於問題過於深奧與龐雜，而我們的知識實在有限，因此我們選擇偷懶的方法：僅就三個關鍵字進行簡要的討論。對相關理論的具體內容以及它的提出者及其專業背景，我們就不多加介紹。

1. 標準差

關於有效證券組合的具體話題我們不在這裡討論，只聊聊一個重要術語：標準差。這個專業術語後來被歸為對非系統性風險的度量，可以理解為一檔股票或一個股票組合的預期收益有一個怎樣的離散度，離散度越高則風險越大。由於裡面涉及大量的數學運算，我們就此可以簡單提出看法：它與巴菲特投資沒有什麼交集——因為後者一直強調，他們的方法所需要的數學知識在小學就已經學完了。

這麼說，是否過於簡單粗暴？其實背後的邏輯也許沒有那麼簡單：如果所謂的離散度是指股票內在價值的離散度，它也許有一定道理。但如果它只是指股票價格的離散度，就是另一回事了。舉個也許並不恰當的例子：短期看，股市的波動幅度遠大於債券市場；但長期來看，股票的總體收益不僅高於債券，而且「風險更低」（參見 2011 年股東信及《樂觀主義者的勝利》一書）。而當巴菲特和迪姆森（Elroy Dimson）等人給出這些結論時，我們覺得他們應當不會考慮所謂「標準差」的問題。

2. Beta值

如果標準差被歸為對證券組合非系統性風險的度量，那麼Beta值就是對證券組合系統性風險高低的度量。簡單理解就是，如果股票或組合的價格波動高於市場本身，它就是高風險的，波動的相對幅度（即Beta值）越大，風險就越大。對此巴菲特又是怎麼看的呢？可以用一句話來概括：錯得有些離譜（可參見1993年股東信）。

我們以茅台這檔股票為例：當其股價因「限制三公消費」而幾乎腰斬時，在很多人看來，此時買入茅台的風險不僅沒有降低，反而是提升了。然而，如果你是一個信奉買入並持有的投資者，並深入了解茅台這家公司背後的成長邏輯，你也許就會得出完全相反的結論。

總之，無論是巴菲特提到的《華盛頓郵報》，還是我們提到的茅台，都證明用所謂的用Beta值去迴避系統性風險，是有邏輯瑕疵的。當然，這種分歧還源自投資人的認知以及所處地位的不同。如果你是一個機構投資者，可能會認可Beta值背後的邏輯；但如果你是一個私人投資者，結論也許就會大相徑庭。

3. 有效市場

如何定義有效市場一直存在爭議，但有一條結論應當是無異議的：由於有價值的資訊會及時準確反映在股市上，因此你不能僅憑基本分析而長期戰勝市場。你發現地上有一張百元鈔票，該不該撿？按照市場有效的邏輯，不該撿，因為它根本不可能發生，因此即使地上有紙鈔，也肯定是假的。

顯然，有效市場的邏輯與巴菲特投資背後的邏輯相違背。按照巴菲特等「主動選股」派的觀點，說市場有效簡直就是荒謬至極。而有效市場論者的觀點同樣旗幟鮮明：由於市場定價有效，主動選股不如被動投

資——即選擇並長期追蹤一支指數基金。

在是否進行指數投資上,這兩者看起來似乎有了共同語言。然而背後的邏輯卻又十分不同:巴菲特多次提倡指數投資,針對的是那些沒有選股能力的人;因為你欠缺選股能力,所以不如買指數基金。而有效市場論者鼓勵人們進行指數投資,是基於他們相信沒有人可以靠主動選股而長期獲取超額收益。

有趣的是,現代投資理論的締造者們,不止一名獲得了諾貝爾經濟學獎;而極力反對這一學說的人,卻成了世界上最富有的人。

後記
———— 薦書名單 ————

　　在本書最後的部分，我們希望能與讀者們分享巴菲特曾經推薦過的一些著作。這麼做的原因有二：一、巴菲特的投資體系不是憑空建構出來的，其中許多都是來自前輩的思想，讀一讀這些原著，實在不無裨益；三、巴菲特曾在多個場合提出，如果想在證券市場中取得長久的成功，首先要做的一件事就是博覽群書。而按照大師的指引去讀書，無疑會大大提高我們的學習效率。

　　巴菲特不但建議投資人博覽群書，他自己就是一個博覽群書的楷模。在巴菲特官方傳記《雪球》中，有兩段讓我們記憶深刻的描述：「雖然政治是霍華德（Howard，巴菲特的父親）的主要興趣，賺錢次之，但對他的兒子來說，這兩種興趣的地位卻相反。華倫一有機會就去父親的辦公室晃悠，讀《巴倫週刊》（Barron's）上的「交易者」（The Trader）專欄文章、看父親書架上的書。」這段紀錄至少告訴我們兩點：首先，興趣是能夠做到博覽群書的基本前提。第二，巴菲特很年輕（當時大約 10 歲）就已經開始閱讀證券書籍了。

　　巴菲特在紐約哥倫比亞大學求學期間研讀葛拉漢的《證券分析》，《雪球》裡這樣寫道：「作為《證券分析》這本書的主要起草者和構思組織者，陶德對書的內容當然非常熟悉。不過，關於教材本身，巴菲特說：『事實上，我比陶德更了解教材。我可以引述書裡的任何一段內容。當時，這本書差不多有七、八百頁，我知道裡面的每一個例子，我已經把

內容全部吸收了。」比老師兼作者本人更了解教材裡的內容,不得不讓每位讀書人汗顏。

蒙格被人們稱為「貪婪的讀者」,而他這樣評價合夥人巴菲特:「在我的一生裡,我還不認識什麼不讀書的智者,絕對沒有。華倫看過的書也許會讓你感到震驚……」[1]

下面,我們將巴菲特曾經向投資者作出過正式推薦的書籍做一個簡要的介紹。

1.《證券分析》

由葛拉漢和陶德合著,1934 年首次出版發行,正是由於這本書的出版,葛拉漢後來才被人們稱為「證券分析之父」。巴菲特曾為本書第 6 版親自作序,足見本書對他的影響。

有一個出處不詳的報導,曾這樣描述巴菲特對這本書的重視程度:「我告誡自己,在讀完《證券分析》這本書 12 遍之前,不要買任何一檔股票。」1984 年巴菲特發表的那篇著名文章——「葛拉漢－陶德鎮的超級投資者」,其出處就是他為哥倫比亞大學紀念《證券分析》發表 50 週年而發表的演講。

2.《智慧型股票投資人》

由葛拉漢所著,1949 年首次出版發行。這是被巴菲特推薦次數最多的著作。在 1984 年股東信中,巴菲特寫道:「我個人認為,至今最佳的投資教材,是葛拉漢所著的《智慧型股票投資人》中,最後一章提到的那

---

[1] 摘自《永恆的價值》。

句話：最聰明的投資是從生意角度來看的投資。」時隔10年，在紐約證券分析師協會的一次演講中，巴菲特指出，源自《智慧型股票投資人》中的三個基本思想（把股票當作細小的商業部分、正確對待股價的波動、安全邊際。）「從現在起直至百年後，都將會被當作正確投資的基石」。在2003年股東信中，巴菲特又一次向投資者推薦：「傑森·茲威格（Jason Zweig）去年重編了《智慧型股票投資人》，這是我個人最鍾愛的投資工具書。」在2004年股東信中，巴菲特對這本書做出這樣的評價：「我在19歲讀到這本書後感到茅塞頓開……把股票當作一項生意去投資，是我幾十年來投資行為的精髓所在。」

3.《非常潛力股》

由費雪所著，1958年首次出版發行。應該說，這本書對巴菲特超越老師葛拉漢的「撿菸蒂」投資起到了重要作用。

我們曾作過一項粗略統計，經巴菲特闡述並實施的各項投資策略中，約有60個源自費雪這本書中的思想。在1987年給《富比士》雜誌的一封信中巴菲特寫道：「1960年代初期，在拜讀了《非常潛力股》一書後，我拜訪了菲力浦·費雪。和葛拉漢一樣，他的思想極為簡單、卻很有深度，我一直想拜訪這位曾經為我帶來巨大影響的偉人。於是，我未約先至，貿然拜訪了費雪。當然，費雪對於我是何人一無所知，但這絲毫沒有減少他對我的款待。他是一個天生的老師，對於一個渴望知識的學生有問必答。四十多年以來，在我的投資理念中，無處不滲透著他的思維。否則，波克夏的股東就不可能有如此之多的財富。40年前，葛拉漢和費雪是我心中僅有的投資偉人，今天依然如此。」

4.《長線投資獲利金律》

由艾德加・史密斯所著，1924年首次出版發行。巴菲特在1999年太陽谷會議（Sun Valley）上向與會者推薦這本書，並稱這本書「對1929年狂躁的股市做了細緻深入的分析，充滿了智慧」[2]。

由瑪麗・巴菲特與克拉克所著的《巴菲特原則》也提過這本書，並指出本書作者關於企業的保留盈餘增加了企業附加值的觀點，對葛拉漢和巴菲特的思想體系具有較大影響。

5.《大牛市》、《交易室裡最聰明的人》、《不確定的世界》

三本書的英文名稱分別是 *Bull*（瑪姬・馬哈〔Maggie Mahar〕著）、*The Smartest Guys in the Room*（貝森妮・麥克連〔Bethany McLean〕和彼得・艾爾金〔Peter Elkind〕合著）、*In an Uncertain World*（羅伯特・魯賓〔Robert Rubin〕著）。巴菲特在2003年股東信中推薦這三本書，認為它們是「2003年投資人應當仔細一讀的好書」，「這三本書都寫得相當翔實，文筆也頗佳」。

6.《核恐怖行為》、《窮查理的普通常識》

這兩本書的英文原版名稱是 *Nuclear Terrorism*（格雷厄姆・艾利森〔Graham Allison〕著）和 *Poor Charlie's Almanac*。在推薦第一本書時，巴菲特指出這是一本「所有關心國家安危的人必讀的書籍」。而在談到第二本書時，巴菲特說：「一直以來許多學者都在爭論查理是否為富蘭克林再世，我想這本書或許可以消除大家的疑問。」（2004年股東信）

---

2 摘自《滾雪球》。

7.《尋找智慧》、《客戶的遊艇在哪裡？》

這兩本書的英文原版名稱分別是 *Seeking Wisdom* 和 *Where Are the Customer's Yachts*。

前者由瑞典的一位波克夏的長期股東彼得·貝維林（Peter Bevelin）所著。《客戶的遊艇在哪裡》由小弗雷德·史維德所著，「在1940年首次發行後一共再版了四次」（2006年股東信）。巧的是，本書的其中一位作者曾於1999年在某證券報上向投資者推薦過這本書。當時是為了提醒投資者要密切關注「交易成本」的問題，以免讓「客戶的遊艇在哪裡」這樣的悲劇在股票市場重演。遺憾的是，在以後的10年，我們沒有看到投資者的行為模式有什麼實質改變。

以上列出了巴菲特的薦書名單，我們認為這是投資者的必讀書目。不過，若要做到「博覽群書」，要讀的書當然不止這些。下面我們僅就還有哪些書能夠有助於準確了解巴菲特的投資思想，提出一些建議。

我們首推的是巴菲特歷年致股東的信。有條件的讀者最好能閱讀這些信的英文原版，至少要與中文譯本對照著讀。接下來是《巴菲特寫給股東的信》（*The Essays of Warren Buffett*）。我們推薦的第三本書是巴菲特的官方傳記《雪球》，儘管裡面對巴菲特的具體投資事宜談得不多，但我們還是能從中管窺出一些巴菲特的真實投資思想。第四本是由瑪麗·巴菲特與克拉克合著的《巴菲特原則》，在我們看來，這是一本把巴菲特的投資思想詮釋得較準確的書。最後，我們推薦有時間的讀者還可以看一看由邁爾斯所著的《巴菲特的繼承者們》，有助於更全面了解巴菲特。

國家圖書館出版品預行編目（CIP）資料

奧馬哈之霧——巴菲特：你可以不認同、不理會，但千萬別誤解了巴菲特！破解奧馬哈先知迷霧般的投資思維，一本濃縮所有股東信與傳記／任俊傑，朱曉芸著.-- 初版.-- 新北市：方舟文化，遠足文化事業股份有限公司，2025.04
352 面；17×23 公分.--（致富方舟；20）
ISBN 978-626-7596-65-4（平裝）

1.CST：巴菲特（Buffett, Warren）　2.CS：投資　3.CST：理財　4.CST：傳記

563.5　　　　　　　　　　　　　　　　　　　　　　　　　114002023

致富方舟　0020

奧馬哈之霧——巴菲特

你可以不認同、不理會，但千萬別誤解了巴菲特！
破解奧馬哈先知迷霧般的投資思維，一本濃縮所有股東信與傳記

作　　　者	任俊傑、朱曉芸
封面設計	高郁雯
內頁設計	王信中
主　　編	李芊芊
校對編輯	張祐唐
行　　銷	林舜婷
行銷經理	許文薰
總 編 輯	林淑雯

出 版 者	方舟文化／遠足文化事業股份有限公司
發　　行	遠足文化事業股份有限公司
	231 新北市新店區民權路 108-2 號 9 樓
	電話：（02）2218-1417　　傳真：（02）8667-1851
	劃撥帳號：19504465　　戶名：遠足文化事業股份有限公司
	客服專線：0800-221-029　　E-MAIL：service@bookrep.com.tw
網　　站	www.bookrep.com.tw
印　　製	呈靖彩藝有限公司
法律顧問	華洋法律事務所　蘇文生律師
定　　價	450 元
初版一刷	2025 年 4 月

本書通過四川文智立心傳媒有限公司代理，經機械工業出版社有限公司授權，同意由遠足文化事業股份有限公司方舟文化出版發行中文繁體字版本。非經書面同意，不得以任何形式任意重製、轉載。

有著作權·侵害必究
特別聲明：有關本書中的言論內容，不代表本公司／出版集團之立場與意見，文責由作者自行承擔

缺頁或裝訂錯誤請寄回本社更換。